mentor Lernhilfe

Deutsch

5.–7. Klasse

Aufsatz:
Erzählen, Inhaltsangabe, Beschreiben,
Berichten, Argumentieren

Volker Allmann
Michael Schlemminger-Fichtler

Mit ausführlichem Lösungsteil zum Heraustrennen
und Beispielaufsätzen

Special: Lerntipps!

mentor
Eine Klasse besser.

Über die Autoren:

Volker Allmann, Abteilungsdirektor, pädagogischer Leiter der Schulabteilung bei einer Bezirksregierung

Michael Schlemminger-Fichtler, Leitender Gesamtschuldirektor

Bearbeitung/Lektorat: Thomas Zumbrink, Lehrer für Deutsch und Sozialwissenschaften für die Sekundarstufe I und II

Lerntipps:
Alexander Geist, staatlicher Schulpsychologe an einem Gymnasium

Redaktion: Jana Liedgens

Illustrationen: Sven Palmowski, Stuttgart

Layout: Barbara Slowik, München

Umschlaggestaltung: büro schels für gestaltung, München

Umwelthinweis: Gedruckt auf chlorfrei gebleichtem Papier.

| **Auflage:** | 8. | 7. | 6. | 5. | Letzte Zahlen |
| **Jahr:** | 2006 | 2005 | 2004 | 2003 | maßgeblich |

Satz/Repro: OK Satz GmbH, München
Druck: Landesverlag Druckservice, Linz
Printed in Austria · ISBN 3-580-63509-3

Benutzerhinweise

Der Text dieses Bandes entspricht – mit Ausnahme der Originalzitate – der neuen Rechtschreibung.

Hier findest du besonders wichtige Hinweise, an diese solltest du dich auf jeden Fall halten!

Hier geben wir dir ganz praktische Hinweise, die dir die Arbeit erleichtern.

Hier findest du Definitionen, Merksätze und wichtige Einzelhinweise.

Übung

Diese Übung kannst du direkt im Buch machen.

Übung

Diese Übung schreibst du am besten in ein Extra-Heft.

Hier triffst du die Schülerinnen und Schüler, die dich durch dieses Buch begleiten.

„Schreib einen Aufsatz zu dem Thema…" – Vielleicht denkst auch du, wie so mancher Schüler, bei diesen Worten eines Lehrers: „Schon wieder einen Aufsatz!" „Wozu brauche ich das nur?" „Oje, ist das schwer!"

Mit diesem Buch wollen wir dir weiterhelfen: Zum einen kannst du damit lernen, wie du in der Schule **allmählich (noch) bessere Aufsätze schreiben** kannst. Darüber hinaus findest du auch – vor allem in der Vorbemerkung am Anfang jeden Kapitels – Antworten auf die Frage, wozu du die verschiedenen Aufsatzformen benötigst bzw. verwenden kannst.

Wenn du das Buch – hoffentlich mit viel Freude – durcharbeitest, hast du sicher den Durchblick in Sachen Aufsatz.

Wie das Buch aufgebaut ist…

In diesem Buch triffst du einige Schülerinnen und Schüler, die ganz ähnliche Schwierigkeiten mit dem Aufsatzschreiben haben wie du.

Anna, Lena, Erkan, Marco und **Jan** sind in einer Klasse. Die fünf treffen sich auch außerhalb der Schule, um miteinander zu spielen und zu reden. Dabei sprechen sie häufig über die Schule und über ihre Hausaufgaben. Der Deutschlehrer ihrer Klasse heißt **Herr Löwenzahn**, und die Hausaufgaben, die er aufgibt, haben es manchmal ganz schön in sich…

Am Anfang des Buches findest du das **Inhaltsverzeichnis**. Die einzelnen Kapitel des **Textteils** sind so aufgebaut, dass du die Aufsatzformen mithilfe zahlreicher Übungen selbst erarbeiten bzw. festigen kannst.

Dem Textteil folgen allgemeine **Lerntipps**, die, unabhängig von den Themen, Ratschläge zum besseren Lernen bieten.

Nach den Lerntipps findest du eine Liste, in der die wichtigsten **grammatischen Begriffe**, die im Buch vorkommen, erklärt werden.

Mithilfe des **Stichwortverzeichnisses** findest du alle Stellen, an denen die jeweiligen Begriffe behandelt werden. Der letzte Teil enthält die **Lösungen** zu allen Übungen.

Wie du mit dem Buch arbeiten kannst...

- Die Kapitel sind unabhängig voneinander, so dass du dich nicht an die Reihenfolge halten musst; du kannst dir z. B. zuerst das Kapitel D vornehmen. Das ist vor allem dann sinnvoll, wenn in der Schule gerade der Bericht (Kapitel D) behandelt wird.
- Die einzelnen Kapitel solltest du aber möglichst von vorne bis hinten mit allen Übungen durcharbeiten.
- Wenn du schon in den Lösungsteil schaust, bevor du selber versucht hast, eine Lösung zu erarbeiten, lernst du nicht so viel. Besser ist es, wenn du deine Lösungsversuche mit dem Lösungsteil vergleichst. Manchmal kannst du auch nachschauen, wenn du überhaupt keine Idee für deine eigene Lösung hast.
- Auf eines musst du noch achten: Deine Lösungen stimmen wahrscheinlich nicht immer mit unseren Vorschlägen überein. Damit ist deine Antwort nicht automatisch falsch (vielleicht ist sie sogar besser oder origineller!). Gerade bei Aufsätzen gibt es – anders als bei Grammatikübungen – mehrere richtige Lösungen. Wichtig ist dabei: Deine Lösung muss den Regeln entsprechen und sachlich richtig sein. Du musst selbstkritisch vergleichen und entscheiden.
- Die Lerntipps kann man natürlich jederzeit gut gebrauchen. Aber: Vielleicht ist es sinnvoller, dieses Kapitel als erstes zu lesen und die Tipps schon zu nutzen, während du mit dem Buch arbeitest.
- Die meisten Übungen kannst du im Buch erledigen, aber für einige Aufgaben benötigst du zusätzlich ein Übungsheft.

So, jetzt bist du an der Reihe. Viel Spaß und guten Erfolg wünschen

Volker Allmann
Michael Schlemminger-Fichtler
und der mentor Verlag

Erzählen

„Nun erzähl doch mal!" – Bestimmt hast du diese Aufforderung selbst schon oft gehört. Doch häufig ist damit gar nicht das unterhaltsame Erzählen gemeint, sondern eher ein Berichten. Wirkliches Erzählen, so meinen viele, ist ausschließlich etwas für Profis. Für Schriftsteller.

„Mündlich, da mag es noch angehen, aber schriftlich?" – Vielen graut davor. Dabei ist Erzählen, auch schriftliches Erzählen, gar nicht so schwer. Es gibt hier einige Regeln, Kniffe und Tricks, die man lernen kann.

1. Nacherzählen

Marco ist 11 Jahre alt und das, was man eine Leseratte nennt. Zu Hause hat er über seinem Bett ein Regal voller Bücher. Am liebsten liest Marco Abenteuerromane. Er besitzt aber auch einige Bücher mit einzelnen kürzeren Geschichten. Eines davon trägt den Titel **„Geschichten vom Löffelchen"**, der Autor heißt Herbert Heckmann. Löffelchen ist nicht etwa ein Kaninchen, sondern ein Junge mit etwas abstehenden großen Ohren. Er hat viele tolle Einfälle und erlebt eine Menge aufregender Geschichten. Eines dieser Erlebnisse heißt „Schnee im Sommer".

Herbert Heckmann
Schnee im Sommer

Originaltext

Jeder weiß, daß man aus matschigem Schnee die wirkungsvollsten Schneebälle ballen kann – und jeder weiß auch, daß Rachegefühle sehr schwer zu unterdrücken sind. Von diesen beiden Dingen handelt folgende Geschichte: Löffelchen stapfte eines Samstags nachmittags mit seinen Gummistiefeln durch den Schnee und dachte an nichts Böses, als ein anderer, der Böses dachte, ihm einen fast steinhart gekneteten Schneeball gegen den Hinterkopf warf. [5]

Löffelchen schrie vor Schmerz auf, der Schnee rann ihm unter seinen Hemdkragen den Rücken hinunter, was sehr unangenehm war. Auf der anderen Seite der Straße stand Lulatsch und klatschte sich vor Freude auf die Schenkel. [10] Ehe Löffelchen einen mit der Wut der Rache geballten Schneeball nach Lulatsch werfen konnte, war dieser verschwunden. Noch am Abend schmerzte der Hinterkopf. Löffelchen ging zur Verwunderung seiner Eltern sehr früh ins Bett und malte sich vor dem Einschlafen aus, wie er sich am besten rächen konnte. Im Geiste ballte er aus matschigem Schnee furchtbare Schneebälle, [15] die er dann mit unfehlbarer Sicherheit nach Lulatsch warf.

Am nächsten Tag war der Schnee schon fast völlig weggetaut – und Löffelchen hatte Mühe, genügend Material für einen kartoffelgroßen Schneeball zusammenzubringen. Aber was nützte ihm der schönste Schneeball, wenn Lulatsch sich nicht blicken ließ. Als er am Montag Lulatsch in der Schule traf, [20] gab es keinen Schnee mehr. Löffelchen begann sich um Wetternachrichten zu kümmern.

„Das ist vielleicht ein Winter, noch nicht einmal Schnee", jammerte Löffelchen. Sein Vater dagegen verkündete glücklich: „So ein schönes Wetter hatten wir lange nicht mehr."

„Wenn es doch nur schneien würde", sagte Löffelchen und preßte seine etwas in die Höhe ragende Nase gegen die Fensterscheibe.

„Ich bekomme ja sonst im Winter Sommersprossen."

Als es dann endlich schneite, das war dann fast im Frühling, kam Löffelchen auf den Gedanken, einen gutgeballten Schneeball in das Gefrierfach des Eisschranks zu legen, um ihn für den Sommer aufzusparen, denn die beste Rache ist die aus heiterem Himmel. Also wickelte Löffelchen den Schneeball in Zeitungspapier und versteckte ihn hinter Gefriergemüse. Die Zeit verging wie gewöhnlich. In der Schule lernte Löffelchen, daß Kolumbus Amerika entdeckt und daß Benjamin Franklin den Blitzableiter erfunden hatte. Auch malte er einen Polizisten aus der Phantasie, der aussah wie ein Lamm in der Wirklichkeit. Der Sommer kam wie jedes Jahr – und Lulatsch erschien eines sonnigen Nachmittags in der Straße, in der Löffelchen wohnte.

Löffelchen sah seinen Feind, und ein prickelndes, ja eiskaltes Gefühl der Vorfreude erfüllte ihn. Jetzt war der Augenblick der Rache gekommen. Schon sah er den überwinterten Schneeball in Lulatschs Rücken klatschen.

Er stürmte nach Hause in die Küche, riß die Kühlschranktür auf und langte mit der Hand hinter das Gefriergemüse und, ja und, der Schneeball war weg. Er durchwühlte den ganzen Eisschrank, verschüttete die Milch über die Radieschen. Der Schneeball war nicht zu finden. „Mama!" schrie er so laut er konnte, und er konnte sehr laut. „Wo ist mein Schneeball?"

Seine Mutter erschien in der Küchentür und schaute ihren Sohn bestürzt an, der vor dem Eisschrank kniete.

„Wie kommst du bei diesem Wetter auf einen Schneeball?"

„Ich meine den Schneeball im Eisschrank."

„Ach, dieses Ding in Zeitungspapier. Das habe ich weggeworfen. Wozu sollte das gut sein?"

Löffelchen war fast den Tränen nah.

„Das war meine Rache!"

Durch das Fenster sah er Lulatsch. Der Kerl lachte auch noch! „Ihr seid alle Verräter", sagte Löffelchen und las vor lauter Verzweiflung im Konversationslexikon.

Im Deutschunterricht will der Lehrer Herr Löwenzahn wissen, was seine Schüler eigentlich so in ihrer Freizeit lesen. Viele lesen am liebsten Comics, einige aber auch – wie Marco – Jugendbücher

„Wer kann denn mal aus seinem Lesestoff etwas wiedererzählen?", fragt Herr Löwenzahn.

„Ich probier's mal", sagt Marco mutig. Und er beginnt:

Also ich will euch eine Geschichte aus einem Buch erzählen, das Herbert Heckmann *Beispiel*
geschrieben hat. Es besteht aus einzelnen Geschichten. Die Hauptfigur ist ein Junge,
der Löffelchen genannt wird, weil er so große Ohren hat. Löffelchen hat immer sehr
lustige Einfälle. Eines seiner Erlebnisse beginnt in einem Winter.

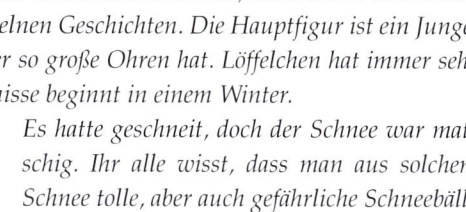

Es hatte geschneit, doch der Schnee war mat-   5
schig. Ihr alle wisst, dass man aus solchem
Schnee tolle, aber auch gefährliche Schneebälle
machen kann. Löffelchen stapfte durch den tie-
fen Schnee und hielt Ausschau nach seinen
Freunden. Plötzlich spürte er einen heftigen   10
Schmerz am Hinterkopf. Ein Schneeball hatte
ihn getroffen. Schnee rieselte in seinen Hemd-
kragen. Auf der anderen Straßenseite stand
Lulatsch und schlug sich vor Vergnügen auf
die Schenkel. Löffelchen war verständlicher-   15
weise wütend und wollte sich rächen, doch ehe
er einen Schneeball formen konnte, war Lu-
latsch verschwunden. Er konnte ihn auch an
diesem Tag nicht mehr finden. Aber er hatte
Rachegedanken, das könnt ihr euch sicher denken. „Dem   20
Lulatsch werde ich es heimzahlen", dachte er finster. Am
nächsten Tag taute es heftig und Löffelchen hatte Mühe,
einen einzigen Schneeball zusammenzukratzen. Aber den
Lulatsch fand er zu seiner Enttäuschung nicht.

Als er den Lulatsch dann endlich am übernächsten Tag   25
in der Schule traf, war der Schnee restlos weggetaut. Löffelchen hoffte auf neuen
Schnee. Er setzte sich abends vor das Radio und hörte den Wetterbericht. Endlich, es
war schon fast Frühling, schneite es noch einmal. Nun hatte Löffelchen eine groß-
artige Idee. Er knetete einen Riesenschneeball, wickelte ihn in Zeitungspapier und
legte ihn in das Gefrierfach des Eisschranks. Seine Rache sollte aus heiterem Himmel   30
kommen. Plötzlich hatte Löffelchen eine unendliche Geduld.
Der Frühling kam und dann der Sommer. Da erschien eines Tages der Lulatsch in der
Straße, in der Löffelchen wohnte. Jetzt war es so weit. Löffelchen stürmte in die
Küche an den Eisschrank, öffnete die Tür des Gefrierfachs und langte mit der Hand
hinter das Gefriergemüse. Doch da war nichts. Er wühlte weiter, verschüttete Milch   35
über die Erdbeeren, aber der Schneeball blieb verschwunden.
„Mama!", schrie er laut, „wo ist mein Schneeball?" Die Mutter eilte in die Küche
und sah ihren Sohn entgeistert an. „Löffelchen, wir haben Sommer! Was redest du da
von einem Schneeball?" „Ich meine den Schneeball aus dem Eisfach. Wo ist er?"
„Ach, dieses Ding in Zeitungspapier. Das habe ich weggeworfen!" „Aber es war doch   40
meine Rache!", schrie Löffelchen enttäuscht. Zu allem Überfluss sah er auf der
Straße Lulatsch, der zu lachen schien.
„Ihr seid alle Verräter", sagte Löffelchen zornig und las voller Verzweiflung im Lexi-
kon. Und das trotz des schönen Wetters.

„Donnerwetter, hast du die Geschichte aber schön erzählt!", sagt Anna. „Die hast du wohl auswendig gelernt?", fragt Jan.

„Nein, das glaube ich nicht", mischt sich Herr Löwenzahn hier ein, „aber Marco hat gezeigt, dass er die Geschichte gut verstanden hat. Das ist sehr wichtig für eine Nacherzählung. Aber es gibt da noch einige Tricks. Wenn ihr die beherrscht, kann jeder von euch bald genau so gut nacherzählen wie Marco."

> Wenn du eine Geschichte gut nacherzählen möchtest, musst du **aufmerksam lesen** oder **zuhören**.

Nun bist du an der Reihe. Du willst sicher auch hinter die Geheimnisse einer guten Nacherzählung kommen. Dazu betrachten wir jetzt Original (Heckmanns Geschichte) und Beispiel (Marcos Nacherzählung) noch einmal sehr genau.

Übung  A1

a) Herbert Heckmanns Geschichte lässt sich gut in sechs **Abschnitte einteilen**. Kennzeichne diese Abschnitte im Text. Überprüfe die einzelnen Abschnitte genau und unterstreiche die Wörter, die wichtige Angaben für den Verlauf der Handlung enthalten. Suche vor allem auch nach den Wörtern, die Auskunft über die Zeit geben.

b) Lege nun in deinem Heft eine Übersicht nach folgendem Muster an und ergänze sie, indem du wichtige **Stichworte** notierst!

Beispiel

Abschnitt	Zeit	Inhalt/Geschehen
1 (Zeile 1–3)	unbestimmt	Einleitung des Autors: Schneeball und Rache
2 usw.	usw.	usw.

 Teile den Handlungsverlauf in seine **Sinnabschnitte** ein und schreibe dir dazu Stichworte auf.

Übung  A2

Vergleiche mithilfe der von dir erstellten Übersicht, welche der sechs Abschnitte Marco in seiner Nacherzählung
a) weglässt,
b) stark kürzt,
c) ähnlich ausführlich gestaltet!
Suche dafür jeweils nach treffenden Begründungen!

Übung A3

In der Geschichte kommen folgende **Personen** vor:
Löffelchen,
Lulatsch,
Vater,
Mutter.

a) Du hast dich jetzt schon so ausführlich mit dem Text beschäftigt, dass dir die Unterscheidung, wer Hauptfigur und wer Nebenfigur ist, sicher nicht mehr schwerfällt.

Marco lässt in seiner Nacherzählung eine dieser Personen weg.
b) Wer ist es? Überlege, warum Marcos Nacherzählung darunter nicht sehr leidet.

c) Warum muss in einer gelungenen Nacherzählung aber unbedingt die Mutter vorkommen?

Unterscheide die vorkommenden Figuren nach ihrer Wichtigkeit.

Dass die Geschichte zwei **Höhepunkte** hat, hast du sicher längst herausgefunden. Höhepunkte sind entscheidend für die Spannung einer solchen Geschichte. Man kann den **Spannungsverlauf** dieser Geschichte auch zeichnen. Etwa so:

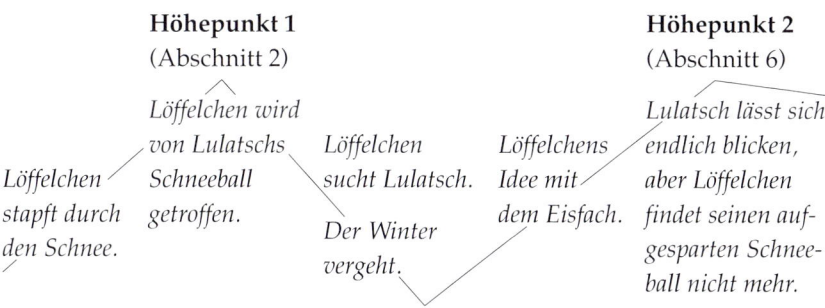

Beispiel

Marco hätte auch so nacherzählen können:

1. *Löffelchen ärgerte sich ein bisschen. Da hat er sich gedacht, vielleicht nehme ich auch einmal einen Schneeball und werfe mit ihm nach Lulatsch. (Höhepunkt 1)*
2. *Löffelchen bemerkte, dass sein Schneeball nicht mehr im Gefrierschrank war. Mutter hatte ihn weggeworfen. Deshalb nahm er sich halt ein Lexikon und las etwas darin. (Höhepunkt 2)*

Übung
A 4

Beispiel

Warum hat Marco die Höhepunkte der Geschichte nicht in dieser Form nacherzählt?

> Wenn du eine Nacherzählung schreibst, solltest du in der Erzählweise bleiben, die auch der Autor gewählt hat.

Bei der Nacherzählung musst du dafür sorgen, dass du vor allem die Höhepunkte sprachlich gut gestaltest. Das ist gar nicht so schwer.

Suche insbesondere für die Handlung an den Höhepunkten nach treffenden Beschreibungen.

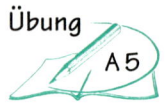
Schau noch einmal in die Texte und sieh nach, mit welchen Worten Löffel-
chens Gefühle an den Höhepunkten beschrieben werden. Schreibe in dein
Heft und benutze folgendes Muster:

Beispiel

Originaltext „Schnee im Sommer"	Marcos **Nacherzählung**
Höhepunkt 1	
Löffelchen schrie vor Schmerz auf . . . *Wut der Rache . . .* *usw.*	*Löffelchen war . . . wütend . . .* *usw.*
Höhepunkt 2	

Im ersten Höhepunkt ist Löffelchens stärkstes Gefühl nach dem Schmerz die
Wut.

Du hast überprüft, wie H. Heckmann und Marco dieses Gefühl der Wut
sprachlich zum Ausdruck gebracht haben.

Es gibt aber noch mehr Wörter und Redewendungen, mit denen man dieses
Gefühl ebenfalls ausdrücken kann, etwa:

Beispiel

Wut	**Zorn**
wütend	*zornig*
wutentbrannt	*voller Zorn*
voller Wut	*äußerst zornig*
wutschnaubend	*bebend vor Zorn*
wutschäumend	*zornentbrannt . . .*
wuterfüllt	
in wilder Wut	
rasend vor Wut . . .	

Empörung	**Erregung**
empört	*erregt*
voller Empörung	*voller Erregung*
. . .	*in wilder Erregung . . .*

Du siehst, dem Erzähler und dem Nacherzähler stehen mehrere **sinnver-
wandte Wörter** zur Verfügung.

Aber Vorsicht! Es kommt darauf an, **den treffenden Ausdruck** zu finden:

Beispiel „*Löffelchen bückte sich rasend vor Wut und griff selber in den Schnee . . .*"

In der Nacherzählung wäre diese Ausdrucksweise sicher übertrieben. Denn
Löffelchen ist zwar wütend, aber gewiss nicht im Sinne von Raserei oder gar
Jähzorn. Der weitere Text beweist, dass er keinesfalls „*blind vor Wut*" ist, son-
dern seine Rache planmäßig, d. h. mit Überlegung vorbereitet.

Im zweiten Höhepunkt wird das Gefühl der **Enttäuschung** sehr wichtig. Suche nun selbst nach sinnverwandten Ausdrucksmöglichkeiten für dieses Gefühl. Unterstreiche die Möglichkeiten, die du selbst in einer Nacherzählung verwenden würdest!

Übung A 6

Vergleiche die Länge beider Texte. Du wirst bemerken, dass die Nacherzählung kürzer ist als die eigentliche Geschichte.
Warum sind die Schüler und der Lehrer trotzdem so von Marcos Leistung angetan?
Schreibe eine kurze Begründung in dein Heft.
(Die Nacherzählung ist überzeugend, weil...)

Übung A 7

Du kannst mündlich, aber auch schriftlich nacherzählen.
Wenn du Marcos Text aufmerksam gelesen hast, kannst du an drei Stellen belegen, dass er die Geschichte mündlich in der Klasse erzählt. Suche diese Stellen!

Übung A 8

1) Zeile ____. Wortlaut: _____

2) Zeile ____. Wortlaut: _____

3) Zeile ____. Wortlaut: _____

Was beabsichtigt Marco mit diesen Einschüben?

Übung A 9

_____

_____

_____

Nun kannst du noch einmal Schritt für Schritt selbst ausprobieren, wie man eine gute Nacherzählung anfertigt.
Lies dir zunächst den folgenden Text in Ruhe zweimal durch.

Wolf Biermann
Das Märchen vom kleinen Herrn Moritz, der eine Glatze kriegte

Originaltext

Es war einmal ein kleiner älterer Herr, der hieß Herr Moritz und hatte sehr große Schuhe und einen schwarzen Mantel dazu und einen langen schwarzen Regenschirmstock, und damit ging er oft spazieren.
Als nun der lange Winter kam, der längste Winter auf der Welt in Berlin, da wurden die Menschen allmählich böse.

1

5

Die Autofahrer schimpften, weil die Straßen so glatt waren, daß die Autos ausrutschten. Die Verkehrspolizisten schimpften, weil sie immer auf der kalten Straße rumstehen mußten. Die Verkäuferinnen schimpften, weil ihre Verkaufsläden so kalt waren. Die Männer von der Müllabfuhr schimpften, weil der Schnee gar nicht alle wurde. Der Milchmann schimpfte, weil ihm die Milch in den Milchkannen zu Eis gefror. Die Kinder schimpften, weil ihnen die Ohren ganz rot gefroren waren, und die Hunde bellten vor Wut über die Kälte schon gar nicht mehr, sondern zitterten nur noch und klapperten mit den Zähnen vor Kälte, und das sah auch sehr böse aus.

An einem solchen kalten Schneetag ging Herr Moritz mit seinem blauen Hut spazieren, und er dachte: „Wie böse die Menschen alle sind, es wird höchste Zeit, daß wieder Sommer wird und die Blumen wachsen."

Und als er so durch die schimpfenden Leute in der Markthalle ging, wuchsen ganz schnell und ganz viele Krokusse, Tulpen und Maiglöckchen und Rosen und Nelken, auch Löwenzahn und Margeriten. Er merkte es aber gar nicht und dabei war schon längst sein Hut vom Kopf hochgegangen, weil die Blumen immer mehr wurden und auch immer länger.

Da blieb vor ihm eine Frau stehen und sagte: „Oh, Ihnen wachsen aber schöne Blumen auf dem Kopf!"

„Mir Blumen auf dem Kopf!" sagte Herr Moritz, „so was gibt es gar nicht!"

„Doch! Schauen Sie hier in das Schaufenster, Sie können sich darin spiegeln. Darf ich eine Blume abpflücken?"

Und Herr Moritz sah im Schaufenster, daß wirklich Blumen auf seinem Kopf wuchsen, bunte und große, vielerlei Art, und er sagte: „Aber bitte, wenn Sie eine wollen ..."

„Ich möchte gerne eine kleine Rose", sagte die Frau und pflückte sich eine.

„Und ich eine Nelke für meinen Bruder", sagte ein kleines Mädchen, und Herr Moritz bückte sich, damit das Mädchen ihm auf den Kopf langen konnte. Er brauchte sich aber nicht so tief zu bücken, denn er war etwas kleiner als andere Männer. Und viele Leute kamen und brachen sich Blumen vom Kopf des kleinen Herrn Moritz, und es tat ihm nicht weh, und die Blumen wuchsen immer gleich nach, und es kribbelte so schön am Kopf, als ob ihn jemand freundlich streichelte, und Herr Moritz war froh, daß er den Leuten mitten im kalten Winter Blumen geben konnte. Immer mehr Menschen kamen zusammen und lachten und wunderten sich und brachen sich Blumen vom Kopf des kleinen Herrn Moritz, und keiner, der eine Blume erwischt hatte, sagte an diesem Tag noch ein böses Wort.

Aber da kam auf einmal auch der Polizist Max Kunkel. Max Kunkel war schon seit zehn Jahren in der Markthalle als Markthallenpolizist tätig, aber so was hatte er noch nicht gesehn! Mann mit Blumen auf dem Kopf! Er drängelte sich durch die vielen lauten Menschen, und als er vor dem kleinen Herrn Moritz stand, schrie er: „Wo gibt's denn so was? Blumen auf dem

Kopf, mein Herr! Zeigen Sie doch mal bitte sofort Ihren Personalausweis!"

Und der kleine Herr Moritz suchte und suchte und sagte verzweifelt: „Ich habe ihn doch immer bei mir gehabt, ich hab ihn doch in der Tasche gehabt!" 55

Und je mehr er suchte, um so mehr verschwanden die Blumen auf seinem Kopf. „Aha", sagte der Polizist Max Kunkel, „Blumen auf dem Kopf haben Sie, aber keinen Ausweis in der Tasche!" 60

Und Herr Moritz suchte immer ängstlicher seinen Ausweis und war ganz rot vor Verlegenheit, und je mehr er suchte – auch im Jackenfutter –, um so mehr schrumpften die Blumen zusammen, und 65 der Hut ging allmählich wieder runter auf den Kopf! In seiner Verzweiflung nahm Herr Moritz seinen Hut ab, und siehe da, unter dem Hut lag in der abgegriffenen Gummihülle der Personalausweis.

Aber was noch? Die Haare waren alle weg! Kein Haar mehr auf dem Kopf hatte der kleine Herr Moritz. Er strich sich verlegen über den kahlen Kopf 70 und setzte dann schnell den Hut drauf.

„Na, da ist ja der Ausweis", sagte der Polizist Max Kunkel freundlich, „und Blumen haben Sie ja wohl auch nicht mehr auf dem Kopf, wie?"

„Nein…" sagte Herr Moritz und steckte schnell 75 seinen Ausweis ein und lief, so schnell man auf den glatten Straßen laufen konnte, nach Hause. Dort stand er lange vor dem Spiegel und sagte zu sich: „Jetzt hast du eine Glatze, Herr Moritz!"

Übung  **A 10**

Bei diesem Text handelt es sich um ein Märchen. Doch auch ohne den Hinweis in der Überschrift gibt es in diesem Text mindestens zwei deutliche Merkmale für ein Märchen. Suche danach!

a) Ein Wort kommt in diesem Text besonders häufig vor. Das ist typisch für die Erzählsprache eines Märchens. Dieses Wort ist:

_____

b) (die Handlung ist . . .)

_____

Übung A 11

Das Märchen vom kleinen Herrn Moritz lässt sich in sieben Abschnitte einteilen. Fertige nach dem bekannten Muster (siehe Übung A 2, S. 10) eine Übersicht an, kennzeichne die einzelnen Abschnitte mithilfe der Zeilenangaben und notiere das Wichtigste zum Inhalt und Geschehen in Stichworten!

Du hast gelernt, dass es für eine Nacherzählung wichtig ist, Haupt- und Nebenfiguren unterscheiden zu können. Wer sind in diesem Märchen

a) Hauptfigur(en)? _____

_____

b) Nebenfigur(en)? _____

_____

Übung A 13

Treffende Beschreibungen

a) Die Leute ärgerten sich über den harten Winter. Die lang anhaltende Kälte machte sie ...

tig – mu – lig – wil – un – lich – miss – tig – mu – drieß – ver.

Füge die Silben zu sinnvollen Adjektiven zusammen!

_____ _____ _____ , _____ _____ _____ , _____ _____ _____ , _____ _____ _____

b) Viele waren deshalb ...

ge – schlecht – risch – launt – lich – un – mür – freund.

_____ _____ _____ , _____ _____ _____ , _____ _____ _____

c) Als die Leute in der Markthalle die schönen Blumen auf dem Kopf des kleinen Herrn Moritz sahen, wurden sie fröhlich.

Sie _____ .   *nethcal*

Sie _____ _____ _____ _____ .   *ten – wun – sich – der*

Sie _____ _____ _____ _____ _____ _____ _____ _____ .

ver – den – gas – sen – ten – har – ter – Win

Sie _____ _____ _____ _____ _____ _____ _____ .

Un – sen – gas – ver – ih – mut – ren

Ordne die verdrehten Buchstaben oder Silben und setze die Wörter ein!

d) Der Polizist Max Kunkel verlangte den Ausweis.
   Setze die passenden Wörter ein. Es gibt jeweils zwei Möglichkeiten!

nervöser – Verlegenheit – verzweifelt – Aufregung – angestrengt –
ängstlicher

_____ / _____ suchte

der kleine Herr Moritz. Aber er fand den Ausweis nicht. Er wurde immer

_____ / _____ und war

schon ganz rot vor _____ / _____.

Fertige nun eine vollständige schriftliche Nacherzählung der Geschichte vom kleinen Herrn Moritz an. Die Bilderfolge hilft dir ein wenig dabei. Verzichte darauf, noch einmal in den Text zu sehen. Verlass dich stattdessen auf dein Gedächtnis!

Übung
A 14

Achte immer auf Rechtschreibung und Zeichensetzung.
Wenn du unsicher bist, kannst du das Wörterbuch benutzen.

TIPP

2. Nach Bildern Geschichten erzählen

Anna hatte neulich Geburtstag. Unter ihren Geschenken ist ein Buch, das ihr viel Spaß bereitet. Der Autor ist e. o. plauen und das Buch ist nicht etwa geschrieben, sondern gezeichnet. Das ist so gut gemacht, dass man auch ohne geschriebene Sprache die vielen lustigen Geschichten vom ‚Vater und Sohn' versteht. Die Geschichten werden allein von den Bildern erzählt.

Als Herr Löwenzahn mit seiner Klasse über Neuanschaffungen für die Klassenbücherei spricht, schlägt Anna dieses Büchlein vor. „Erzähl doch mal kurz, worum es dabei geht", bittet Erkan. – „Ich denke, es sind Bildergeschichten?", vergewissert sich Marco. „Ja, es wäre natürlich besser, wenn ich das Buch hier hätte und wir es herumreichen könnten", gibt Anna zu. „In allen Geschichten spielen der Vater und sein Sohn die entscheidende Rolle. Den Vater müsst ihr euch so vorstellen: etwas rundlich, mit Glatze und einem Schnauzbart. Er erinnert mich ein wenig an einen Seehund. Der Sohn ist klein, hat eine Himmelfahrtsnase und einen schwarzen Wuschelkopf. An eine Geschichte erinnere ich mich noch besonders gut, weil ich das auch einmal versucht habe ..."

Anna hat folgende Bildergeschichte im Kopf:

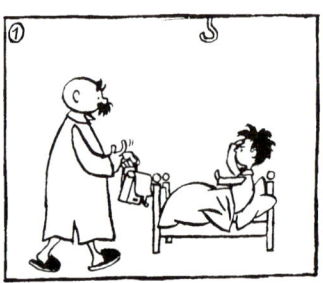

Anna erzählt:

Eines Morgens weckt der Vater seinen Sohn, weil der in die Schule gehen soll. Doch *Beispiel*
der Sohn fasst sich an den Kopf; er hat Kopfschmerzen. Der Vater ist besorgt. Er
macht ihm einen Kopfwickel und bringt ihm heißen Tee. Schließlich bringt er ein Seil
mit ins Zimmer, weil ihm eine gute Idee gekommen ist. Denn in der Decke über dem
Bett befindet sich ein stabiler Haken. Der Vater hängt das gesamte Bett wie eine   5
Schaukel an diesen Haken. Er zieht sich einen Stuhl heran und schaukelt seinen
kranken Sohn, während er selbst ein Buch liest.

Doch dann muss er für kurze Zeit das Haus verlassen. Vorher ermahnt er den Sohn,
brav liegen zu bleiben. Aber als er nach einiger Zeit zurückkommt, ist sein Erstau-
nen groß, denn sein Sohn steht im Bett und schaukelt nach Leibeskräften.   10
Nun erst merkt der Vater, dass sein Sohn die Krankheit nur vorgetäuscht hat. Er ist
sehr zornig. Erbost schickt er ihn sofort in die Schule.

Wenn du nach Bildern eine Geschichte erzählst, musst du die einzelnen
Bilder in Sprache übersetzen. Hilfreich kann es sein, wenn dies zunächst
stichwortartig geschieht.

Nun bist du wieder an der Reihe. Du hast den Vorteil, dass du die Bildergeschichte vor Augen hast.

Erkläre:

a) Woher weiß Anna, dass es Morgen und nicht Abend ist?

_____

b) Woher weiß sie, dass der Vater einen Stuhl an das Bett zieht?

_____

c) Woher weiß sie, dass der Vater den Sohn zum Bravsein ermahnt?

_____

d) Woher weiß sie, dass der Vater das Haus verlässt?

_____

Beim Beantworten dieser Fragen hast du gemerkt, dass du für das richtige
Verständnis einer Bildergeschichte vieles beachten musst.

Sieh dir die Bilder genau und mehrmals an. Achte dabei auf Gesichtsausdruck
(= Mimik), Körperhaltung (= Gestik) und Veränderungen von Bild zu Bild.

Das Geschehen wird vom Zeichner nicht vollständig festgehalten. Kleine Veränderungen von Bild zu Bild weisen darauf hin, dass auch vor, nach und zwischen den Bildern etwas passiert. Beispiel: der Hut in Bild 5.

Halte auch (stichwortartig) fest, was zwischen den Bildern passiert. Die Bilder allein sagen nicht alles.

Wenn du nun einmal die Erzählweise des Zeichners mit derjenigen von Anna vergleichst, entdeckst du wichtige Unterschiede:

Der Zeichner (e. o. plauen)	Die Erzählerin (Anna)
kann genau zeigen, wie Personen oder Dinge aussehen, z. B. Vater, Sohn, Schaukel…	muss dazu die Sprache benutzen, kann Personen und Dinge nicht so genau beschreiben, dass alle Leser die gleiche Vorstellung von ihnen haben…
kann nur mit Gesichts- und Körperausdruck zeigen, was seine Personen denken, fühlen oder sagen, z. B. durch den ausgestreckten Arm in Bild 6…	kann in direkter oder indirekter Rede oder in anderer Umschreibung mitteilen, was die Personen denken, fühlen oder sagen, z. B. die Ermahnung durch den Vater; hier gibt es sehr viele Möglichkeiten des sprachlichen Ausdrucks…
kann alles, was gleichzeitig geschieht, auch gleichzeitig zeigen; Beispiel: Bild 6, Vater und Sohn bewegen sich gleichzeitig…	kann nur nacheinander, schrittweise erzählen, was in Wirklichkeit gleichzeitig geschieht…
muss sich auf die wichtigen Situationen beschränken; für die Überleitung von Einzelbild zu Einzelbild werden Genauigkeit und Phantasie des Betrachters benötigt…	kann auch weniger wichtige Erzählschritte einbauen und damit die wichtigen Höhepunkte vorbereiten…

Du kannst diese Übersicht als Hilfe benutzen, wenn du Bildergeschichten in Worten erzählen willst.

Du siehst, dass beide Darstellungsformen ihre besonderen Eigenheiten haben. Diese Eigenheiten musst du kennen, erkennen und beim Lesen (+ Nacherzählen) im Kopf behalten.

Anna hat in ihrer Nacherzählung auf ein wichtiges sprachliches Mittel verzichtet, das dem Texterzähler zur Verfügung steht und in der Regel einen Text anschaulicher und lebendiger macht.

Übung A 16

a) Worauf hat sie verzichtet?

_____

_____

b) Füge dieses sprachliche Mittel an einer geeigneten Stelle in Annas Nacherzählung ein.

TiPP

> Die Personen aus der Bildergeschichte können auch reden oder denken. Für die Handlung oder Spannung kann das sehr wichtig sein. Dazu empfiehlt sich der Gebrauch der direkten (= wörtlichen) Rede.

Für die wörtliche Rede benötigst du Verben der Redeeinführung (sagen, fragen, antworten etc.). Achte darauf, dass deine Erzählung dabei nicht eintönig wird. Als Hilfestellung hier einige Verben der Redeeinführung:

einfache Verben	erweiterte Verben
rufen	*fröhlich (laut) rufen*
sagen	
erwidern	*leise erwidern*
antworten	
fragen	*besorgt fragen*
ermahnen	
schimpfen	*laut schimpfen*

Suche weitere Verben der Redeeinführung!

Übung A 17

_____

_____

_____

_____

_____

_____

Ein anderer Anfang

Eines Morgens hatte ich verschlafen. Der Wecker hatte versagt. Ich hatte an diesem Tag frei, aber mein Sohn musste zur Schule. Noch im Nachthemd eilte ich in sein Zimmer: „Heraus mit dir, du Schlafmütze", weckte ich ihn und hielt ihm seinen Schulranzen hin. Aber mein Sohn stöhnte: „Oh, Papa, ich habe ein solches Kopfweh. Fühl mal, wie heiß meine Stirn ist!" Er schien wirklich krank zu sein. Deshalb zog ich mich rasch an, um ihn zu versorgen …

a) Unterstreiche die Teile des Textes, die nicht unmittelbar auf den Bildern zu sehen sind, also das, was vor, nach und zwischen den Bildern geschieht. Welche Textteile berichten, was außerhalb der Bilder passiert?

b) Dieser Anfang unterscheidet sich deutlich von Annas Texterzählung. Woran liegt das?

_____

_____

Bei der Texterzählung dieser Bildergeschichte hast du die Wahl zwischen zwei **Erzählperspektiven**. Eine davon bietet dir wiederum zwei Möglichkeiten:

a) Du kannst wie Anna als **„Dritter"** erzählen, der alle Zusammenhänge überblickt und genau weiß, was Vater oder Sohn denken, fühlen oder sagen.
Du schlüpfst in die Rolle des **„allwissenden Erzählers"**.

b) Du kannst aus der Sicht einer der handelnden Personen erzählen und musst dann die **Ich-Form** wählen. Man spricht hier von einer **Ich-Erzählung**. So ist es im neuen Anfang in Übung A 18 geschehen. Hier wird aus der Sicht des Vaters erzählt.

c) Du kannst aus der Sicht des Sohnes erzählen, ebenfalls in der Ich-Form.

Erzähle die Bildergeschichte aus der Sicht des Sohnes. Du kannst ihm einen Namen geben, denn vielleicht will ihn der Vater in deiner Geschichte mit Namen anreden. Vielleicht beginnst du mit einer kurzen Vorstellung.
Etwa so:

Beispiel

Ich heiße Stefan und wohne mit meinem Vater allein.
Ich erlebe mit ihm so allerhand Lustiges. Neulich …

Du musst aber genau darauf achten, was der Ich-Erzähler (Sohn) wissen und was er nicht wissen kann!
Gib deiner Geschichte außerdem eine passende Überschrift.

Eine andere Geschichte von „Vater und Sohn":

Hier findest du Bruchstücke einer Texterzählung zu dieser Bildergeschichte:

…Mutter fragt: „Wo bleibt denn nur Peter?" „Ich sehe mal nach", sagt der Vater…

…„Hast du nicht gehört, dass wir essen wollen?", fragt der Vater ärgerlich. „Nun aber…

…„Da bist du ja endlich", sagt die Mutter erleichtert. Peter…

…„Wo bleibt Vater denn nun", …

…Peter stapft los…

…„Mit mir schimpfen, aber selbst…", sagt Peter spitz. „Mutter ist… Nun komm endlich!" …

Was sagen die Personen alles im Laufe der Geschichte zueinander? Ergänze diese Bruchstücke so, dass daraus eine gelungene Texterzählung werden kann. Das ist nicht schwer, wenn du die einzelnen Bilder noch einmal genau betrachtest und in Sprache umsetzt.

Übung A 20

Finde eine passende Überschrift für diese Geschichte!

Übung A 21

Auf einen Schluss hin erzählen

Die Hauptfigur der folgenden Bildergeschichte ist Oskar, der freundliche Polizist. Hier einer seiner bemerkenswerten Einsätze:

Übung A 22

a) Erzähle die Geschichte so, dass sie mit folgendem Schluss enden kann. (Dabei ist es günstig, wenn du auch dem kleinen Jungen einen Namen gibst.)

Beispiel

> ...Da standen sie nun, die Streifenwagenbesatzungen von BAVARIA 9 und BAVARIA 10. Alle Dienstmützen hingen im Baum. „Vielleicht rufen wir doch lieber die Kollegen von der Feuerwehr", schlug Wachtmeister Huber vor, „denn was ist ein Polizist ohne seine Dienstmütze?" Die Kollegen lachten.

b) Achte auf die **Erzählperspektive**! Sie ist in diesem Schluss vorgegeben.

c) Achte auf das **Tempus** (die Zeit), in dem erzählt werden soll!

d) Vielleicht findest du in dieser Salatschüssel einige Wörter, die du bei deiner Erzählung verwenden willst?

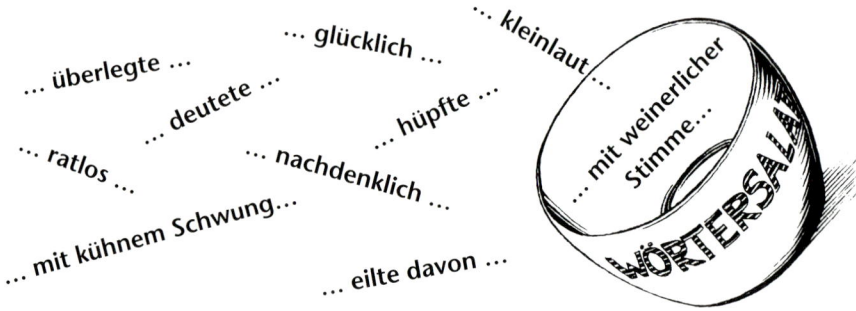

! Achte darauf, dass **Höhepunkt, Wendepunkt** und **Schluss** der Geschichte sprachlich hervorgehoben werden.

Übung A 23

Finde auch hier eine treffende Überschrift für deine Erzählung!

Die folgende Bildergeschichte wurde nach einer alten Fabel gezeichnet. Wie in fast allen Fabeln bestimmen auch hier Tiere das Geschehen. In dieser Geschichte sind es zwei Esel, die zusammengebunden wurden. Daraus ergibt sich ein Problem. Die Lösung am Schluss ist einfach und überraschend.

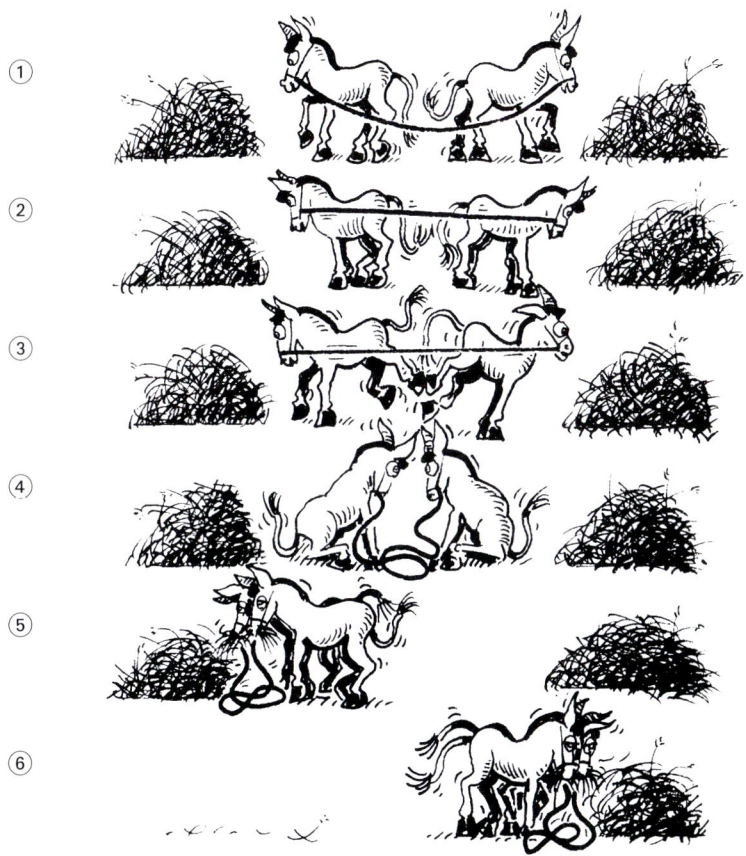

Schreibe zu jedem der 6 Bilder einen Satz, der angibt, was in dem Bild geschieht.
Nun hast du das Erzählgerüst dieser Fabel.

Übung
A 24

Damit du dich erinnerst, wie Fabeln erzählt werden, ist nun noch einmal ein Beispiel abgedruckt:

Originaltext

Albert Ludwig Grimm
Die beiden Ziegen

Zwei Ziegen begegneten einander auf einem schmalen Stege, der über einen reißenden, tiefen Waldstrom führte; die eine wollte hinüber, die andere herüber.

„Geh mir aus dem Wege!" sagte die eine. „Das wäre mir schön!" rief die andere, „geh du zurück und laß mich hinüber; ich war zuerst auf der Brücke!"

„Was fällt dir ein?" versetzte die erste, „ich bin so viel älter als du und sollte dir ausweichen? Nimmermehr!"

Keine wollte nachgeben; jede wollte zuerst hinüber, und so kam es vom Zank zum Streit und zu Tätlichkeiten. Sie hielten ihre Hörner vorwärts und rannten zornig gegeneinander. Von dem heftigen Stoßen verloren beide das Gleichgewicht, und sie stürzten miteinander von dem schmalen Steg hinab in den reißenden Waldstrom, aus dem sie sich nur mit großer Anstrengung ans Land retteten.

Diese Fabel wurde 1827 (!) von Albert Ludwig Grimm aufgeschrieben. Er war der jüngere Bruder der beiden berühmten Märchen-Sammler Wilhelm und Jakob Grimm.

Übung  A 25

Dass dieser Text schon so alt ist, hast du sicher an der Sprache gemerkt. Wie würdest du folgende Wendungen aus der alten Fabel in unserer heute üblichen Sprache ausdrücken:

a) ... „Das wäre mir schön!" ...

b) ... „Nimmermehr!"

An diesem Beispieltext kannst du eine Besonderheit erkennen, die sehr viele Fabeln auszeichnet: **Tiere in Fabeln können sprechen!**

Übung  A 26

Schreibe nun selbst zur Bildergeschichte mit den beiden Eseln eine Fabel. Benutze dazu deine Notizen zum Erzählgerüst (siehe Übung A 24). Lass auch deine Fabeltiere an den geeigneten Stellen wie Menschen sprechen!

Folgende Liste mit Wörtern kann dir sicher ein wenig bei der Suche nach den treffenden Ausdrücken helfen:

Adjektive	Verben
eigensinnig, hungrig, gierig, störrisch, heftig, wild, erschöpft, entkräftet, verwirrt, nachdenklich, genüsslich, zufrieden …	*erblicken, ziehen, zerren, reißen, fressen, vertilgen …*

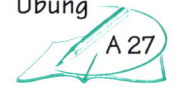

Übung A 27

Bei manchen Fabeln kann man schon in der Überschrift etwas über den Ausgang erfahren.
Welchen der folgenden Vorschläge würdest du als Überschrift wählen? Gib eine kurze Begründung für deine Wahl!

a) *Zwei Esel*
b) *Der Streit der Esel*
c) *Hunger ist ein schlechter Lehrmeister*
d) *Wie aus zwei dummen Eseln kluge Esel wurden*

3. Ausgestaltung von Erzählkernen

Herr Löwenzahn bringt eines schönen Tages ein Bild mit in den Unterricht:
„Das habe ich beim Aufräumen gefunden", sagt er sichtlich vergnügt. „Da ist mir eingefallen, dass ihr dazu gut eine Erzählung anfertigen könntet. Vielleicht als Hausaufgabe zur nächsten Woche?"

„Schon wieder Schreiben", stöhnt Marco. „Wie lang soll die Geschichte denn werden?", will Lena wissen. „Das hängt davon ab, was du aus der Vorlage machst", gibt Herr Löwenzahn Auskunft. „Ihr habt beim Schreiben völlige Freiheit. Lasst eurer Phantasie freien Lauf. Bedingung ist nur, dass ihr das dargestellte Geschehen als Kern in eurer Erzählung verwendet. Versucht es mal. Aber denkt daran, erst ein Erzählgerüst anzufertigen, bevor ihr zu schreiben beginnt."

Du kannst eine Geschichte erzählen, indem du einen **Erzählkern ausgestaltest**. Ein Erzählkern kann aus einem Bild, einem Stichwort, einigen Sätzen – oder einer Idee von dir – bestehen.

In der folgenden Woche lesen Marco und Lena als Erste ihre Ergebnisse vor.

Marco schreibt:

Beispiel

Eine unheimliche Begebenheit

1   *Vor langer Zeit sollte in einem Gasthaus eine Hochzeitsfeier stattfinden. Dazu musste ein Saal umgeräumt werden, der lange Zeit nicht benutzt worden war. Wirt und Wirtin entfernten soeben zusammen*
5   *mit den Mägden die alten Tischtücher, als plötzlich eine Maus aufsprang und mit gewaltigem Satz dem Wirt in den geöffneten Mund hüpfte. Alle waren entsetzt. Der Wirt erschrak so sehr, dass er die Maus verschluckte. Doch sie blieb ihm im Halse stecken. So sehr er sich auch mühte und so sehr ihm auch die Frauen auf*
10   *den Rücken klopften, die Maus blieb eingeklemmt. Der Wirt verlor das Bewusstsein. Er starb, bevor ein herbeigerufener Arzt ihm helfen konnte.*
So kam es, dass eine kleine Maus einen großen Menschen tötete, dabei aber selbst ihr Leben lassen musste.

Lena schreibt:

Beispiel

Die rettende Idee

1   *Meine Großmutter erlebte in ihrer Jugend folgende Geschichte.*
Wieder einmal hatten sich die zahlreichen Schwestern und Cousinen zum Kaffeeklatsch angesagt. Großvater war schon ganz grantig. „Ich gehe zum Stammtisch", verkündete er. „So viele Weibsleute hält ja kein Mensch aus!"
5   *„Vorher hilfst du mir noch den Kaffeetisch auszuziehen, Anton", sagte meine Großmutter. Nur sehr widerwillig und vor sich hin brummelnd kam Großvater dieser Bitte nach. Inzwischen waren aber schon vier der eingeladenen Damen eingetroffen. „Wir richten noch schnell den Tisch, dann kann es gleich losgehen", tröstete Großmutter. Nun geschah das Unglaubliche. Unter der Tischdecke, die meine Großmutter zu-*
10   *sammenraffte, hatte sich eine Maus versteckt. Vor lauter Schreck über die unerwartete Störung sprang sie in hohem Bogen – in den geöffneten Mund meines verdutzten Großvaters. Sie blieb ihm im Hals stecken. Voller Entsetzen kreischten die Frauen auf. Großvater aber würgte und würgte. „Schnell, einen Arzt!", rief Großtante Helene und eilte aus dem Zimmer. Großmutter war einer Ohnmacht nahe. Doch*

Tante Minna hatte die rettende Idee. „Käse!", rief sie laut. „Holt schnell etwas Käse!" 15
Sie spießte ein Stückchen Käse, das man ihr aus der Küche gebracht hatte, auf eine
Gabel und hielt diese in den geöffneten Mund von Großvater. In seiner Kehle sah
man es arbeiten. Die Maus hatte den Käse gerochen und war umgekehrt. Mit einem
Biss schnappte sie den Leckerbissen, sprang zur Erde und verschwand im nächstbes-
ten Mauseloch. 20
„Nun brauche ich unbedingt eine Prise Schnupftabak", sagte Großvater, als er sich
vom größten Schreck erholt hatte.

Marco und Lena haben beide das Bild als Erzählkern benutzt.

An welchen Stellen in den Texten wird die Bildvorlage unmittelbar in Worte   **Übung**
umgesetzt?

a) bei Marco in den Zeilen   _____

b) bei Lena in den Zeilen   _____

Trotzdem sind die Erzählungen sehr unterschiedlich ausgefallen. Daran
kannst du erkennen, welch vielfältige Möglichkeiten der Erzähler hat. Er
kann:

- die **Zeit** aussuchen, in der die Erzählung spielen soll;

- den **Ort** bestimmen, an dem sie spielen soll;

- **Personen** erfinden, die eine Rolle spielen sollen;

- den Personen **Namen** und **Berufe** geben;

- ihr **Alter** festsetzen;

- ihnen bestimmte **Eigenschaften** oder Besonderheiten zuordnen;

- die **Handlung** bestimmen;

- eine Handlung traurig oder lustig enden lassen oder aber ihr **Ende** offen
  gestalten;

- die **Erzählperspektive** wählen.

Diese Freiheit des Erzählers bedeutet aber nicht, dass er einfach darauf los-
schreiben kann. Das beherrschen nur sehr wenige „Naturtalente".
Jeder, der erzählt, möchte, dass man ihm zuhört oder seinen Text mit Freude
oder Spannung liest. Dazu gehört eine gewisse **Ordnung der Gedanken**,
denn der Zuhörer oder Leser soll sich **ohne Rückfragen an den Erzähler** in
die Handlung hineinversetzen können.
In der Regel erreicht ein Erzähler das nur, wenn er sich vor der Niederschrift
einen Plan, anders gesagt ein Erzählgerüst, macht.

Entwirf zu deiner Erzählung ein **Erzählgerüst**.
Darin solltest du Stichworte aufschreiben zu
– Zeit,
– Personen (Namen, Alter, Eigenschaften, Wichtigkeit),
– Rahmen der Handlung,
– Handlungsausgang,
– Erzählperspektive (allwissender Erzähler, Sicht einer handelnden Person).

Übung  A 29

Marco mag zur Vorbereitung seines Textes folgendes Erzählgerüst aufgeschrieben haben:

Stichwort	Text 1 (Marco)	Text 2 (Lena)
Zeit	vor langer Zeit	
Ort	Gasthaus	
Personen	Wirt, Wirtin, Mägde	
Namen		
Alter		
Eigenschaften		
Handlung	Vorbereitung einer Feier, Maus springt Wirt in den Mund, bleibt stecken	
Handlungsausgang	Wirt erstickt	
Erzählperspektive	allwissender Erzähler	

Überprüfe diese Stichworte am Text. Kannst du nun das Gerüst für Lenas Erzählung in die Tabelle eintragen?

In vielen Erzählungen kann man ganz grob drei Bausteine unterscheiden.
Die **Einleitung** steht natürlich am Anfang. Sie soll auf das eigentliche Geschehen vorbereiten. Häufig beschränkt sich die Einleitung auf die Angabe
von Ort und Zeit.

Der **Hauptteil** umfasst die eigentliche Handlung. Sie wird um den Erzählkern aufgebaut und enthält den oder die Höhepunkte einer Erzählung.
Im Anschluss an den Hauptteil folgt der **Schluss**. Oft besteht er aus einer Zusammenfassung in einem Satz. Es kann sich aber auch um eine abschließende
Stellungnahme handeln.

> Überlege dir, ob du und gegebenenfalls wie du deine Erzählung einleiten
> willst.
> Überlege dir, wie du einen besonderen Schluss gestalten kannst.

Überprüfe den Text 1 (Marco) auf diese Einteilung hin. In welchen Zeilen
siehst du

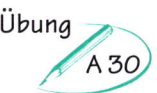

Übung
A 30

a) die Einleitung? _____

b) den Hauptteil? _____

c) den Schluss? _____

Damit die Erzählung für den Hörer oder Leser auch unterhaltsam oder spannend wird, muss besonders im Hauptteil auf die Ausgestaltung des Höhepunktes hingearbeitet werden.

Versuche, beim Leser oder Zuhörer Spannung zu erzeugen.
Das gelingt dann, wenn die Erwartungen des Lesers oder Hörers bis zum
Höhepunkt immer mehr gesteigert werden können.
Verrate vorher nur so viel, wie nötig.

An einigen Sätzen kann man nachprüfen, auf welche Weise sich Lena in ihrer
Erzählung um Spannung bemüht.

Lena liest vor ...   Erkan hört zu und denkt ...

Die rettende
Idee ...

...jemand muss
gerettet worden sein!
Aus welcher Lage?
Wie? ...

Nun geschah das
Unglaubliche ...

...Was kann das nur sein? –
So, wie sie erzählt, muss ja
jetzt etwas Außergewöhnliches
geschehen ...

...Tante Minna hatte die rettende Idee

...Welche? Da bin ich aber gespannt! Was kann ihm denn schon helfen?
...Ach ja, genau wie in der Überschrift!

Mit dem zweiten und dritten Satz schaltet sich Lena als „allwissende Erzählerin" in den Handlungsablauf ein und kündigt für die Zuhörer etwas Wichtiges an. Das bedeutet so viel wie: Achtung, jetzt kommen die entscheidenden Stellen!

Übung

A 31

Weitere Mittel, mit denen man Spannung erzeugen kann:

a) Lena benutzt ein Wort, das etwas plötzlich neu Eintretendes ankündigt.
   Beispiel: *nun*
   Suche weitere Begriffe!

_____

_____

b) Man kann seine eigenen Gefühle, Stimmungen oder Erregungszustände oder die einer Figur mitteilen.
   Beispiel: *voller Entsetzen*
   Suche weitere Begriffe!

_____

_____

c) Man kann den Leser durch Fragen ermuntern, Vermutungen anzustellen.
   Beispiel: *Wie konnte das nur passieren?*
   Suche weitere solche Fragen!

_____

_____

_____

Du kannst außerdem sehen, dass es Lena bereits mit der Überschrift (Die rettende Idee…) gelingt, die Zuhörer neugierig zu machen.

> Wähle eine Überschrift für deine Erzählung, die neugierig macht.
> Je nach Art deiner Erzählung wähle einen Titel, der nicht alles verrät.

TiPP

Lenas Text ist doppelt so umfangreich wie der von Marco. Ursprünglich war er noch länger. In ihrem Vorschreibheft heißt es ab Zeile 13:

Übung
A 32

…Kaum waren sie im Wohnzimmer, da klingelte es auch schon. Großtante Helene und Tante Minna standen vor der Tür. Beide hatten einen Blumenstrauß mitgebracht und reichten ihn Großmutter. Die holte eine Vase aus der Küche. Großvater schleppte schwitzend Stühle heran. Nun klingelte es schon wieder. Diesmal waren es Tante Bertha und Tante Melanie. Beide hatten auch Blumen mit. „Wir richten noch schnell den Tisch, …"

Beispiel

a) Auf welchen Satz hat Lena diesen Teil in ihrem endgültigen Erzähltext zusammengekürzt?

_____

_____

b) Weshalb hat Lena auf diese Textstelle verzichtet? Gib eine knappe Begründung dafür, dass diese Streichung gut und wohl überlegt war.

> Probiere mehrfach aus – wie Schriftsteller auch –, bis du die treffenden Formulierungen gefunden hast.

TiPP

Langweile die Leser oder Zuhörer nicht mit unnötigen Längen.
Aber: Manchmal kann eine Verzögerung des Handlungsablaufs die Spannung erhöhen.

!

Lebendigkeit durch „direkte Rede"

Bei einem Vergleich der Texte von Marco und Lena liegt ein Unterschied darin, dass Lena ihre Personen sprechen lässt, während Marco ausschließlich berichtend erzählt. Er erzählt zwar auch spannend, die größere Lebendigkeit ist aber zweifellos in Lenas Text enthalten.

Lena hat sich daran erinnert, dass man eine Erzählung durch Verwendung der **„direkten Rede"** lebendiger machen kann.

Übung A 33

Treffsicherheit im Ausdruck

Marco und Lena ist es gelungen, verständlich und spannend zu erzählen. Beide haben zunächst auch nur eine Idee gehabt. Daraus wurde ein Erzählgerüst. Mit Hilfe dieses Erzählgerüstes konnten sie Schritt für Schritt die Mitteilungsabsicht in treffende Wörter und Sätze umformulieren:

Mitteilungsabsicht	Marco schreibt:	Lena schreibt:
a) *Die Maus gelangt in den Mund des Mannes.*	*…hüpfte mit gewaltigem Satz dem Wirt in den geöffneten Mund …*	*Vor lauter Schreck über die unerwartete Störung sprang sie in hohem Bogen in den geöffneten Mund meines verdutzten Großvaters.*
Kommentar: (das ist sachlich nicht falsch, aber zu ungenau; der Leser/ Hörer hat noch zu viele Fragen)	(macht deutlicher, wie die Maus in den Mund gelangte)	(gibt den Grund, die Art und Weise des Sprungs und die Reaktion des Betroffenen wieder)
b) *Die Frauen sind erschrocken.*	_____ _____ _____ _____	_____ _____ _____ _____
Kommentar: _____ _____ _____	_____ _____ _____	_____ _____ _____

Wie gestalten Marco und Lena die Mitteilungsabsicht b) in ihren Texten?

Nun bist du wieder an der Reihe. Wie du am Anfang dieses Kapitels erfahren hast, kann ein Erzählkern auch aus einer Zeitungsnotiz bestehen. Gestalte nun diesen Erzählkern aus:

Eine Meldung der dpa*:

> Einen seltenen Fang machten fünf Fischer 25 km vor der Küste Floridas: Sie zogen ein salzverkrustetes Schwein aus dem Wasser, das einen Sonnenbrand hatte und sichtlich froh war, den Fischern begegnet zu sein. An Bord trank das schiffbrüchige Schwein zuerst große Mengen Wasser, nahm einen kleinen Imbiß und fiel dann in einen Schlaf tiefer Erschöpfung. Wie das Schwein in den Atlantik gekommen war, blieb rätselhaft.

* Deutsche Presseagentur
  (beliefert Zeitungen, Radio- und Fernsehsender mit Nachrichtenmeldungen)

Bevor du zum Erzähler wirst, bedenke noch Folgendes:
Schweine können:
quieken, grunzen, schmatzen, schlürfen, den Schwanz ringeln ...

Vielleicht kann das Schwein in deiner Geschichte auch *sprechen, erzählen, berichten, zuhören, denken,* ...
(Zur Phantasieerzählung wirst du im Kapitel A 5 Näheres erfahren ...)

Schweine im Wasser können:
schwimmen, tauchen, sich treiben lassen, paddeln, mit allen Vieren rudern, vielleicht auch *kraulen,* aber das hängt davon ab, wo ein Schwein seinen Schwimmunterricht genommen hat ...

Übung A 34

Suche nach möglichst vielen Begriffen, die „das Meer in Bewegung" bedeuten!

_____

_____

_____

_____

Übung A 35

Wenn sich die Luft über dem Meer bewegt, spricht man von Wind. Trage möglichst viele Bezeichnungen zusammen, die eine heftigere Bewegung als Wind meinen!

_____

_____

_____

Übung A 36

Deine Erzählung soll sicher auch viele wahrscheinliche Bestandteile bekommen. Schau dir deshalb Florida und Umgebung einmal genau im Atlas an.

Übung A 37

Weshalb kann es für diese Geschichte ungünstig sein, einen der Fischer, die das Schwein retten, zum Ich-Erzähler zu machen?

_____

_____

Übung A 38

Fällt dir ein Kunstgriff ein, mit dem du die Gedanken und Gefühle des Schweins doch direkt in die Erzählung aus der Sicht des Fischers einbauen kannst?

_____

_____

Übung A 39

Gestalte nun diesen Erzählkern aus der Sicht des Schweins aus, und zwar: Schreibe eine Geschichte, in der du klärst, auf welch verworrenen oder wundersamen Wegen dieses Schwein ins offene Meer gelangt sein mag. Benutze die Merksätze aus diesem Kapitel. Wenn du noch weiterschreiben möchtest, dann schreib doch auch eine Geschichte aus der Sicht eines Fischers. Benutze dabei den Kunstgriff aus Übung A 38!

4. Erlebtes erzählen

Kehren wir noch einmal zurück in die Klasse von Herrn Löwenzahn.

„Erzählkerne", verkündet er, „könnt ihr auch selber finden, wenn ihr ein wenig in eurer Erinnerung kramt. Jeder von euch hat bestimmt schon mal etwas Lustiges oder Spannendes erlebt. Über solche Ereignisse könnt ihr Geschichten erzählen. Ich lasse euch eine Woche Zeit. Bis dahin schreibt jeder von euch eine Erzählung zu einem selbst gewählten Ereignis!"

„So'n Mist", stöhnt Jan auf dem Nachhauseweg, „ich hab doch immer noch solche Schwierigkeiten mit dem Erzählen!"

„Aber du weißt doch sicher schon, worüber du erzählen könntest?", fragt Anna. „Ja, klar! Ich werde wohl die Sache mit unserem Kater erzählen. Du weißt, als damals die Feuerwehr kommen musste", erwidert Jan. „Aber wie soll ich das nur machen?"

„Ich hab da eine Idee", sagt Anna. „Schreib mal deine Geschichte vor. Dann treffen wir uns morgen und lesen uns unsere Geschichten vor. Vielleicht werden unsere Texte dann besser?"

„Gut, machen wir's so", sagt Jan erleichtert ...

In einer Erlebniserzählung erzählst du von einem Ereignis, das du selbst erlebt oder beobachtet hast. Am besten wählst du ein Ereignis, das besonders lustig, aufregend oder spannend war. So kannst du auch interessant darüber erzählen.

Das Ereignis, über das Jan erzählen will, hat sogar eine amtliche Seite.
Im Einsatztagebuch der Feuerwehr von R. liest man:

Datum:	10. März 1997
Uhrzeit:	15.00–15.45 Uhr
Einsatzort:	Pestalozzistraße 73
Anlass:	Bergung einer kleinen Katze aus der Spitze einer Fichte
Meldung durch:	Frau Rebhuhn, Pestalozzistraße 71
Einsatzgruppe:	Brandmeister Müller und vier Mann
Einsatzmaterial:	Feuerwehrleiter, fahrbar

Als Anna und Jan am nächsten Tag ihre Entwürfe austauschen, hat Jan folgenden Text geschrieben:

Eine schöne Bescherung

Beispiel

Einmal kam ich nachmittags aus der Schule. Da stand ein Feuerwehrauto an unserem Gartenzaun. Nun sah ich die Bescherung. Ganz oben in der Fichte saß unser Kater Moritz. Er miaute laut.

Nun stellten die Feuerwehrleute ihre Leiter an den Baum. Dann kletterte einer hoch. Dann wollte er Moritz packen. Der wollte nicht. Er klammerte sich ganz fest. Dann hat ihn der Feuerwehrmann doch gekriegt und kletterte mit Moritz runter.
Er fragte mich, ob die Katze mir gehört und ob ich ihr das Klettern noch nicht beigebracht habe. Er sagte, er wolle meine Eltern noch anrufen. Sie waren noch nicht zu Hause. Dann fuhr die Feuerwehr weg. Das war eine schöne Bescherung.

„Mhm", sagt Anna, „wenn ich mich richtig erinnere, dann war das damals doch viel spannender, als du es jetzt erzählst. Warum erzählst du es nicht auch so spannend? Lass uns den Text noch einmal genau durchsprechen."
„Meinst du wirklich?", stöhnt Jan. „Hauptsache, ich hab was im Heft, dann ist der Löwenzahn doch schon besänftigt. Wo doch heut so schönes Wetter ist!"
„Nun lass uns doch erst einmal anfangen und sei nicht so bequem", erwidert Anna. „Es ist noch kein Meister vom Himmel gefallen. Erzählen kann man aber üben."
Noch immer ein wenig grollend fügt sich Jan in sein Schicksal ...

Jan liest seinen Text noch einmal langsam vor:	Anna unterbricht ihn und schlägt Folgendes vor:
Einmal kam ich nachmittags aus der Schule.	Kannst du das nicht etwas genauer sagen? Das Datum weißt du ja wohl nicht mehr, aber war es nicht im März? Hat nicht sogar die Sonne geschienen?
Da stand ein Feuerwehrauto an unserem Gartenzaun.	Wenn du das so beiläufig erzählst, dann ist das nichts Besonderes. Wann hast du das Feuerwehrauto gesehen? Was hast du dabei gedacht? Wie hast du reagiert, als du gemerkt hast, dass die an eurem Garten stehen?
Nun sah ich die Bescherung.	Den Ausdruck finde ich an dieser Stelle nicht treffend. Denk doch mal lieber an: Anlass, Grund, Ursache ...
Ganz oben in der Fichte saß unser Kater Moritz. Er miaute laut.	Du konntest doch sicher unterscheiden, ob Moritz vor Freude miaute oder kläglich vor Angst?
Nun stellten die Feuerwehrleute ihre Leiter an den Baum.	Die Nachbarin, Frau Rebhuhn, war doch auch dabei? Hat sie den Moritz denn nicht gelockt oder gerufen? Sicher haben die Feuerwehrleute erst nach diesen erfolglosen Versuchen ihre Leiter ausgefahren. Wenn du schreibst „stellten", wird nicht klar, dass es eine automatische Leiter war.

Dann kletterte einer hoch. Dann wollte er Moritz packen. Der wollte nicht. Er klammerte sich ganz fest. Dann hat ihn der Feuerwehrmann doch gekriegt und kletterte mit Moritz runter.

Hier hast du zu oft hintereinander „dann" verwendet. Zur Angabe der zeitlichen Reihenfolge gibt es auch noch: „sofort, danach, anschließend, gleich" oder „kurz darauf..." Ich finde, an dieser Stelle musst du viel anschaulicher erzählen. Das war doch der Höhepunkt. Hat der Feuerwehrmann nicht auch auf den Kater eingeredet? Wovor hatte Moritz Angst? Wie hat der Feuerwehrmann ihn schließlich gepackt? Wie hat Moritz reagiert, als er aus seiner Lage befreit war? Was hast du in der Zwischenzeit getan, gesagt oder gedacht?

Er fragte mich, ob die Katze mir gehört und ob ich ihr das Klettern noch nicht beigebracht habe.

In der indirekten Rede verwendet man den Konjunktiv: „gehöre". Aber warum benutzt du hier nicht lieber die direkte Rede? Das macht die Erzählung gleich viel lebendiger.
Hat Moritz dich erkannt? Hast du ihn auf den Arm genommen?
Hat der Feuerwehrmann freundlich oder verärgert gefragt? Wie hast du reagiert? Hast du dich bedankt?

Er sagte, er wolle meine Eltern noch anrufen. Sie waren noch nicht zu Hause.

Besser auch direkte Rede!

Dann fuhr die Feuerwehr weg. Das war eine schöne Bescherung.

Ich finde, „Bescherung" ist eigentlich keine so passende Bezeichnung. Vielleicht solltest du auch die Überschrift ändern. Das Besondere an dem Erlebnis ist doch, dass die Feuerwehr anrücken musste...
An deiner Stelle würde ich auch erzählen, weshalb der Kater nicht selbst den Baum auch wieder herunterklettern konnte. Das hast du doch gemeinsam mit deinem Vater herausgefunden, oder?

Ach ja, wir haben nachgelesen, dass junge Katzen das Klettern erst lernen müssen. Die Krallen sind so gebogen, dass Katzen nur in der Haltung, in der sie auf einen Baum klettern, auch wieder herabklettern können. Also praktisch im Rückwärtsgang. Wahrscheinlich hat Moritz es vorwärts versucht, dabei den Halt verloren und dann Angst bekommen.

Ein Rezept gegen die „*dann*-Krankheit" beim Erzählen

Wenn sich bestimmte Wörter beim Erzählen in kurzen Abständen wiederholen, wirkt das ermüdend und langweilig. So vor allem bei der Verwendung von *dann*. Häufig macht es sich der Erzähler dabei zu einfach. Er prüft nicht genau genug, ob *dann* wirklich das richtige Wort ist, um den nächsten Erzählschritt einzuleiten.

Grundsätzlich solltest du vor der Verwendung von *dann* zwei Prüffragen stellen, bevor du entscheidest:

Ist *dann* an dieser Stelle sinnvoll, d. h.:

a) Ist *dann* an dieser Stelle nicht überflüssig, weil aus dem Zusammenhang des Textes völlig klar wird, dass der nun folgende Erzählschritt zeitlich später liegt?

b) Kann man *dann* an dieser Stelle nicht durch einen genaueren Ausdruck ersetzen?

Beispiel

> ...*Die Feuerwehrleute fuhren langsam die Leiter aus, bis sie die Spitze des Baumes erreichte. Dann[1] kletterte einer der Männer behutsam die Leiter hinauf. „Jetzt bist du bald erlöst", beruhigte er den Kater. Dann[2] wollte er Moritz packen, doch der hatte Angst und klammerte sich in den dünnen Zweigen fest. Dann[3] gelang es dem Mann nach einigem Zureden doch...*

Übung

A 40

Überprüfe mithilfe der Fragen die Verwendung von *dann* in diesem Text. Mache dort, wo du *dann* für nicht sinnvoll hältst, einen besseren Vorschlag!

Dann[1]: _____

Dann[2]: _____

Dann[3]: _____

Übung

A 41

Du ahnst schon, was jetzt auf dich zukommt?
Beherzige Annas Ratschläge und schreibe eine unterhaltende Erlebniserzählung! Denke an die Merksätze aus dem vorherigen Kapitel (A 3). Dabei ist es klar, dass du dich in Jans Rolle versetzt, also aus der Ich-Perspektive erzählst.

Überschriften können in der Erlebniserzählung unterschiedliche Aufgaben haben.
Es gibt Überschriften,
– die den Leser informieren wollen
und Überschriften,
– die den Leser neugierig machen wollen.

Denke noch einmal über eine geeignete Überschrift für Jans Katergeschichte nach. Hier mehrere Möglichkeiten:

1. *Die Rettung unseres Katers Moritz.*
2. *Aller Anfang ist schwer.*
3. *Wie ein Ausflug unseres Katers in einen hohen Baum endete.*
4. *Es ist noch kein Kater vom Himmel gefallen.*
5. *Feuerwehr im Rettungseinsatz für unseren Kater.*
6. *Eine schöne Bescherung.*
7. *Außergewöhnlicher Feuerwehreinsatz in der Pestalozzistraße.*
8. *Die Feuerwehr – dein Freund und Helfer.*

a) Welche dieser Überschriften sollen:
   vorwiegend informieren?

   _____

   vorwiegend neugierig machen?

   _____

b) Welche dieser Überschriften würdest du wählen?

   _____

c) Welche der Überschriften passt am wenigsten? Gib dafür eine kurze Begründung!

   _____

   _____

   _____

   _____

   _____

   _____

Nachdem du Jan bei der Verbesserung seiner Erzählung so gut geholfen hast, bist du nun sicher selbst in der Lage, eine Vielzahl an Erzählthemen vorzuschlagen. Wähle ein Ereignis, das du selbst erlebt oder beobachtet hast. Dann fällt es dir auch leichter auszudrücken, was du gesagt, getan, gefühlt oder gedacht hast.

Du suchst nach Erzählanlässen. Du denkst an:

Erlebnisberichte	Grundstimmungen
Ferien… Reisen… Schulweg… Schule… Verkehr… Spielen… Streiche… Wald… Fluss… See… Teich… Bach… Berg… Tiere… Sport… Basteln… Kirmes…	Spaß… Freude… Lust… Vergnügen… Begeisterung… Stolz… Zufriedenheit… Überraschung… Erstaunen… Verwunderung… Spannung… Enttäuschung… Ernüchterung… Niedergeschlagenheit… Mitgefühl… Kummer… Ärger… Wut… Zorn… Bitterkeit… Traurigkeit… Hoffnungslosigkeit… Verzweiflung… Angst… Furcht…

Schreibe zehn Themen auf, zu denen du etwas erzählen möchtest.
Nun wählst du zwei davon aus und schreibst eine spannende oder unterhaltende Erlebniserzählung.
Berücksichtige alles, was du an Jans Beispielerzählung gelernt hast. Wenn du selbst mit deinem Text zufrieden bist, dann bringe ihn in die schriftliche Endfassung. Lies ihn jemandem vor, zum Beispiel jemandem aus deiner Familie, einem Freund oder einer Freundin, und achte darauf, wie der Zuhörer reagiert. Daran kannst du selbst überprüfen, ob deine Erzählung gelungen ist oder nicht.

Je weniger der Zuhörer oder Leser nachfragen muss, wie du das eine oder andere gemeint hast, desto besser ist dir deine Erzählung gelungen.

5. Geschichten erfinden

Herr Löwenzahn überlegt gemeinsam mit seiner Klasse, wovon Schriftsteller in ihren Büchern schreiben.

„Meint ihr denn, dass das alles Tatsachen sind, über die in Büchern geschrieben wird?", möchte Herr Löwenzahn wissen.

„Nein, ich glaube, die meisten Schriftsteller erfinden ihre Geschichten", sagt Marco, „aber sie schreiben so, dass man das nach kurzer Zeit schon gar nicht mehr merkt."

„Das ist wohl richtig so, Marco", sagt Herr Löwenzahn. „Schriftsteller erfinden Personen, Handlungen und Ereignisse. Dazu brauchen sie Phantasie. Sie fesseln mit ihrem Schreiben den Leser nur, wenn der das Gefühl hat, dass das, was erzählt wird, unter den geschilderten Umständen auch tatsächlich hätte geschehen können."

„Ist mir zu hoch", sagt Anna, „bedeutet das nicht, dass Schriftsteller gar nichts Unwahrscheinliches erfinden dürfen?"

„Doch, das dürfen sie", antwortet Herr Löwenzahn. „Erinnert euch an die Geschichte mit der Maus (Kapitel A3). Wir wissen nicht, ob es die im Bild gezeigte Situation jemals gegeben hat. Trotzdem habt ihr dazu Geschichten geschrieben, die

spannend waren. Das ist euch vor allem deswegen gelungen, weil ihr nichts Unsinniges erzählt, sondern euch um Wahrscheinlichkeit bemüht habt. Das ist eines der vielen Geheimnisse für Geschichten und Erzählungen aus der Phantasie...“

„Ich will euch nun zeigen“, sagt Herr Löwenzahn, „dass ihr alle in der Lage seid, gute Ideen für Geschichten zu finden. Seht euch dieses kleine Bild an. Entwerft zu diesem Erzählkern ein Erzählgerüst, aus dem deutlich wird, wie eure Geschichte dann später aussehen soll!“

A A Oberländer

Urwaldlichtung: Zwei Elefanten haben mit ihren Rüsseln eine Schaukel gebildet. Ein kleiner Elefant schaukelt vergnügt darauf.

Folgende Erzählgerüste und Erzählideen entstehen:

Marco:	**Lena:**
Der kleine Elefant erzählt, wie er die beiden Großen dazu gebracht hat, mit ihm zu spielen.	Ein Schimpanse befindet sich auf Nahrungssuche. Durch das fröhliche Trompeten wird er angelockt. Er beobachtet den Turnunterricht der Elefanten.

Anna:	**Erkan:**
Ein Filmteam, das für das Fernsehen seltene Tiere in freier Wildbahn aufnimmt, stößt zufällig auf diese drei Elefanten.	Ein Großwildjäger soll für einen Zoo einen kleinen Elefanten fangen. Er ist schon lange erfolglos unterwegs. Da trifft er auf die drei. Aber er bringt es nicht übers Herz...

„Aber nun hab ich doch mal eine Frage", sagt Erkan, als die Ergebnisse diskutiert werden. „Das ist doch alles Spinnerei. Schon so wie auf dem Bild würden sich Tiere nie verhalten. Und nun lassen einige auch noch Tiere erzählen!"

„Genau genommen", sagt Herr Löwenzahn, „hast du mit deiner Kritik Recht. Aber eben das können wir als Erzähler. Wir können eigentlich unwirkliche Situationen wie wirkliche gestalten, wir können die Zusammenhänge erfinden, wir können sogar Tiere oder Gegenstände sprechen lassen. Erinnert euch an die Fabeln oder an das Märchen. Es kommt nur darauf an, dass es uns gelingt, den Zuhörer oder Leser mit in unsere Idee hineinzuholen."

„Ich finde diese Möglichkeit schön", sagt Lena.

Sie hat sich folgende Erzählung ausgedacht:

Beispiel   **Turnstunde im Dschungel**

1   *Wie üblich turnte ich von Baum zu Baum und sammelte Bananen. Schließlich habe ich eine große Familie zu versorgen. Ich war etwas ärgerlich, weil schon sehr viele Bäume abgeerntet waren.*

Plötzlich hörte ich ein helles Trompeten. Es klang sehr vergnügt und wollte gar nicht
5   *mehr enden. „Da musst du doch mal nachsehen, Leopold", sagte ich mir, „schließlich muss man doch wissen, wer so alles im Revier seine Späße treibt." Hurtig sprang ich von Ast zu Ast, benutzte ab und zu eine herabhängende Liane und kam auf diese Weise der ungewohnten Geräuschquelle immer näher. Der Dschungel*
10   *wurde lichter und nun wäre ich vor Überraschung fast vom Baum gefallen.*

So etwas hatte ich noch nicht gesehen. Auf der Lichtung knieten zwei riesige Elefanten. Sie hatten die Rüssel zusam
15   *mengeschlungen und bildeten auf diese Weise eine Schaukel. In der Mitte saß darauf ein kleiner Elefant und hatte seinen Spaß. „Mehr", rief er und schaukelte heftig, „höher!" Dabei*
20   *trompetete er, was seine kleinen Lungen hergaben. Die beiden Großen waren schon fast außer Atem. Doch dann nahmen sie noch einmal alle Kraft zusammen und nun gab es einen Überschlag. Der Kleine konnte sich nicht mehr festhalten und plumpste in hohem Bogen ins Elefantengras. Verdutzt rieb*
25   *er sich die Augen.*

Nun brach ich in helles Gelächter aus. Ich schüttelte mich so, dass ich meine mühsam gesammelten Bananen verlor. „Danke!", sagte einer der beiden großen Elefanten, sammelte sie auf und tröstete damit den kleinen Turner. Dann ging das Spiel von neuem los.
30   *Als ich zu Hause die Geschichte erzählte, sagte meine Frau schnippisch: „Du könntest ja auch mal mehr mit den Kindern turnen!" Als wenn wir das nicht laufend täten.*

Nun bist du wieder an der Reihe.

Wo hat diese Erzählung Einleitung, Hauptteil und Schluss? Kennzeichne diese Abschnitte!

Übung
A 44

a) Einleitung: Zeile _____

b) Hauptteil: Zeile _____

c) Schluss: Zeile _____

Lena hatte vor, einen Affen erzählen zu lassen. Du wirst gemerkt haben, dass im Text der Begriff *Affe* überhaupt nicht vorkommt. Durch welche Hinweise erfährt der Zuhörer / Leser denn nun eigentlich, dass hier ein Affe erzählt?

Übung A 45

_____

_____

_____

Weshalb war es gut, dass die Erzählerin folgenden geplanten Anfang dann doch nicht gewählt hat?

Übung A 46

„Also, ich heiße Leopold und bin Affe. Besser gesagt: Schimpanse. Ich wohne mit meiner Familie im Dschungel. Eines Tages…"

_____

_____

_____

_____

Lena hat in ihren Text viele indirekte Hinweise auf Einzelheiten der Handlung eingearbeitet. Weshalb lässt sie am Anfang des Hauptteils den Affen ein *helles Trompeten* und nicht einfach ein *Trompeten* hören?

Übung A 47

_____

_____

_____

Übung A 48

Nun erzählst du! Wähle eines der vorgestellten Erzählgerüste (vgl. S. 43) und versuche selbst, eine gelungene Phantasieerzählung zu schreiben. Berücksichtige dabei alle Hinweise, die du in diesem Kapitel des Buches zum Erzählen erhalten hast.

Im Kapitel A 3 hast du den Erzählkern des in Seenot geratenen Schweins zu einer Erzählung ausgestaltet. Auch dort hast du letztlich eine Phantasieerzählung geschrieben, zumal wenn dein Schwein sprechen kann oder vielleicht sogar selbst die Geschichte erzählt. Dies ist also auch eine Möglichkeit, Geschichten zu erfinden. Suche nun selbst einmal in Zeitungen und Zeitschriften nach einer interessanten Meldung. Die kannst du dann zu einer Geschichte ausgestalten.

Geschichten aus Wortrahmen

Bisher hast du durch Erzählkerne Anregungen zum Erzählen bekommen. In den folgenden Aufgaben wirst du auf eine etwas andere Art festgelegt: Du sollst aus Wortrahmen, die das Erzählgerüst vorgeben, Geschichten machen.

Probier es einfach mal aus!

Nachts um halb eins

nachts um halb eins – Vorratskeller – Küchenmesser – Großmutter –
Kim/Ich – Kerzenlicht – Traum – Luftzug – zwei Augen

Du hast hier die Wahl zwischen zwei Erzählperspektiven. Wenn du über Kims Erlebnis erzählst, schlüpfst du in die Rolle des „allwissenden Erzählers". Wenn du in der Ich-Form erzählst, übernimmst du Kims Sichtweise.

Übung A 49

Schreibe ein selbst erdachtes Erzählgerüst für diese Geschichte in drei Sätzen auf!

a) _____

_____

b) _____

_____

c) _____

_____

Gestalte nun den Wortrahmen „Nachts um halb eins" zu einer spannenden Erzählung aus.

Übung A 50

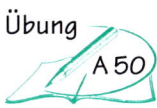

Ein weiterer Wortrahmen:

Übung A 51

Der Traum vom Fliegen

Andi/Ich – Mond – Fensterbank – Flügel – Gleitflug – schweben – phantastische Welt – Sturzflug – Wecker

---

Erzähle auch zu diesem Wortrahmen eine spannende und unterhaltsame Geschichte!

Du kannst eine Phantasiegeschichte auch zusammen mit anderen, z. B. deinen Freunden oder Mitschülern, als **Schreibspiel** verfassen:

Nehmt mindestens ein Wörterbuch zur Hand. Jeder von euch braucht einen Stift und Papier. Es geht reihum: Der erste Spieler sagt eine Seiten-, eine Spaltenzahl und z. B. „Das 5. Wort von oben", ohne vorher in das Wörterbuch hineingeschaut zu haben. Dieses Wort schreibt jeder auf.
Die anderen Spieler machen es genauso (achtet darauf, dass ihr nicht zu viele, also nicht mehr als zehn Wörter zusammenstellt).
Nun habt ihr zufällig zusammengestellte Wörter, aus denen ihr eine Geschichte machen könnt. Viel Spaß beim Schreiben – und gegenseitigem Vorlesen!

Übung A 52

Auch Gegenstände können Geschichten erzählen

Jetzt denkst du sicher, du sollst an der Nase herumgeführt werden oder es will dir jemand einen Bären aufbinden. Aber es ist wahr, auch Gegenstände können Geschichten erzählen oder du kannst Geschichten über Gegenstände erzählen, wenn du deine Phantasie etwas bemühst.
Das glaubst du nicht? Dann lies dir folgende unglaubliche Geschichte einmal durch:

Franz Hohler
Der Granitblock im Kino

Originaltext

Ein Granitblock aus einem öffentlichen Park hatte lange gespart und wollte mit seinem Geld ins Kino, und zwar hatte er von einem lustigen Film gehört, „Zwei Tanten auf Abenteuer". Er ging also an die Kasse und verlangte fünf Plätze.

Zuerst wollte sie ihm die Kassiererin nicht geben, da sagte der Granitblock bloß oho, und schon hatte er die Billette. Er hatte erste Reihe gelöst, weil er seine Brille vergessen hatte. Als er sich auf seine fünf Plätze setzte, krachten gleich alle Armlehnen zusammen, und dann fing das Vorprogramm an. Der Granitblock schaute interessiert zu und bestellte in der Pause zehn Eiscremes, die er sofort hinunterschluckte. Jetzt fing der Hauptfilm an, und der Granitblock amüsierte sich sehr. Da er an Humor nicht gewöhnt war, mußte er über jede Kleinigkeit lachen, zum Beispiel wenn eine Tante zur anderen sagte, na, altes Haus? Er schlug sich auf die Schenkel und lachte, daß das ganze Kino zitterte und die Leute durch die Notausgänge flüchteten. Als dann eine Tante der anderen mit dem Schirm eins über den Kopf haute, war der Granitblock nicht mehr zu halten. Er hüpfte jaulend auf und ließ sich auf seine Sessel plumpsen, die sogleich zusammenbrachen, und damit nicht genug, stürzte er durch den Boden des Kinos in einen Keller und konnte den Rest des Films nicht mehr ansehen. Das Kino wurde vorübergehend geschlossen, der Granitblock mußte mit einem Lastwagen in seinen Park zurückgebracht werden, und heute langweilen sich schon alle Spatzen, wenn er wieder mit seiner Geschichte von den Tanten kommt und kichernd erzählt, wie eine zur anderen gesagt hat, na, altes Haus.

Dieser Erzähler ist selbstverständlich ein Profi und du kannst sicher eine Menge von ihm lernen. Zunächst mal eine Frage, die dich auf den richtigen Weg bringt:
Wodurch kommt **die lustige Wirkung** des Textes auf den Leser zustande?

natürliche, allgemeine Merkmale	Der Erzähler verleiht seiner Figur, dem Stein, **menschliche Eigenschaften und Fähigkeiten**.
	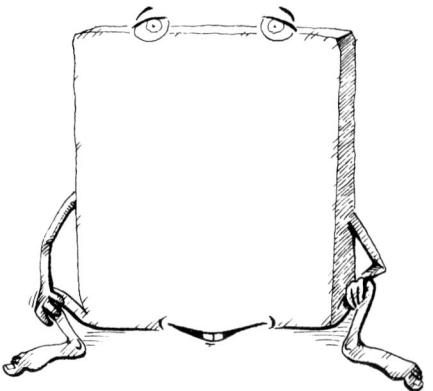
Granitblock groß, hart, tonnenschwer, in einem öffentlichen Park, Zierde, Denkmal	hat Geld gespart, kann sprechen, gehen, sich setzen, Eiscreme essen, lachen, sich amüsieren, sich auf die Schenkel schlagen, hüpfen, jaulen, plumpsen...

Welche Fähigkeit verliert der Granitblock augenscheinlich, nachdem er infolge seines Begeisterungsausbruchs in den Keller geplumpst ist? Vergleiche Anfang und Schluss der Geschichte!

Übung A 53

Der Erzähler schreibt dem Granitblock auch menschliche Eigenschaften zu. Während des Films „muß der Granitblock über jede Kleinigkeit lachen". Wie wirken Menschen, die sich so verhalten, auf andere?

Übung A 54

Und nun sollst du zeigen, dass du mit etwas Phantasie und Erzählkunst selbst eine Geschichte über einen Gegenstand in ungewohnter Umgebung schreiben kannst. Wähle dazu eines der folgenden Themen:

Übung A 55

a) Die Mülltonne in der Mathestunde

b) Der Rasenmäher im Sportverein

c) Die Verkehrsampel auf dem Schulfest

d) Die Blautanne auf dem Kindergeburtstag

Bei der Vorbereitung ist es sicher günstig, wenn du zunächst einmal die natürlichen Merkmale des Gegenstandes, von dem du erzählen willst, sammelst. Dann fallen dir anschließend bestimmt viele menschliche Eigenschaften oder Fähigkeiten ein, die du ihm in deiner Erzählung „andichten" willst.

Gegenstände streiten sich

Ein letztes Mal in diesem Kapitel werfen wir einen Blick in die Klasse von Herrn Löwenzahn.
„Nachdem ihr alle große Fortschritte in der Kunst des Erzählens gemacht habt", sagt er anerkennend, „schlage ich euch einen Wettbewerb vor."
„Dann verkündigen Sie mal die Bedingungen!", fordert Anna.
„Natürlich muss es auch Preise geben", schlägt Erkan vor, „und Schiedsrichter, das ist bei Wettkämpfen immer so."
„Ja, ja! Nur nicht so stürmisch", sagt Lehrer Löwenzahn. „Also ich schlage euch folgendes Thema vor: Jeder schreibt eine Phantasieerzählung, in der er zwei Gegenstände des täglichen Lebens sich streiten lässt. Ihr habt eine Woche Zeit. Sucht euch am besten Gegenstände, die aufgrund ihrer allgemeinen Merkmale auch Berührungspunkte haben, über die sie sich streiten können. Dann legen wir alle Arbeiten einem unabhängigen Schiedsgericht vor, das wir alle gemeinsam einsetzen. Für die drei besten Erzählungen setzen wir kleine Buchpreise fest."
Alle sind begeistert und machen sich voller Eifer an die Arbeit.

Hier ist die erste Version der Geschichte von Lena abgedruckt. Sie kann durchaus noch überarbeitet werden. Hilf ihr dabei. Es ist jetzt deine Aufgabe, die Rolle des Lehrers zu übernehmen.

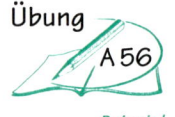

Übung

Untersuche Lenas Geschichte und stelle fest, welche Merksätze sie nicht berücksichtigt hat.

Beispiel

Geschichte von Lena:
Der Fernsehapparat und das Buch

Ein Buch liegt auf dem Wohnzimmertisch aufgeschlagen herum und der Fernsehapparat steht ausgeschaltet in der Ecke. Es ist mitten in der Nacht und sie sprechen miteinander.

„Mir langt es jetzt!", sagte das Buch zum Fernsehapparat. „Seit zwei Wochen liege ich hier schon, ohne dass eine Seite in mir auch nur angelesen worden wäre, und das nur wegen dir." Dem Fernsehapparat gefiel diese Attacke ganz und gar nicht, zumal er ausnahmsweise Feierabend hatte und seine Ruhe genoss. „Was habe ich damit zu tun, wenn du nicht spannend genug bist, du langweiliges Buch?", entgegnete er. „Lass dich doch neu schreiben, als Krimi- oder Gespenstergeschichte." –

„Was weißt du denn schon davon, du Flimmerkiste, siehst du denn nicht mal deine eigenen Nachrichten? Ich habe noch letzte Woche einen Preis der Leseförderung gewonnen. Das sagt doch alles über meine Qualität." „Herzlichen Glückwunsch", sagte der Fernsehapparat, „dann wird die kleine Lena dich sicher noch lesen, früher oder später." Das Buch war davon weniger überzeugt. „Aber nicht, wenn du ihr ständig etwas vorflimmerst: Game- und Talkshows, Spielfilme und Kinderserien den ganzen Tag und auf allen Kanälen." Der Fernseher antwortete: „Was kann ich dafür, anscheinend hat Lena mit mir mehr Spaß. Was hast du auch schon zu bieten? Bleiwüsten schwarz auf weiß, keine Musik, vor allem keine Bilder." Da war das Buch ganz anderer Meinung. „Ich hab zwar keine Bilder in mir, aber Lena in ihrem Kopf, wenn sie mich liest. Phantasie nennt man das, mein Junge, ist für dich wohl ein Fremdwort." „Und", erwiderte der Fernseher, „liest sie auch zusammen mit ihren Eltern und ihrem Bruder in dem Buch und unterhalten sie sich danach darüber? Kann ich mir nicht vorstellen. Bei mir kommt die Familie noch zusammen, gemeinsam schauen sie, informieren sich, lachen . . ." „. . . und schweigen", fiel ihm das Buch ins Wort. „Wer redet denn noch miteinander, wenn man ständig vor der Kiste hängt?" „Wer ein Buch liest, redet aber auch nicht, mein Lieber", gab der Fernseher zurück. – So ging es eine ganze Zeit hin und her, bis sie die Lust zu streiten verloren. So haben sie sich schließlich wieder versöhnt.

Im Lösungsteil hast du Lenas überarbeitete Fassung gelesen. Dabei hast du bestimmt bemerkt, dass sich Lena vorher genau mit den allgemeinen Merkmalen des Fernsehapparates und des Buches beschäftigt hat. Sie hat sich überlegt, was das Besondere an einem Fernsehgerät und an einem Buch ist.

Welche dieser Merkmale finden sich in dem Text wieder

Übung A 57

a) für den Fernsehapparat?

_____

_____

_____

b) für das Buch?

_____

_____

_____

Doch ebenso gut ist es ihr (schon in der ersten Fassung) gelungen, das Streitgespräch in eine **Rahmenhandlung** einzukleiden, das heißt, sie erfindet sehr geschickt einen Anlass, zu dem die beiden Gegenstände aufeinander treffen.

Worin besteht diese Rahmenhandlung?

Übung A 58

_____

_____

_____

Abschließend sollst du ein ähnliches Streitgespräch erfinden.

Übung A 59

a) Als Gegenstände werden vorgeschlagen:
   – ein Fußball
   – ein Computerspiel
Du kannst dir auch selber zwei Gegenstände ausdenken, die du streiten lassen möchtest!

b) Sammle zunächst möglichst viele allgemeine Merkmale für die beiden Gegenstände.

c) Erfinde eine geeignete Rahmenhandlung für dein Streitgespräch. Dann hast du schon das Schwierigste hinter dir. Entwirf deinen Text, korrigiere, was dir nicht gefällt und bringe ihn in die endgültige Fassung. Viel Spaß!

Inhaltsangabe

„Was steht in diesem Text?", „Wie war der neue Disney-Film gestern im Kino? Erzähl mal!", „Worüber habt ihr euch eben unterhalten?" Kommen dir diese Fragen bekannt vor? Sicherlich bekommst auch du solche Fragen, durch die jemand von dir erfahren möchte, welchen Inhalt ein bestimmter Text, Film, ein Gespräch oder auch der Schultag (gehabt) hat, tagtäglich gestellt. Hier musst du also die Inhalte (des Textes, des Films …) angeben, wenn du den Wissensdurst der Fragesteller stillen möchtest.

Eine gute Inhaltsangabe formulieren, dazu muss man kein Genie sein! Mit dem richtigen „Werkzeug" kann sie jeder „zusammenbasteln". In den folgenden Übungen kannst du dir dieses „Werkzeug" zulegen: Regeln, Stil, Aufbau und Gliederung der Inhaltsangabe. Es werden dir auch Tipps gegeben, wie du am besten mit etwas schwierigeren Texten umgehst, um diese verstehen, erklären und wiedergeben zu können.

1. Aufbau, Regeln, Stil und Sprache einer Inhaltsangabe

Marco, Anna, Erkan, Jan und Lena verbringen gemeinsam die erste große Pause. Anna erzählt gerade, wie sie sich in der zweiten Stunde über den Geschichtslehrer Kleiter amüsiert hat, der, anstatt Geschichte zu unterrichten, Anekdoten über Alexander den Großen erzählt hat. Marco fällt dabei der Film ein, den er gestern gesehen hat. In dem Film spielt auch ein Geschichtslehrer die Hauptrolle.

Marco: „Das war gestern auch so. Der Lehrer hatte eine Klassenfahrt gemacht. Zum Schluss ging alles drunter und drüber. Am Anfang konnte man sehen, wie seine Tasche auf den Boden fiel, als er von einem Schüler, der nicht aufpasste, angerempelt wurde. Mann, was da alles drin war: Bücher über Bücher, ein ganzer Stapel Korrekturhefte, ein Apfel, sogar eine Pfeife …". Den anderen stehen förmlich drei große Fragezeichen in ihren Gesichtern geschrieben. „Ich versteh nur Bahnhof. Worum geht es denn überhaupt in dem Film?", geht Lena dazwischen. Die anderen nicken beifällig. Niemand fühlt sich durch Marcos Beitrag besonders gut über den Film informiert.

Die Inhaltsangabe dient dazu, andere zu **informieren**.

Nicht nur Marco, auch die anderen Schüler haben so ihre Schwierigkeiten mit der Inhaltsangabe. So kommt es ganz gelegen, dass Herr Löwenzahn mit ihnen die Inhaltsangabe im Deutschunterricht durchnimmt. Er hat dazu einen Schwank von Johann Peter Hebel (linke Spalte) und eine Inhaltsangabe (rechte Spalte) ausgewählt, die eine Schülerin aus einer anderen Klasse im letzten Schuljahr geschrieben hat. Nun lest zunächst.

Johann Peter Hebel
Das Mittagessen im Hof

Man klagt häufig darüber, wie schwer und unmöglich es sei, mit manchen Menschen auszukommen. Das mag denn freilich auch wahr sein. Indessen sind viele von solchen Menschen nicht schlimm, sondern nur wunderlich, und wenn man sie immer nur kennte, inwendig und auswendig, und recht mit ihnen umzugehen wüßte, nie zu eigensinnig und nie zu nachgiebig, so wäre wohl mancher leicht zur Besinnung zu bringen. Das ist doch einem Bedienten mit seinem Herrn gelungen. Dem konnte er manchmal gar nichts recht machen und mußte vieles entgelten, woran er unschuldig war, wie es oft geht.

So kam einmal der Herr verdrießlich nach Hause und setzte sich zum Mittagessen. Da war die Suppe zu heiß oder zu kalt oder keines von beiden; aber genug, der Herr war verdrießlich. Er faßte daher die Schüssel mit dem, was drinnen war, und warf sie durch das offene Fenster in den Hof hinab. Was tat hierauf der Diener? Kurz besonnen warf er das Fleisch, welches er eben auf den Tisch stellen wollte, mir nichts, dir nichts der Suppe nach auch in den Hof hinab, dann das Brot, dann den Wein und endlich das Tischtuch mit allem, was noch darauf war.

„Verwegener, was soll das sein?" fragte der Herr und fuhr mit drohendem Zorn von seinem Sessel auf. Aber der Bediente erwiderte ganz kalt und ruhig: „Verzeihen Sie mir, wenn ich Ihre Meinung nicht erraten habe. Ich glaubte nichts anderes, als Sie wollten heute im Hofe speisen.

Inhaltsangabe einer Schülerin:

In diesem Schwank erzählt Hebel, wie ein Diener seinem Herrn die Launenhaftigkeit mit Erfolg austreibt.

Der Autor stellt die Klage vieler Menschen an den Anfang, dass es nämlich sehr schwer sei, mit manchen Menschen auszukommen. Dies schränkt er aber durch die Feststellung ein, dass man viele dieser komplizierten Menschen ändern könne, wenn man sie gut kenne und mit ihnen umzugehen wisse.

Er beweist dies an einem Beispiel, wie nämlich ein Diener seinen Herrn ändert.

Dieser, launisch und oft ungerecht, kommt eines Tages nach Hause zum Mittagessen und wirft, weil er missgelaunt ist, die Suppe mitsamt der Schüssel zum Fenster hinaus in den Hof.

Daraufhin nimmt der Diener alle übrigen Speisen und wirft sie mitsamt der Tischdecke hinterher.

Zornig droht der Herr seinem Diener, der ihm aber in aller Ruhe antwortet, dass er angenommen habe, der Herr wolle wegen des schönen Wetters im Hof speisen.

Originaltext/ Beispiel Inhaltsangabe

Die Luft ist so heiter, der Himmel so blau, und sehen Sie nur, wie lieblich der Apfelbaum blüht und wie fröhlich die Bienen ihren Mittag halten!" Diesmal die Suppe hingeworfen; und nimmer! Der Herr erkannte seinen Fehler, heiterte sich im Anblick des schönen Frühlingshimmels auf, lächelte heimlich über den schnellen Einfall seines Aufwärters und dankte ihm im Herzen für die gute Lehre.

Der Hausherr beruhigt sich aufgrund dieser originellen Antwort schnell, sieht seinen Fehler ein und ist seinem Diener insgeheim sogar dankbar für diese Lehre.

„Die Schülerin hat die Geschichte ja toll verstanden. Wer war das denn?", will Erkan wissen. „Das ist doch gleichgültig, wer das gewesen ist, Erkan", erwiderte der Deutschlehrer. „Ich möchte aber von dir wissen, warum *du die Geschichte gut findest."*

Die Inhaltsangabe dient auch dazu, dass du Geschichten, Berichte, Gespräche, Filme usw. besser verstehen lernst.

Zurück zu den beiden Texten.

Übung  **B1**

Welche Unterschiede kannst du zwischen den beiden Texten feststellen?

	Original	**Inhaltsangabe**
a) Umfang:		
b) Ausdrucks-weise:		
c) Zeitform:		
d) Redeweise: (wörtl./direkt, berichtend/ indir.)		

Aus dieser Zusammenstellung – diesem Vergleich – sind bereits vier wichtige Merkmale für eine Inhaltsangabe abzuleiten:

- In der Inhaltsangabe beschränkt man sich auf die **wesentlichen Angaben** eines Textes.
- Die Inhaltsangabe informiert **sachlich** und **kurz**.
- Statt der direkten Rede im Originaltext wird in der Inhaltsangabe nur die **indirekte Rede** verwendet.
- Die Inhaltsangabe steht im **Präsens**, da sie den Handlungsablauf unmittelbar wiedergeben will.

Lena hat noch eine Frage: „Solche Regeln sind ja schön und gut, aber was heißt denn überhaupt die wesentlichen Angaben *im Text?" „Eine gute Frage, Lena, sie ist gar nicht so einfach zu beantworten. Vielleicht hilft uns da ein Vergleich mit der Inhaltsangabe eines anderen Schülers weiter", antwortet Herr Löwenzahn.*

Vergleicht den folgenden Auszug einer Inhaltsangabe mit dem 6. Abschnitt der obigen Inhaltsangabe und dem Originalabschnitt von Hebel.

Übung B 2

Schüler B.:
Der Herr droht verärgert seinem Diener. Dieser antwortet, dass er wohl seinen Herrn falsch verstanden habe. Er, der Diener, habe gedacht, sein Herr wolle im Hof speisen, weil das Wetter so schön, die Luft so heiter, der Himmel so blau sei und weil sogar schon der Apfelbaum blühe und die Bienen so munter seien.

Beispiel

a) Was schreibt der Schüler B in seiner Inhaltsangabe, was die Schülerin A nicht schreibt?

_____

_____

_____

b) Warum ist das für eine Inhaltsangabe zu diesem Schwank nicht wesentlich?

_____

_____

_____

Wesentlich oder wichtig sind die Sätze, ohne die der Gesamtzusammenhang nicht zu verstehen ist.

Herr Löwenzahn hat noch mehr Inhaltsangaben von Schülern aus seiner alten Klasse mitgebracht. Er liest in der Klasse verschiedene Ausschnitte zum gleichen Abschnitt vor.

Beispiel

Schülerin C:
Der Hausherr ist zornig und droht dem Diener. Er ballt die Faust, seine Schlagader schwillt an, sein Gesicht ist schon ganz rot, als er aus dem Sessel hervorschnellt und dem Diener einen finsteren Blick zuwirft. Der Diener ist aber ganz ruhig und hat überhaupt keine Angst. Er schaut gelassen dem Herrn in die Augen und sagt dann, während er mit der Hand zum Hof zeigt, er habe gedacht, der Herr wolle im Hof essen.

Schüler D:
Ärgerlich droht der Herr dem Diener. Ich glaube, dieser ist gar nicht beeindruckt. Vielleicht reißt er sich auch nur besonders zusammen. Es kann aber auch sein, dass er ein besonders gutes Selbstvertrauen hat, dass er sich vorgenommen hat bald zu kündigen oder dass er etwas vorwitzig ist. Wie dem auch sei, der Diener antwortet ruhig, dass er geglaubt habe, der Herr wolle im Hof essen, weil es draußen so schön sei.

Übung

a) Entsprechen die Auszüge aus diesen Inhaltsangaben den Regeln?

Schülerin C _____ Schüler D _____

b) Begründe deine Meinung!

Schülerin C _____

_____

_____

Schüler D _____

_____

_____

- Vermeide ausschmückende Formulierungen und die Wiedergabe von Gefühlen und Stimmungen.

- In die Inhaltsangabe gehören deine Meinung, Beurteilung oder gar Vermutungen nicht hinein.

- Die Inhaltsangabe geht immer vom **Ergebnis eines Geschehens** aus! Von dort wird das Geschehen nach den Ursachen und Folgen fragend aufgerollt!

Dies kannst du an der Inhaltsangabe zu Hebels Schwank (S. 53/54) nachvollziehen:

a) Am Anfang steht das Resultat der Geschichte:
   (*„In diesem Schwank erzählt …"*)

b) Ursachen und Folgen:
   – Ursache für die Geschichte überhaupt sind die Klagen vieler Menschen, dass …
   – Folge daraus – wenn das Leben nicht zu schwer werden soll – man muss die Menschen, die man kennt, eben ändern.
   – Dass dies geht, beweist Hebel in seiner Geschichte.
   – Ursache oder Ausgangspunkt ist hier ein launischer Herr, der seinen Missmut am Diener auslässt.
   – Folge dieser ungezügelten Launenhaftigkeit ist der „Suppenwurf".
   – Folge dieser unbedachten Reaktion: Der Diener befördert das gesamte Mittagessen durchs Fenster.
   – Dies wiederum ist Ursache für den Zorn des Herrn; es folgen die kühle Reaktion und Erklärung des Dieners.
   – Diese sind wiederum Ursache für das Nachdenken und daraus folgend für die Einsicht des Herrn.
   – Die Folge für den Diener: Der Herr wirft in Zukunft weder mit schlechter Laune noch mit Suppe um sich.
   – Folge daraus: Das Zusammenleben wird angenehmer.

Berücksichtige bei der Wiedergabe der wesentlichen Textstellen die Ursachen und Folgen des Geschehens.

Daraus ergibt sich auch schon die **Gliederung für eine Inhaltsangabe**, die du eigentlich immer nach folgendem Schema anfertigen kannst:

A) Einleitung:	*Ergebnis der Geschichte oder Zusammenfassung der Handlung möglichst in einem Satz.*
B) Hauptteil:	*Wiedergabe der wesentlichen Textstellen unter Berücksichtigung der Ursachen und Folgen des Geschehens.*
C) Schluss:	*Ist bei der Inhaltsangabe nicht nötig, da die Zusammenfassung der Geschichte ja bereits am Anfang steht!*

Übung B 4

Übe jetzt den Aufbau einer Inhaltsangabe an der folgenden Fabel – genau so, wie im vorigen Abschnitt beschrieben! Fülle die Übersicht aus.

„Der gute Rat"
Eine Fabel des griechischen Dichters Babrios

Hier ist Platz für deine Einleitung!
(Ergebnis/Zusammenfassung möglichst in einem Satz!)

_____

_____

_____

_____

Originaltext/
Aufbau Inhaltsangabe

Zwei Freunde wanderten miteinander den gleichen Weg. Sie hatten einander versprochen, alle Gefahren gemeinsam zu bestehen und sich immer zu helfen.

1. Ausgangspunkt   und Folge:

_____

_____

_____

Ihre Reise führte sie durch einen tiefen Wald. Plötzlich stand ein Bär vor ihnen. Während sich der eine Freund zum Kampfe bereit machte, war der andere schon, so schnell er konnte, auf den nächsten Baum geklettert.

2. Ursache   und Folgen:

_____

_____

_____

Alleingelassen, nahm der Freund seine Zuflucht zu einer List: er warf sich zur Erde nieder und stellte sich tot. Der Bär kam heran und beschnüffelte ihn von den Fußsohlen bis zu den Ohren.

3. Ursache   und Folge:

_____

_____

_____

Aber weil der Mann sich nicht rührte und mit aller Kraft den Atem unterdrückte, hielt er ihn für tot und trottete davon: denn der Bär, sagt man, rührt einen Toten nicht an.

4. Ursachen und Folgen:

_____

_____

_____

Als der Bär längst außer Sicht war, kam der andere von seinem Baum herunter und

5. Ursache und Folge:

_____

_____

_____

fragte den Gefährten, was der Bär ihm ins Ohr geflüstert habe, ehe er sich davon machte.

6. Ursache und Folge:

_____

_____

_____

„Einen guten Rat gab er mir", bekam er zur Antwort.

7. Folge:

_____

_____

„Nie wieder solle ich jemanden zum Freunde nehmen, der mich in der Not verläßt."

8. Ergebnis/Lehre:

_____

_____

Nun ist es ganz leicht, durch die Verbindung der jeweiligen Ursachen und ihrer Folgen den Handlungsablauf der Fabel kurz und sachlich wiederzugeben!

Beachte dabei, dass die Ursache nicht immer am Satzanfang und die Folge daran anschließend stehen muss:

Beispiel | *Der Mann stellte sich tot, und deshalb trottete der Bär davon.*
Oder:
Der Bär trottete davon, weil der Mann sich tot stellte.
Oder:
Weil der Mann sich tot stellte, trottete der Bär davon.
Oder:
Wegen der Tatsache, dass der Mann sich tot stellte, trottete der Bär davon.

Du siehst, dass es sehr viele verschiedene Möglichkeiten gibt, Ursache und Folge in einem Satz miteinander zu verknüpfen.

Übung
B 5

Schreibe die Wörter auf, mit denen in den Beispielsätzen Ursache und Folge verbunden werden.

Die Wörter aus der Übung B 5 nennt man **Konjunktionen** (= Bindewörter).

Konjunktionen eignen sich, in Sätzen Ursache und Folge sprachlich miteinander zu verbinden.

Übung B 6

Suche weitere Konjunktionen! Nimm dafür ruhig Sprachbücher oder Grammatikbücher zur Hand.

TiPP

Verwende nicht immer dieselben Konjunktionen – wechsle auch hier im sprachlichen Ausdruck ab!

Übung
B 7

Fertige eine schriftliche Inhaltsangabe der Fabel „**Der gute Rat**" an.

Die Inhaltsangabe brauchst du, um einen anderen (z. B. einen Zuhörer, einen Leser, einen Zuschauer) kurz über einen Text (z. B. Erzählungen, Fabeln, Romane) oder auch über einen Film, ein Theaterstück oder ein Fernsehspiel zu informieren.

Übung
B 8

Hier als Beispiel die Einleitung einer Inhaltsangabe:

In diesem Buch geht es um ein türkisches Mädchen, das seine Erfahrungen, die es in Deutschland lebend sammelt, in ihrem Tagebuch festhält ...

Was erfährst du durch diese Einleitung einer Inhaltsangabe nicht?

Nenne am Anfang der Inhaltsangabe auch immer den **Autor** und den **Titel** des Textes (Filmes etc.).

In dem Buch „Ich bin eine deutsche Türkin" erzählt die Autorin Ranka Keser von einem türkischen Mädchen, das seine Erfahrungen, die es in Deutschland lebend sammelt, in ihrem Tagebuch festhält . . .

Eine Inhaltsangabe ist für ein ganzes Buch – wie z. B. für einen Roman – besonders sinnvoll, wenn man (sich) kurz und doch aussagekräftig über dieses informieren möchte. Für das Schreiben einer solchen Inhaltsangabe bedeutet dies jedoch eine zusätzliche Schwierigkeit bei der Fülle an Informationen und dem Umfang des Buches. Hier helfen dir, zusätzlich zu den bereits genannten, folgende Fragen. Beantworte diese Fragen in deiner Inhaltsangabe auf jeden Fall!

– **Wer** sind die Hauptfiguren?
– **Wo** spielt das Geschehen?
– **Wann** spielt sich das Geschehen ab?
– **Wie** vollzieht sich das Geschehen?

Inhaltsangabe oder Nacherzählung?

Herr Löwenzahn hat in seiner Klasse eine Nacherzählung und eine Inhaltsangabe zur Fabel **„Der gute Rat"** schreiben lassen. Hier siehst du zwei Auszüge (sie entsprechen den Schritten 5–8 in der Übung B 4).

Übung

Arbeit A:
. . . Als der Bär verschwunden ist, kommt der Mann von seinem Baum und fragt den Freund, was denn das Tier in dessen Ohr geflüstert habe. Dieser antwortet, dass der Bär ihm den Rat gegeben habe, in Zukunft nur Freunde zu suchen, die ihn in der Not nicht verlassen.

Arbeit B:
. . . Als der Bär verschwunden war, kam der Freund von seinem Baum herunter. Er musste jetzt ja keine Angst mehr haben. Er fragte neugierig den ersten, der immer noch auf dem Boden lag, was das Tier ihm ins Ohr geflüstert habe. Dieser lächelte: „Ich bekam einen guten Rat", antwortete er und blickte ihn mit durchdringenden Augen an, „ich soll mir nie wieder einen Freund suchen, der mich in der Stunde der höchsten Not im Stich lässt."

a) Welcher Auszug stammt aus einer Nacherzählung, welcher aus einer Inhaltsangabe?

Arbeit A: _____

Arbeit B: _____

b) Begründe deine Ansicht!

_____

_____

_____

_____

_____

_____

Hier siehst du den wesentlichen Unterschied zwischen der Inhaltsangabe und der Nacherzählung (vgl. Kap. A 1):

Eine **Inhaltsangabe** informiert sachlich und distanziert. Der Schreiber verzichtet auf innere Anteilnahme am Geschehen.
Eine **Nacherzählung** erlaubt diese Anteilnahme und zieht den Zuhörer oder den Leser in das Geschehen hinein.

Besonders spannend ist es, wenn du deine Inhaltsangabe auf Tonband oder Kassettenrekorder sprichst. Dann kannst du hinterher selbst überprüfen, wie überzeugend dein Vortrag war und ob du dich an die Regeln gehalten hast!!

2. Inhaltsangabe bei dichterischen Texten

Ballade

Übung

B 10

Schreibe beim folgenden Text in die rechte Spalte die sachlichen Informationen, die in den einzelnen Strophen enthalten sind.

Originaltext

Johann Wolfgang Goethe
Der Erlkönig

1. Wer reitet so spät durch Nacht
   und Wind?
   Es ist der Vater mit seinem Kind;
   Er hat den Knaben wohl in dem
   Arm,
   Er faßt ihn sicher, er hält ihn
   warm. –

1	

2. Mein Sohn, was birgst du so
   bang dein Gesicht? –
   Siehst, Vater, du den Erlkönig
   nicht?
   Den Erlkönig mit Kron' und
   Schweif? –
   Mein Sohn, es ist ein Nebelstreif. –

3. „Du liebes Kind, komm,
   geh mit mir!
   Gar schöne Spiele spiel' ich
   mit dir;
   Manch bunte Blumen sind an
   dem Strand;
   Meine Mutter hat manch gülden
   Gewand."

4. Mein Vater, mein Vater,
   und hörst du nicht,
   Was Erlkönig mir leise ver-
   spricht? –
   Sei ruhig, bleibe ruhig,
   mein Kind!
   In dürren Blättern säuselt der
   Wind. –

5. „Willst, feiner Knabe,
   du mit mir gehn?
   Meine Töchter sollen dich
   warten schön;
   Meine Töchter führen den
   nächtlichen Reihn
   Und wiegen und tanzen und
   singen dich ein."

6. Mein Vater, mein Vater,
   und siehst du nicht dort
   Erlkönigs Töchter am düsteren
   Ort? –
   Mein Sohn, mein Sohn,
   ich seh es genau;
   Es scheinen die alten Weiden
   so grau. –

7. „Ich liebe dich, mich reizt deine
schöne Gestalt;
Und bist du nicht willig,
so brauch ich Gewalt." –
Mein Vater, mein Vater,
jetzt faßt er mich an!
Erlkönig hat mir ein Leids getan! –

7

8. Dem Vater grauset's,
er reitet geschwind,
Er hält im Arm das ächzende
Kind,
Erreicht den Hof mit Mühe
und Not;
In seinen Armen das Kind
war tot.

8

Übung B 11

Mit den sachlichen Informationen, die du gesammelt hast, kannst du jetzt die Aufgabe „*Gib eine kurze Inhaltsangabe der Ballade **Erlkönig**"* lösen. Verbinde wiederum – wie in Aufgabe B 7 – die wichtigsten Angaben in entsprechenden Satzgefügen!

Übung B 12

Man kann diese verkürzte Wiedergabe natürlich noch weiter treiben, z. B. so:

Beispiel

Ein Vater reitet mit seinem todkranken Sohn im Arm durch die Nacht. Das Kind hat, vermutlich durch hohes Fieber verursacht, Wahnvorstellungen. Es sieht Erscheinungen und hört Stimmen. Der Vater versucht sein Kind zu beruhigen, doch als er zu Hause ankommt, ist es tot.

a) Welche Absicht Goethes geht deiner Meinung nach mit dieser Wiedergabe des „**Erlkönigs**" verloren?

_____

_____

b) Hältst du Inhaltsangaben von solchen Texten für sinnvoll? Begründe!

_____

_____

c) Welche Formen der Wiedergabe bieten sich an?

_____

Erzählung

Peter Weiss
Nicht versetzt

Originaltext

Ich kam mit dem Schulzeugnis nach Hause, in dem ein schrecklicher Satz zu lesen war, ein Satz, vor dem mein ganzes Dasein zerbrechen wollte. Ich ging mit diesem Satz große Umwege, wagte mich nicht mit ihm nach Hause, sah immer wieder nach, ob er nicht plötzlich verschwunden war, doch er stand immer da, klar und deutlich. Als ich schließlich doch nach Hause kam, weil ich nicht die Kühnheit hatte, mich als Schiffsjunge nach Amerika anheuern zu lassen, saß bei meinen Eltern Fritz W. Was machst du denn für ein betrübtes Gesicht, rief er mir zu. Ist es ein schlechtes Zeugnis, fragte meine Mutter besorgt, und mein Vater blickte mich an, als sehe er alles Unheil der Welt hinter mir aufgetürmt.

Ich reichte das Zeugnis meiner Mutter hin, aber Fritz riß es mir aus der Hand und las es schon, und brach in schallendes Gelächter aus. Nicht versetzt, rief er, und schlug sich mit seiner kräftigen Hand auf die Schenkel. Nicht versetzt, rief er noch einmal, während meine Eltern abwechselnd ihn und mich verstört anstarrten, und zog mich zu sich heran, und schlug mir auf die Schultern. Nicht versetzt, genau wie ich, rief er, ich bin viermal sitzengeblieben. Damit war die Todesangst zerstäubt, alle Gefahr war vergangen. Aus den verwirrten Gesichtern meiner Eltern konnte sich keine Wut mehr hervorarbeiten, sie konnten mir nichts mehr vorwerfen, da ja Fritz W., dieser tüchtige und erfolgreiche Mann, alle Schuld von mir genommen hatte und mich dazu noch besonderer Ehrung für würdig hielt.

An diesem Text werden noch einmal alle Regeln, die du beim Anfertigen einer Inhaltsangabe beachten musst, besprochen und angewendet.

Die Fragen **Wer?**, **Wo?**, **Wann?** und **Wie?** erleichtern nicht nur bei Romanen und anderen längeren Texten, eine Inhaltsangabe zu verfassen, sondern auch bei kürzeren Erzählungen.

Übung

B 13

Beantworte folgende Fragen:

a) Wer ist am Geschehen beteiligt?

_____

b) Wo spielt sich das Geschehen ab?

_____

c) Wann spielt sich das Geschehen ab?

_____

d) Wie vollzieht sich das Geschehen?

_____

Unterstreiche zunächst die wesentlichen Textstellen! Achte aber darauf, dass es sich dabei wirklich nur um reine Informationen handelt und dass die Beschreibung von Gefühlen nicht hierher gehört!

Übung B 14

Schreibe nun die unterstrichenen Textstellen in die folgenden Zeilen. Verkürze da, wo es dir sinnvoll erscheint, und behalte die Reihenfolge bei.

_____

_____

_____

_____

_____

_____

_____

_____

Hier hast du kennen lernen können, wie du dir die Arbeit erleichtern kannst: Streiche die wichtigen Stellen an oder schreibe sie auf einen Merkzettel auf!

Bevor du diese wesentlichsten Textstellen zu einer Inhaltsangabe zusammen-fügst, schreibe nochmals die Regeln auf, die du beim Schreiben beachten musst!

Übung

B 15

a) _____

b) _____

c) _____

d) _____

e) _____

f) _____

Die Antworten auf die **W-Fragen** (s. Übung B 13) stelle gleich an den Anfang deiner Inhaltsangabe, da sie dem Zuhörer/Leser das Verstehen des Textes er-leichtern!

Schreibe eine Inhaltsangabe der Erzählung „**Nicht versetzt**" von Peter Weiss!

Übung

B 16

Roman

Überprüfe nun zur Übung einmal alle Merksätze, die du bisher zur Inhaltsan-gabe gelernt hast, anhand der folgenden Inhaltsangabe:

Übung
B 17

„In dem Abenteuerroman ‚Reise um die Erde in achtzig Tagen' von Jules Verne schließt der kauzige Engländer Phileas Fogg mit seinen Freunden im Klub die Wette ab, in achtzig Tagen um die Welt zu reisen. Die Handlung spielt in der Mitte des vorigen Jahrhunderts, dementsprechend waghalsig ist dieses Unternehmen.
Zusammen mit seinem treuen Diener Passepartout macht er sich auf die abenteuerliche Reise, ständig verfolgt von einem Polizisten, der ihn verdächtigt, eine Bank ausgeraubt zu haben. Unzählige spannende und komische Situationen und Abenteuer haben Fogg und sein Diener zu beste-

Beispiel

hen, die umso dramatischer werden, je näher der Termin rückt, zu dem sie wieder zu Hause sein müssen. Am Ende wird Fogg tatsächlich noch verhaftet und verspätet sich dadurch entscheidend – doch stellt sich dies als Irrtum heraus, da er ostwärts gereist ist und durch die Überschreitung der Datumsgrenze nicht nur einen Tag, sondern die Wette gewonnen hat.“

a) Autor: _____

b) Titel: _____

c) Hauptfiguren: _____

d) Wo spielt das Geschehen? _____

e) Wann spielt die Handlung? _____

f) Wie läuft das Geschehen ab?

_____

_____

_____

_____

_____

_____

Sind auch die folgenden Regeln eingehalten? Antworte mit Ja oder Nein.

g) Steht die Inhaltsangabe im Präsens? _____

h) Ist die wörtliche Rede vermieden? _____

i) Ist der Stil sachlich (keine Ausschmückungen)? _____

j) Werden Ursache und Wirkung deutlich? _____

k) Ist eine Einleitung formuliert, die die
    Handlung möglichst in einem Satz zusammenfasst? _____

Fertige als Übung eine Inhaltsangabe deines Lieblingsbuches an!
Am besten gehst du dabei so vor:

Übung

B 18

a) Beantworte die Fragen aus Übung B 17a)–f) möglichst kurz und genau!

b) Beginne die Inhaltsangabe mit einem Einleitungssatz! Beachte beim Schreiben die Regeln aus Übung B 17g)–k).

Diese Übung, die es dir ermöglicht, dich so genau und präzise wie möglich auszudrücken, kannst du natürlich mit anderen Büchern wiederholen. (Sicher hast du mehr als ein Buch, das du besonders magst und vielleicht deinen Freunden empfehlen willst?!)

3. Inhaltsangaben bei Sachtexten

„So, mehr Inhaltsangaben zu literarischen Texten müsst ihr vorerst nicht anfertigen", sagt Herr Löwenzahn. „Toll", entfährt es Marco, „können wir jetzt wieder Geschichten schreiben?" „Die Frage leite ich an euch weiter: Können wir das Thema Inhaltsangabe abschließen?" Die Schüler kennen Herrn Löwenzahn inzwischen gut genug und wissen sofort, dass das wohl nicht der Fall ist. Aber warum? Der Deutschlehrer gibt einen Tipp: „Lest ihr denn alle nur Romane, Erzählungen und Balladen? Ich glaube kaum." Anna hat eine Idee: „Ja, richtig, ich lese gerade ein Sachbuch über Hunde. Sehen da Inhaltsangaben anders aus?" „Gehen wir der Frage einmal nach. Ich habe euch dafür einen Sachtext aus dem Erdkundeunterricht mitgebracht."

Sachtexte beschränken sich auf Tatsachen und enthalten keine ausgedachten (phantastischen) Anteile wie literarische Texte.

Lies dir den folgenden Text aufmerksam durch!

Harland Manchester
Das Gezeitenkraftwerk bei Saint Malo

Originaltext

Jahrzehntelang träumten die Ingenieure davon, die Energie, die in der Bewegung von Ebbe und Flut steckt, zur Stromerzeugung auszunutzen. Die Franzosen haben diesen Traum verwirklicht.
Bei Saint Malo in der Bretagne erreicht der Wasserstand des Meeres während der Flut eine Höhe wie nur an wenigen Stellen der Erde: Der Unterschied zur Ebbe beträgt bis zu dreizehneinhalb Meter. Hier, an der Mündung der Rance,

1

5

10

hat man einen Staudamm mit einem Gezeitenkraftwerk gebaut – das erste der Welt. Die fast achthundert Meter lange Anlage liefert jährlich über 500 Millionen Kilowattstunden.

Für das bahnbrechende Unternehmen entwickelten die Franzosen eine neuartige Wasserturbine. Gewöhnliche Turbinen arbeiten nur, wenn das Wasser in einer Richtung hindurchströmt. Auf diese Weise wäre die Sache einfach gewesen: Man hätte während der Flut das Meer durch Schleusen in ein Becken einströmen lassen, dann die Tore geschlossen, und bei Ebbe das zurückfließende Wasser zur Stromerzeugung durch Turbinen geschickt.

Ein derartiger „Einbahnbetrieb" aber hätte die Wasserkraft nur zum Teil genutzt. So überlegte man, ob man nicht eine Turbine konstruieren könnte, die sowohl das einströmende als auch das ausströmende Wasser nutzte. Nach jahrelangem Überlegen und Probieren fanden die Ingenieure die Lösung: Sie schufen eine mächtige Anlage, die aus einer Turbine mit verstellbaren Schaufeln nebst einem stromerzeugenden Generator besteht und die bei jeder Laufrichtung des Wassers arbeitet. Das Aggregat ist 15 Meter lang und wiegt fast 90 Tonnen. Probeweise baute man 1959 eine solche Turbine in eine unbenutzte Schleuse im Hafen von Saint Malo ein. Der von ihr erzeugte Strom – der erste Gezeitenkraftstrom in der Geschichte der Technik – wurde dem französischen Elektrizitätsnetz zugeführt. Das Kraftwerk an der Rance hat 24 derartige Turbinen, die den Flut- wie den Ebbestrom ausnutzen. Diese technischen Wunderwerke lassen sich auch als Pumpen verwenden. Sobald im Land einmal weniger Strom verbraucht wird – beispielsweise nachts –, kann man mit ihnen also zusätzliche Wassermengen in das Staubecken pumpen, die dann bei Ebbe für eine vermehrte Elektrizitätserzeugung zur Verfügung stehen. Umgekehrt kann man die Stromerzeugung dadurch erhöhen, daß man das Becken vor dem Hereinkommen der nächsten Flut stärker auspumpt.

Auch in anderen Ländern interessiert man sich schon für diese neue Spezialturbine – so in Amerika und der Sowjetunion[1]. Die französische Erfindung gibt ja Gezeitenkraftwerken durch ihren hohen Nutzeffekt eine Leistungsfähigkeit, an die vor wenigen Jahren überhaupt noch nicht zu denken war.

1 Der Text ist schon ein paar Jahre alt!

Deine Aufgabe ist es, eine Inhaltsangabe dieses Textes nach den bekannten Regeln zu formulieren – aber:

Im Gegensatz zu den literarischen Texten, an denen du bisher gearbeitet hast (Schwank, Fabel, Ballade, Erzählung und Roman) und in denen Gefühle, Meinungen und auch die wörtliche Rede eine große Rolle spielen, hat ein **Sachtext** die Aufgabe, den Leser zu informieren. Ist ein Sachtext also schon eine Inhaltsangabe? Nein, zwar hat die Inhaltsangabe dieselbe Aufgabe, aber hier muss der meist recht umfangreiche Text gekürzt, auf das Wesentliche reduziert werden!

Beantworte zunächst folgende Fragen:

Übung
B 19

a) Über welches Thema schreibt der Autor?

_____

_____

b) Was ist das Besondere der geschilderten Anlage (der Erfindung)?

_____

_____

_____

c) Wie funktioniert die Anlage? (Lies dazu den Text so oft durch, bis du die Erklärungen wirklich verstanden hast!)

_____

_____

_____

_____

_____

d) Unterstreiche nun die Textstellen, die dir besonders wichtig erscheinen!
(Wichtig sind alle Stellen, ohne die dir ein Verständnis des ganzen Tex-
tes/der Erklärungen nicht möglich wäre.)

Nun wird es dir sicher nicht mehr schwer fallen, eine Inhaltsangabe des Textes über das Gezeitenkraftwerk von Saint Malo anzufertigen.
Verbinde die angestrichenen Textstellen zu sinnvollen Satzgefügen, die insgesamt eine Antwort geben auf die Frage:
„Wie funktioniert das Gezeitenkraftwerk?"

Übung
B 20

Wenn du dich über irgendeinen Sachverhalt informieren willst, musst du
Aussagen und Texte zu diesem Thema sammeln. Diese können die verschiedensten Formen haben, z. B. Erlebnisberichte, Zeitungsbeiträge, Aufsätze, Lexikonartikel, . . .

TiPP

Die Inhaltsangabe beschäftigt Herrn Löwenzahn und seine Schüler weiter. Lena meldet sich: „So wie ich das verstehe, ist die Inhaltsangabe für Sachtexte doch viel einfacher. Sie informieren ja schon sachlich über Sachverhalte und man muss nur zusammenfassen. Man muss nicht auf Gefühle und Stimmungen des Autors achten."
„Ich schlage vor, dass wir deine Vermutung, Lena, gemeinsam an einem weiteren Sachtext überprüfen", entgegnet Herr Löwenzahn. „Ich habe da einen schönen Text, in dem der Autor Klaus Mehnert von der Einführung des so genannten ‚Neujahrsbaumes' in der damaligen Sowjetunion berichtet."

Übung  **B 21**

a) Gibt es im folgenden Sachtext Sätze, die die persönliche Ansicht oder Meinung des Autors wiedergeben?

b) Wenn ja, unterstreiche mit einem Bleistift die entsprechenden Stellen.

Originaltext

Klaus Mehnert
Neujahrsbaum

1　Der im neunzehnten Jahrhundert auch in Rußland heimisch gewordene Weihnachtsbaum war (nach der Oktoberrevolution 1917, Anm. d. Red.) streng verpönt. Nur Ausländer durften sich in Staatsgeschäften gegen Devisen Bäume kaufen; gegen Devisen gab es ja alles, sogar ‚Kultgegenstände',

5　unter die man die Weihnachtsbäume rechnete.

So ging das viele Jahre, bis 1935. Als ich damals am Vorabend des Weihnachtsfestes wie alle anderen Deutschen meinen über die Botschaft besorgten Tannenbaum nach Hause trug, begegneten mir auf der

10　Straße, wie in den Jahren zuvor, überraschte und wehmütige Mienen. Wo immer in den folgenden Feiertagen aus Ausländerwohnungen weihnachtlicher Lichterglanz durch die Eisblumen der Fenster auf die verschneiten Moskauer Straßen fiel, zog er scheue,

15　verlangende Blicke an.

Einige Tage später erschien eine kleine Notiz auf der letzten Seite der Zeitungen: Bei einem Gang über die Märkte Moskaus, so schrieb der Berichterstatter, habe er zu seiner Überraschung nirgends Neujahrsbäume zum Verkauf aufgestellt gesehen. Da die Russen längst gelernt hatten, genau und zwi-

20　schen den Zeilen zu lesen, wirkten diese wenigen Worte auf das Land wie die Berührung mit einem Zauberstab. Die Bevölkerung erfuhr aus ihnen zweierlei: Erstens, Weihnachtsbäume sind wieder erlaubt; zweitens, nur als Neujahrsbäume.

Als ich am folgenden Tag aus dem Dorf, wo wir damals wohnten, nach Mos-

25　kau fuhr, traute ich meinen Augen nicht: Auf Hunderten und Tausenden von Schlitten wurden Hunderttausende von Tannenbäumen aus der Umgebung nach Moskau transportiert. Die wenigsten gelangten bis ins Zentrum. Schon während der Fahrt durch die Vororte wurden die Schlitten von Käufern gestürmt. Dasselbe Bild bot sich, wie wir bald erfuhren, auch in den anderen

30　Städten der Sowjetunion…

In der Silvesternacht standen in Millionen von Wohnungen und auf vielen Plätzen und Fabrikhöfen geschmückte Tannenbäume, mehr als je vor der Revolution. Der Staat hatte eingesehen, daß die Weihnachtsgefühle der Menschen noch nicht erstorben waren; er hatte sich entschlossen, ihnen ein Ventil zu öffnen. Die ganze weltliche Seite des Weihnachtsfestes – Tannenbäume, Lichterglanz, Verwandten- und Freundesbesuche, festliches Essen – sollte von Weihnachten auf Neujahr verlagert werden. 35

Dieser Text unterscheidet sich vom Text aus Übung B 20 insofern, als hier keine reine sachliche Information vorliegt, sondern die Informationen mit persönlichen Eindrücken, Meinungsäußerungen und sprachlichen Ausschmückungen vermischt sind. Wir müssen also das Wesentliche „herausfiltern".

Bei Sachtexten musst du die **reinen Informationen** von den persönlichen Ansichten und Meinungsäußerungen des Autors trennen. In die Inhaltsangabe gehören nur die sachlichen Informationen.

Bevor du einen Inhalt angeben kannst, musst du zunächst den Originaltext verstanden haben. Weißt du z. B., was *Devisen* sind? Wahrscheinlich nicht, ist aber auch kein Problem.

> Schlage grundsätzlich alle Wörter und Begriffe, die dir unbekannt sind, in einem Wörterbuch bzw. Lexikon nach.

TiPP

Hier eine Liste von Wörtern, die du vielleicht nachschlagen musst:

Übung B 22

Devisen – _____

verpönt – _____

Kultgegenstände – _____

Zentrum – _____

weltliche Seite – _____

Oktoberrevolution – _____

Auch bei Inhaltsangaben für Sachtexte ist es wichtig, den Aufbau des Textes unter die Lupe zu nehmen.

Teile den Text in **Sinnabschnitte** ein. Das erleichtert dir das Verständnis des Gesamtzusammenhangs.

Streiche in dem Bericht jeweils die Stellen an, wo etwas Neues beginnt.

1. Abschnitt: Zeile _____ bis Zeile _____

2. Abschnitt: Zeile _____ bis Zeile _____

3. Abschnitt: Zeile _____ bis Zeile _____

4. Abschnitt: Zeile _____ bis Zeile _____

5. Abschnitt: Zeile _____ bis Zeile _____

Um eine Information aufnehmen zu können, sei es zur Erweiterung der eigenen Erfahrung – des Wissens – oder zur Weitergabe in Form einer Inhaltsangabe, muss man sie verstehen!

Diesem Zweck dient auch die nächste Aufgabe.

Übung
B 24

Wir stellen nun Abschnitt für Abschnitt **die wichtigsten W-Fragen**, aus deren Beantwortung sich das Wesentliche des Textes „von selbst" ergibt! (Antworte kurz und genau!)

a) 1. Abschnitt (Zeile 1–5):

Um **was** geht es? _____

Seit **wann** ist das so? _____

Warum ist das so? _____

b) 2. Abschnitt (Zeile 6–15):

Wie lange dauert dieser Zustand? _____
(Alle anderen Sätze in diesem 2. Abschnitt enthalten Gefühls- und Meinungsäußerungen des Autors und gehören demzufolge nicht hierher!)

c) 3. Abschnitt (Zeile 16–23):

Was geschieht 1935? _____

Wann? _____

Worüber wird berichtet? _____

_____

Was erfahren die Russen? _____

_____

Warum erfahren sie das? _____

_____

d) 4. Abschnitt (Zeile 24–30):

Was geschieht daraufhin? _____

_____

Woher? _____

Wohin? _____

Wo noch? _____

Wie reagieren die Bürger? _____

_____

Weshalb reagieren sie so? _____

_____

e) 5. Abschnitt (Zeile 31–37):

Was ist die Folge? _____

_____

_____

Warum hat der Staat dies getan? _____

_____

_____

Was hat der Staat damit erreicht? _____

_____

Informationen und Auskünfte erhält man meist, wenn man Mitmenschen etwas fragt. Dabei gilt die Regel: Je genauer die Fragestellung ist, desto klarer und auch zuverlässiger wird die Auskunft sein!

Dasselbe gilt natürlich auch für Texte und Bücher: Der Informationswert ist daran zu messen, wie viele und wie zufrieden stellende Antworten du auf deine Frage erhältst!

Übung B 25

Um fragen zu können, benötigst du vor allem die **Fragewörter** (= Interrogativpronomen).

Welche fallen dir ein? (20 sollten es schon sein!)

_____

_____

_____

_____

_____

_____

_____

_____

_____

_____

Übung B 26

Nun kannst du deinen Eltern oder deinen Freunden erklären, warum es in der Sowjetunion statt eines Weihnachtsbaumes einen „Neujahrsbaum" gab! Fertige eine Inhaltsangabe dieses Textes an.

Während du bei Übung B 24 in der Rolle des Fragestellers warst und Klaus Mehnert (bzw. sein Bericht) die Antworten gab, bist du, wenn du anderen diese Informationen weitergibst, als „Stellvertreter" des Autors in der Rolle des Beantworters.

TiPP

Versuche schwierige Stellen oder Wörter so zu umschreiben, dass du von allen verstanden wirst!

Wir wollen das Gelernte an einem weiteren Beispiel üben:

Konrad Lorenz

Tiersprache

Es ist nichts Besonderes, das „Vokabularium" einiger Tierarten zu verstehen. Wir können auch zu den Tieren sprechen, wenigstens soweit dies im Bereich der Möglichkeiten unserer physischen Ausdrucksmittel liegt und insofern die Tiere ihrerseits bereit sind, mit uns Kontakt aufzunehmen. | Man muß aber dann auch aufpassen, daß man sich nicht verspricht, wie es meinem Freunde Alfred Seitz einmal unterlaufen ist. Wir drehten damals, an einem Frühsommertag, gerade unseren Graugansfilm in den Auen der Donau. Langsam zogen wir durch eine Urlandschaft von Wasser, Weiden und Schilf, langsam, sehr langsam, denn unser Marschtempo entsprach der Höchstgeschwindigkeit der dreizehn jungen Stockenten und der neun kleinen Graugänse, die in langer Kolonne hinter uns herwanderten. Schließlich hatten wir einen schönen, malerischen Platz erreicht, der Alfred für seine Aufnahmen paßte. Ich hörte nach einiger Zeit aus der Ferne, daß Alfred mit den Enten schimpfte, die immer wieder zur falschen Zeit ins Bild schwammen. Während ich noch überlegte, ob ich die Entlein weglocken sollte, hörte ich plötzlich Alfred gereizt und bestimmt sagen: „Rang – angang, rang… ah, will sagen, Quähg, gegegeg – quähg, gegeg…" Er hatte sich versprochen, indem er nämlich die Enten versehentlich auf „graugänsisch" angeredet hatte! Freund Alfred sagte natürlich die Laute mit vollendetem graugänsischem bzw. stockentischem Akzent. Eben darum wirkte das dazwischengeschaltete „ah, will sagen" so unwiderstehlich komisch.

1

2

Eine Sprache im eigentlichen Sinne des Wortes jedoch haben die Tiere nicht. Jedem Individuum einer höheren Tierart, vor allem einer in Gesellschaft lebenden wie Dohle oder Graugans, ist ein ganzer Signalkodex von Ausdrucksbewegungen und -lauten angeboren. Und angeboren ist sowohl die Fähigkeit, diese Signale auszusenden, als auch die, sie richtig zu „verstehen", das heißt, in arterhaltend sinnvoller Weise zu beantworten.

3

Mit diesen Erkenntnissen geht ein großer Teil der Ähnlichkeit verloren, die alle tierischen „Verständigungsmittel" bei oberflächlicher Betrachtung mit der menschlichen Wortsprache haben. Diese Ähnlichkeit vermindert sich

4	noch weiter, wenn einem klar wird, daß das Tier in allen Lautäußerungen und Ausdrucksbewegungen keineswegs die bewußte Absicht hat, einen Artgenossen durch sie zu beeinflussen.
5	Auch allein aufgezogene Graugänse, Stockenten oder Dohlen geben alle diese Signale von sich.
6	Auch im menschlichen Verhalten gibt es mimische Zeichen, die zwangsläufig eine Stimmung übertragen: Du mußt gähnen, wenn dir jemand vorgähnt, um nur das bekannteste Beispiel zu nennen.
7	Der geheimnisvolle Sende- und Empfangsapparat, der die unbewußte Übertragung von Gefühlen und Affekten vermittelt, ist uralt, viel älter als die Menschheit. Er hat sich bei uns Menschen in dem Maße zurückgebildet, in dem sich unsere Wortsprache entwickelte. Der Mensch bedarf nicht winzigster Absichtsbewegungen, um seine Stimmung mitzuteilen, er kann es ja sagen.
8	Dohlen oder Hunde aber sind darauf angewiesen, einander „an den Augen abzulesen", was jeder im nächsten Augenblick tun wird. Deshalb ist bei in Gesellschaft lebenden Tieren sowohl der Sende- wie der Empfangsapparat der Stimmungsübertragung viel besser entwickelt als bei uns Menschen. Alle
9	Ausdruckslaute der Tiere sind unserer Wortsprache nicht vergleichbar, sondern ausschließlich solchen Stimmungsäußerungen wie Gähnen, Stirnrunzeln, Lächeln und dergleichen, die unbewußt verwendet werden und angeboren sind. Die „Worte" der verschiedenen Tier-"sprachen" sind sozusagen nur Interjektionen.

Ein interessanter Text, nicht wahr? Es wäre schade, wenn man ihn nur teilweise verstünde. Wenn du die folgenden Fragen beantwortest, ist der Text bald ganz klar.

Schlage alle Wörter, die du nicht kennst, im Wörterbuch oder Lexikon nach! (Wir helfen diesmal dabei mit!)

Signalkodex	= Zusammenstellung von Zeichen mit bestimmter Bedeutung
mimische Zeichen	= Zeichen mit Hilfe des Mienenspiels (Gesicht)
Affekt	= Gemütsbewegung, besondere Erregung
Interjektionen	= Ausrufewörter wie „ah", „oh" oder „au"
Vokabularium	= Wörterverzeichnis
physische Ausdrucksmittel	= körperliche A. (z. B. die Stimme)
Kontakt	= Verbindung
Auen	= feuchte Niederungen (Ufergebiet)
Individuum	= Einzelwesen

(Waren dies alle Wörter, die du nicht kanntest?)

Der nächste Schritt ist die Einteilung des Textes in Sinnabschnitte, die das Verständnis des Gesamtzusammenhangs erheblich erleichtern.

Übung

B 27

Um dir die Arbeit etwas zu erleichtern, haben wir diese Einteilung bereits vorgenommen.
Aber: Fasse den Inhalt der Abschnitte 1–9 möglichst kurz zusammen!

Abschnitt 1: _____

_____

Abschnitt 2: _____

_____

_____

_____

Abschnitt 3: _____

_____

_____

Abschnitt 4: _____

_____

_____

Abschnitt 5: _____

Abschnitt 6: _____

_____

Abschnitt 7: _____

_____

_____

_____

Abschnitt 8: _____

_____

_____

_____

Abschnitt 9: _____

_____

_____

_____

_____

_____

Das, was du eben angefertigt hast, nennt man **Stichwort- oder Merkzettel**. Dieser kann dir in den vor dir liegenden Schuljahren noch viel Arbeit ersparen. Denn: Ein guter Merkzettel hilft dir, längere Texte, schwierige Sachverhalte, Buchausschnitte, Zeitungsberichte, Referate, Vorträge und vieles andere mehr (z. B. auch gute Gedanken!) aufzubewahren und die wichtigsten Dinge schließlich nicht mehr zu vergessen. Ähnlich wie bei der Ideenkartei (Spielbeschreibungen) kannst du auch mit den Merkzetteln zu verschiedenen Sachgebieten oder Schulfächern verfahren!

Du sollst nun eine Inhaltsangabe zu dem Text von Lorenz verbessern! Übernimm also wieder die Rolle des Lehrers!

Übung

B 28

Untersuche die Inhaltsangabe und stelle fest, welche Regeln und Merksätze der Schüler nicht berücksichtigt hat.

Beispiel | *Inhaltsangabe des Schülers F. zum Text* **„Tiersprache"** *von Konrad Lorenz:*

Konrad Lorenz berichtete davon, wie sich nicht nur Tiere untereinander, sondern auch Menschen mit Tieren verständigen können.
Er sagt, dass alle Menschen das Vokabular einiger Tierarten verstehen und auch selbst zu den Tieren sprechen können.
Lorenz erwähnt ein Beispiel, wie man sich dabei auch versprechen kann. Für Filmaufnahmen von Stockenten und Graugänsen zog er mit einem Freund durch die Auen der Donau und kam an einen wunderschönen, malerischen Platz. Da passiert diesem Freund, dass er die Enten auf Graugänsisch angeredet hat. Wie er sich mitten im Satz verbessert, wirkte auf Lorenz sehr komisch, der sich wohl kaum noch halten konnte vor Lachen. Er sagte: „Rang – angang, ran, ah, will sagen, Quähg, gegegeg – quähg, gege…"

Die Tiere haben keine eigentliche Sprache wie die Menschen, sondern eine angeborene Fähigkeit, einen ganzen Signalkodex zu verwenden.
Die tierische Verständigung hat aber mit der menschlichen keine Ähnlichkeit.
Auch in der menschlichen Verständigung gibt es solche Zeichen, z. B. wenn jemand gähnt.
Der Sende- und Empfangsapparat zur Übertragung von Gefühlen und Erregungen war älter als die Menschheit. Er hatte sich beim Menschen zurückentwickelt, da er ja sagen konnte, was ihn bewegt. Da den Tieren die Sprache fehlt, ist dieser Apparat bei ihnen besonders ausgebildet.
Alle Ausdruckslaute der Tiere sind nicht mit der menschlichen Sprache vergleichbar, sondern nur angeborene und unbewusste Stimmungsäußerungen.

Die Anfertigung einer kurzen Inhaltsangabe zum Text von Konrad Lorenz ist für dich jetzt sicher nicht mehr zu schwer. Nimm deinen Stichwortzettel und die Korrekturen zur obigen Inhaltsangabe zu Hilfe.

Übung
B 29

Zum Abschluss dieses Kapitels bearbeite bitte noch den folgenden Text, der zwar wirklich schwierig, dafür aber umso interessanter ist! (Vielleicht erscheint es dir nach den fleißigen Vorarbeiten aber auch gar nicht mehr so schwer.)

Frohmut Menze
Intelligenz

Lehrer teilen ihre Schüler gern in Gruppen ein. Zum Beispiel: „intelligent, aber faul" und „dumm, aber fleißig".
Was versteht man eigentlich unter Intelligenz? Darüber sind sich auch die Forscher nicht einig, die sich mit der Intelligenz befassen. Am häufigsten bezeichnen sie Intelligenz als das, was man mit einem Intelligenztest feststellen, messen kann.

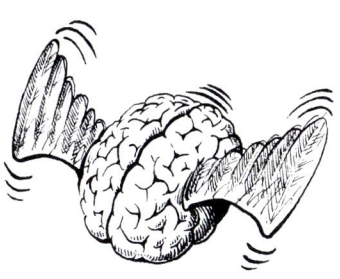

Originaltext

1

5

Wer sich heute um einen Arbeitsplatz bewirbt, wird häufig getestet. Man will seine Intelligenz feststellen, genauer: seinen Intelligenzquotienten (IQ). Ein Intelligenzquotient von 100 bedeutet, daß man genauso intelligent ist wie der Durchschnitt aller Menschen, die dasselbe Alter haben. Ein IQ von 120 heißt dann, daß man ein bißchen intelligenter ist, einer von 80, daß man den Durchschnitt nicht ganz erreicht. Es gibt eine Unmenge von Tests, mit deren Hilfe man die Intelligenz zu messen versucht. Dazu gehören Fragen wie solche: Welche Gemeinsamkeiten bestehen zwischen Elefant und Veilchen? (Antwort zum Beispiel: beide sind lebende Organismen.)
Oder: Wer hat den Südpol entdeckt? (Frag mal deinen Lehrer – es waren Amundsen und Scott im Jahre 1911.) Gerade bei der letzten Frage wird deutlich, daß sie wohl kaum Intelligenz messen kann, sondern Wissen. Wer den Stoff gerade in Geographie durchgenommen hat, kann sich vielleicht noch erinnern. Und wer es nicht weiß, ist sicher nicht dümmer. Die meisten Intel-

10

15

20

ligenztests... messen vor allem den Grad der Allgemeinbildung, der... vorausgesetzt wird. Und hier fängt das Problem an. Wer zu Hause alle Hilfsmittel hat, um ein guter Schüler zu werden: Eltern, die fast alle Fragen beantworten können und auch sonst für einen da sind, Bücher und Nachschlagewerke, ein schönes Zimmer zum Arbeiten, einen guten Nachhilfelehrer, eine gute Schule, der bekommt auch eher eine gute Allgemeinbildung und schneidet bei Intelligenztests besser ab als jemand, der das alles nicht oder nur zum Teil hat.

Die meisten Forscher, die sich mit der Frage der Intelligenz befassen, nehmen heute an, daß der Einfluß der Umwelt zwischen 50 und 80 % der Intelligenz eines Menschen ausmacht.

Alle Forscher aber sind sich darin einig, daß die Umwelt an der Intelligenzentwicklung eines Menschen beteiligt ist. Und deswegen ist die Diskussion darüber, ob die Umwelt oder die Anlagen eines Menschen (Vererbung) mehr zu seiner Intelligenzentwicklung beitragen, ziemlich überflüssig. Denn an den Erbanlagen kann man nichts ändern. Die Umwelt aber kann man beeinflussen. Als Schüler sollte man sich von dem Gerede mancher Lehrer über Intelligenz oder Dummheit gar nicht beeindrucken lassen. Oft sind es gerade die intelligenten Schüler, die im Leben scheitern und die sogenannten dummen, die mit ihrem Leben fertig werden.

Am sinnvollsten erscheint mir die folgende Definition von Intelligenz:

Intelligenz ist die allgemeine Fähigkeit, sich zu behaupten und sein Leben zu bewältigen.

Intelligenz besteht demnach aus vielen unterschiedlichen Fähigkeiten, die man braucht, um sich mit seiner Umwelt auseinanderzusetzen (zum Beispiel die Fähigkeit zum logischen Denken, Merkfähigkeit, die Fähigkeit zur räumlichen Vorstellung, die Fähigkeit, auch mal etwas ganz anderes, Ungewohntes denken). Bevor man sich also Gedanken über seine Intelligenz macht, sollte man erst einmal dafür sorgen, daß sie sich richtig entwickeln kann. In zu großen Klassen, in schlecht ausgestatteten Schulen sind die Chancen schlechter. Vor allem dann, wenn dort auch noch die Schüler sitzen, die schon zu Hause benachteiligt leben müssen.

Erst einmal muß das geändert werden. Dann hat es vielleicht Sinn, über die Ursachen der Entwicklung von Intelligenz zu diskutieren.

Auch dieser Text von Frohmut Menze ist ein Sachtext.

Er enthält eine Fülle von Informationen zum Thema **„Intelligenz"**, und dies ist auch genau die Absicht des Autors: Er will seine Leser informieren.

Deine Aufgabe besteht nun wieder darin, diesen umfangreichen Text zu kürzen, **das Wesentliche zusammenzufassen**!

Beantworte zunächst die folgenden Fragen:

Übung B 30

a) Mit welchem Thema beschäftigt sich der Autor?

_____

b) Zu welchem Ergebnis kommt er?

_____

_____

_____

Sind diese beiden Fragen verhältnismäßig einfach zu beantworten, so ist die Wiedergabe und Zusammenfassung der Ausführungen des Autors – seiner Argumentation – schon schwieriger.
Da stehen Behauptungen, Aussagen verschiedener Leute und Beispiele nebeneinander.
Doch auch hier gilt wieder:
Wichtig sind alle Sätze – oder Teile von Sätzen –, ohne die der Gesamtzusammenhang nicht zu verstehen ist!

a) Unterstreiche alle Textstellen, die du für wichtig hältst!

Übung B 31

b) Lege dir jetzt einen Stichwortzettel an, indem du Abschnitt für Abschnitt die ausgesuchten Stellen mit eigenen Worten zusammenfasst. So könnte er aussehen:

Die wichtigsten Textstellen aus: **„Intelligenz"**

Beispiel

Zeile 1–3: *Beispiel, wie manche Lehrer Schüler einteilen*
Zeile 4–9: *Frage, was „Intelligenz" ist;*
           Uneinigkeit bei den Fachleuten, die sich damit befassen;
           häufigste Grundlage der Erklärung: das Ergebnis eines Intelligenztests
Zeile 10–19: *Verwendung des Tests bei Bewerbung um Arbeitsplatz; Erklärung des Begriffs „Intelligenzquotient" (IQ); Beispiele für Fragen in solchen Tests*

Zeile 19–23: _____

           _____

Zeile 23–31: _____

           _____

Zeile 32–40: _____

_____

_____

Zeile 40–43: _____

_____

Zeile 44–46: _____

_____

Zeile 47–51: _____

_____

_____

Zeile 51–55: _____

_____

Zeile 56–57: _____

_____

Wenn du nun die beiden Texte (Original und Stichwortzettel) miteinander vergleichst, kannst du feststellen, dass der Textauszug nunmehr weniger als die Hälfte beträgt.

c) Vielleicht kannst du das Original noch kürzer zusammenfassen und den Gesamtzusammenhang genauso sinnvoll wiedergeben?!

Bescheiben

Die Übungen in diesem Kapitel helfen dir, deine Aufsätze in der Schule zum Thema „Beschreibung" zu verbessern. Du lernst, worauf es bei den verschiedenen Arten der Beschreibung inhaltlich ankommt und wie du dich sprachlich geschickter ausdrücken kannst, kurzum alle Regeln, die du beachten musst, wenn du eine treffende Beschreibung anfertigen willst.
Die Situationen in diesem Kapitel zeigen dir, wie wichtig es auch im Alltag ist, dass du gut beschreiben kannst.
(Außerdem findest du in diesem Kapitel die Anleitung für zwei verblüffende Zaubertricks. Das ist doch was, oder!?)

1. Gegenstandsbeschreibung

Marco hat in der Pause seinen Schulranzen verloren. Nach Schulschluss geht er zum Fundbüro. Dort fragt der Hausmeister, wie der Ranzen aussehe. Marco antwortet:

„Na ja, wie ein Schulranzen eben so aussieht. Viereckig, recht groß, mit zwei Schulterriemen, außerdem waren ein paar Bücher und ein Federmäppchen drin."

Anna hat ebenfalls ihren Ranzen verloren. Sie sagt zum Hausmeister:

„Ich habe in der großen Pause meinen Schulranzen vor dem Raum 101 verloren. Er ist fast neu, aus grünem Kunststoff und hat auf der Klappe ein leuchtend rotes Schild, auf dem „Anna" steht. Im Ranzen waren mein Mathebuch, ein Atlas, ein Englischbuch und ein Käsebrot, außerdem noch mehrere Hefte, die alle in rote Plastikumschläge eingebunden sind. Auf allen Heften steht mein Name: Anna Fuchs. Ein rotes Ledermäppchen mit mehreren verschiedenfarbigen Filzstiften, einem Bleistift und einem blauen Füller steckt in der vorderen, aufgesetzten Tasche."

Welchem der beiden Schüler, Marco oder Anna, wird der Hausmeister wohl eher helfen können? Begründe deine Meinung!

Übung

C 1

_____

_____

Man verwendet die Beschreibung, damit sich ein Zuhörer oder Leser ein „Bild" von dem beschriebenen Gegenstand machen kann. „Bild" ist hier ganz wörtlich gemeint, der Zuhörer/Leser soll den Gegenstand mit seinem „inneren Auge" deutlich sehen können.

Übung C 2

Wodurch unterscheiden sich die Verlustmeldungen?

_____

_____

_____

– Beschreibe genau und vollständig!
– Beschreibe sachlich richtig!
– Beschreibe alle Merkmale, die den Gegenstand, den du beschreibst, von anderen, ähnlichen Gegenständen der gleichen Art unterscheiden. (Z. B.: Was unterscheidet deinen Schulranzen von dem deines Klassenkameraden?)
– Vergiss nicht, Ort und Zeitpunkt des Verlustes anzugeben!

Übung C 3

a) Welche Angaben in den folgenden Verlustanzeigen fehlen?

b) Welche Aussagen sind überflüssig? Streiche sie mit einem Bleistift durch.

Beispiel

1. „Ich habe beim Einkaufen meine wunderschöne Geldbörse, die ich von meinen Eltern zu Weihnachten geschenkt bekam, an der Straßenbahnhaltestelle verloren. Abzugeben ist das gute Stück bei Egon Schön, Vergissmeinnichtstr. 6 in Wichtelhausen."

Fehlende Angaben:

_____

_____

_____

Beispiel

2. „Mein lustiger, kleiner Hund ist heute entlaufen. Er ist recht eigensinnig und hört deshalb nur manchmal auf den Namen ‚Idefix'. Vielleicht habe ich vergessen, ihn vor der Metzgerei anzuleinen. Ich bin sehr traurig, dass er weg ist. Falls Sie ihn finden, rufen Sie mich doch bitte an: Tel. 21 53 55 bei Krauskopf."

Fehlende Angaben:

_____

_____

_____

Vermeide in einer Beschreibung wertende Aussagen, die nichts über das Aussehen des Gegenstandes aussagen. Deine Gefühle oder deine Meinung gehören z. B. nicht in eine Beschreibung.

Nun weißt du alles Notwendige über die Form und den Inhalt von Verlustanzeigen und kannst selbst eine schreiben.

Betrachte den Gegenstand, den du beschreibst, ganz genau. Ist der Gegenstand nicht verfügbar, so stell ihn dir möglichst gut vor.

Stell dir vor, du hättest deinen Schulranzen, deine Geldbörse, deine Uhr oder deinen Schlüsselbund verloren.

Übung C 4

a) Sammle zunächst zu einem der Gegenstände alle Einzelheiten, die in der Verlustanzeige beschrieben werden sollen.

b) Schreibe eine Verlustanzeige für diesen Gegenstand!

Untersuche jetzt einmal in eurer Tageszeitung Anzeigen, die unter der Rubrik (Spalte) „Verloren/Gefunden" stehen, ob sie den Anforderungen genügen, d. h. so genau formuliert sind, dass keine Frage unbeantwortet bleibt.

Übung C 5

In der Klasse der fünf Freunde herrscht helle Aufregung, da gleich zwei Ranzen an einem Tag verschwunden sind. Die Schüler überlegen natürlich, was man dagegen unternehmen könnte. Sind hier etwa Diebe am Werk? Herr Löwenzahn nimmt diese Ereignisse zum Anlass, seine Klasse darauf hinzuweisen, wie wichtig das derzeitige Unterrichtsthema ist: Die Beschreibung. Er fordert alle auf, einmal ihren Lieblingsgegenstand zu beschreiben.

Versuche die Gegenstände anhand der Beschreibungen nachzuzeichnen!

Übung C 6

a) Erkans Gegenstand:
Ich besitze eine Uhr aus Stahl. Ich brauche sie nie aufzuziehen, da es eine Quarzuhr ist, die automatisch läuft. Die Zeiteinteilung ist sehr übersichtlich. Besonders praktisch finde ich es, dass die Ziffern dieser Uhr nachts leuchten. Meine Uhr ist zwar nicht besonders groß, dafür aber wunderschön.

Beispiel

b) Annas Gegenstand:
Ich besitze eine Uhr, die aus einem silbernen Uhrgehäuse und einem 1 cm breiten Silberarmband besteht. Dieses Armband ist aus einzelnen, in sich beweglichen Gliedern zusammengesetzt, die jeweils etwa 1 mm groß sind. Gehalten werden die beiden 8 cm langen Armbandteile von zwei Befestigungen am oberen und unteren Rand des Uhrgehäuses, in die jene eingehakt sind. Am Ende des einen Armbandteils befindet sich ein Schnappverschluss, der unter einer kleinen Silberspange angebracht ist.
Das Uhrgehäuse ist rund und fast so flach wie ein Taschenspiegel. Es hat einen Durchmesser von 4 cm. Seitlich rechts ist ein kleiner Silberknopf – die Krone – ange-

bracht, mit dem die Uhr aufgezogen wird und die Zeit eingestellt werden kann. Das Zifferblatt ist weiß, auf ihm sind am Rand die Zahlen von 1 bis 12 in schwarzen, arabischen Ziffern aufgesetzt. In der Mitte sind ein großer Minutenzeiger und ein kleiner Stundenzeiger befestigt. Diese sind ebenso aus dünnem, schwarzem Metall gefertigt wie der Schriftzug der Herstellerfirma – TEMPUS – zwischen der Uhrenmitte und der Ziffer 12. Auf der Rückseite des Gehäuses ist am unteren Rand in kleinen Buchstaben „waterproof" sowie die Nummer 8379015 eingestanzt. Als unverwechselbares Kennzeichen sind hier in der Mitte die Anfangsbuchstaben meines Namens „A. F." eingraviert.

Wenn du dir das Ergebnis deiner beiden Zeichnungen ansiehst, kannst du sicher beurteilen, welche der Beschreibungen ungenügend formuliert ist!

Die in Übung C 6b beschriebene Uhr kannst du dir deshalb so gut vorstellen (und daher auch zeichnen), weil die Sprache sehr anschaulich ist.

Übung C 7

Mit welchen sprachlichen Mitteln gelingt es Anna, ihre Uhr so anschaulich zu beschreiben (C 6b)?

1. _____

2. _____

3. _____

TiPP

> Um anschaulich und bildhaft beschreiben zu können, verwendest du am besten viele **Adjektive** (= Eigenschaftswörter), aber auch präpositionale Ausdrücke und Vergleiche.

Zur Erinnerung

Ein **präpositionaler Ausdruck** besteht aus 1) einer **Präposition** 2) eventuell einem **Artikel**, einem **Adjektiv** oder einem **Numerale** und – wieder unerlässlich – 3) einem **Nomen**. Beispiele: *aus Holz, aus der Schule, mit großen Schuhen, von zwei Schwestern* etc.

Übung C 8

Nimm dir noch einmal Annas Beschreibung aus Übung C 6b vor:

a) Unterstreiche alle Adjektive rot.

b) Unterstreiche alle präpositionalen Ausdrücke blau.

c) Unterstreiche alle Vergleiche grün.

(Ein kleiner Tipp: Du müsstest 24 Adjektive, 18 präpositionale Ausdrücke und einen Vergleich finden.)

Übung C 9

Betrachte alle Verben in Annas Beschreibung. In welcher Zeitform stehen sie?

Die Zeitform in der Beschreibung ist immer das **Präsens**.

Im folgenden Aufsatz hat Marco sein Taschenmesser anschaulich beschrieben, doch sind ihm dabei Fehler im Gebrauch der Zeitform unterlaufen.
Lies die Beschreibung zunächst aufmerksam durch, unterstreiche dann die Fehler und verbessere sie am Rand!

Übung  C 10

Beispiel

Ich besitze ein 10 cm langes Taschenmesser, das 1 cm breit und ebenso hoch ist. Seine Außenseiten bestanden aus rotem Kunststoff. Sie sind jeweils am oberen und unteren Ende auf darunter liegende, dünne Metallplatten aufgenietet.
Fünf verschiedene Teile wurden zwischen den beiden Außenseiten versenkt, um sie bei Bedarf entweder ganz oder im Winkel von 90° zum Griff herauszuklappen.
Das Taschenmesser verfügte über eine 9 cm lange, sehr scharfe Klinge, die ebenso wie alle anderen beweglichen Teile an der Oberseite eine 1 cm lange, schmale Kerbe aufweist, um sie mit dem Daumennagel aus dem Griffstück herausziehen zu können. Auf der gegenüberliegenden Seite befand sich eine kleinere, etwa halb so lange Klinge, die ebenfalls um 180° herauszuklappen ist.
Die anderen Werkzeuge sind nur im rechten Winkel beweglich: ein 3 cm langer Korkenzieher, ein ebenso langer Flaschenöffner, der einen Ausschnitt in Form eines halben Herzens aufwies, in den der Kronkorken zum Öffnen einzuführen ist, sowie als letztes Teil noch ein Dosenöffner, der aus einem 4 cm langen, schmalen Dorn besteht. Durch einen am hinteren Ende mitangenieteten Metallring kann eine Kette gezogen werden, die am Gürtel befestigt werden konnte und so verhinderte, dass man das Taschenmesser verliert.

Es gibt noch eine weitere „sprachliche Feinheit", auf die du in einer Beschreibung achten solltest:

> Verwende so selten wie möglich die Hilfsverben „*sein*" und „*haben*" – suche immer treffende Vollverben! Auch dies trägt zur Anschaulichkeit bei.

Auch Lena hat eine Beschreibung verfasst:

Beispiel

Ich habe ein rotes, etwa 20 cm langes und 10 cm breites Federmäppchen. Auf der Vorderseite ist ein goldenes Herz. Um die zwei kurzen und eine lange Seite ist ein Reißverschluss. Im Mäppchen, das Innere ist aus schwarzem Stoff, ist mein Schreibwerkzeug, das ich täglich in der Schule brauche. Auf der einen Seite sind 12 Filzstifte verschiedener Farben. Diese sind ebenso in Gummischlaufen wie in der anderen Hälfte 3 Bleistifte, 5 Farbstifte und 2 blaue Patronenfüller. Hier sind auch kleinere Schlaufen für Spitzer und Ersatzpatronen. In der Mitte des Mäppchens ist ein kleines, 3 mal 3 cm großes Täschchen mit Druckknopf, in dem ich mein Pausengeld habe.

Ersetze in dieser Beschreibung die unterstrichenen Hilfsverben „*sein*" und „*haben*" durch passende Vollverben!

Übung  C 11

Übung C 12

Überlege einmal, bei welchen Gelegenheiten oder in welchem Zusammenhang dir Beschreibungen schon häufig begegnet sind!

_____

_____

_____

Wie du in dieser Übung feststellen konntest, wird die Beschreibung in verschiedenen Formen gebraucht. Wichtig ist, immer daran zu denken, dass die Beschreibung zur Information dient.

Der Leser oder Hörer möchte sich rasch und genau über einen Gegenstand, ein Gerät oder den Ablauf eines Vorgangs orientieren, um ihn (es) verstehen oder nachvollziehen zu können.

Leser bzw. Hörer kann bei jeder Beschreibung etwas anderes bedeuten. Versuche daher jedes Mal, dir vorzustellen, für wen du schreibst, z. B.:
– die obige Verlustmeldung für den Hausmeister,
– eine Spielanleitung für deine Mitspieler   oder
– ein Kochrezept für alle, die kochen wollen.

C 2. Vorgangsbeschreibung

Bedienungsanleitungen und Gebrauchsanweisungen

Lies die folgenden Beschreibungen aufmerksam durch!

Originaltext

a) Wenn Sie den Radiorecorder CX 81 mit ins Freie nehmen, müssen Sie ihn auf Batteriebetrieb umstellen. Dazu benötigen Sie 6 Monozellen von jeweils 1,5 V, die im Gehäuseboden unterzubringen sind. Dies geschieht in der Art, dass Sie zunächst die Bodenplatte lösen, indem Sie die beiden Schnappöffner unten links und rechts nach außen ziehen. Jetzt lässt sich die Platte herausschieben. In den nun frei liegenden Batterieraum werden die Monozellen in 2 Reihen zu jeweils 3 Stück hintereinander eingelegt, wobei darauf zu achten ist, dass sich die Batterieböden mit den im Bodenraum angebrachten Kontaktspiralen berühren. Wenn Sie die Batterien richtig eingelegt haben, müssen die beiden Reihen entgegengesetzt zueinander liegen. Nun schieben Sie die Bodenplatte wieder ein; die richtige Stellung ist dann erreicht, wenn Sie ein Schnappen hören. Zuletzt müssen Sie noch auf der Oberseite des Recorders den entsprechenden Schalter auf Batteriebetrieb (Bat) stellen.

b) So wird's gemacht:
1. Saugen Sie den Teppich gründlich.
2. Schütteln Sie die Dose mit dem Intensivreiniger kräftig.
3. Halten Sie sie senkrecht nach unten und sprühen Sie eine dünne Schicht gleichmäßig auf den Teppich auf.
4. Reiben Sie den Teppichschnee mit einem feuchten Schaumstoffwischer oder Schrubber kreuz und quer in den Teppich ein.
5. Lassen Sie den Teppich nun 1 bis 2 Stunden trocknen.
6. Saugen Sie danach den Teppich gründlich.

Um welche Art von Beschreibung handelt es sich bei diesen Beispielen?

Übung 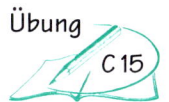 C 13

_____

_____

Welche der beiden Beschreibungen ist für dich verständlicher? Begründe!

Übung C 14

_____

_____

_____

Formuliere die Bedienungsanleitung a) um! Zerlege den Handlungsablauf in einzelne Teilschritte und beschreibe diese dann so übersichtlich, genau und verständlich, wie dies im Beispiel b) der Fall ist!

Übung C 15

Bedienungsanleitungen und Gebrauchsanweisungen sind **Vorgangsbeschreibungen**. Vorgänge lassen sich in **einzelne Handlungsabschnitte** einteilen.
Also:
1. Überlege, welche einzelnen Handlungsschritte für den Vorgang, den du beschreiben willst, notwendig sind!
2. Beschreibe die einzelnen Tätigkeiten dann **genau, vollständig** und vor allem **in der richtigen Reihenfolge**! (Dies kann, wie oben in Beispiel b), in Form von Anweisungen geschehen.)
3. Da du Vorgänge bzw. Handlungsschritte beschreibst, die beliebig wiederholbar sind, musst du die Zeitstufe „**Präsens**" verwenden!

Gebrauchsanweisungen, Bedienungs- oder Betriebsanleitungen dienen – wie die Gegenstandsbeschreibung auch – der Information. Nur will der Zuhörer oder Leser hier vor allem wissen,

- wie der Gegenstand (z. B. ein Gerät) funktioniert,
- wie der Gegenstand richtig zu bedienen ist oder
- wie ein Vorgang (z. B. Flicken eines Fahrradschlauchs) ablaufen muss.

Natürlich gelten auch hier die Regeln für eine gute Beschreibung, die du bereits gelernt hast:

- Beschreibe den Handlungsablauf anschaulich und treffend! (Denke an den Gebrauch von Adjektiven, präpositionalen Ausdrücken und vermeide die Hilfsverben *„sein"* und *„haben".*)
- Beschreibe **knapp**, **klar** und **verständlich**.

Im folgenden Abschnitt wollen wir noch einige alltägliche Beispiele besprechen, in denen die Form „Gebrauchsanweisung"/„Bedienungsanleitung"/„Vorgangsbeschreibung" eine wichtige Rolle spielt.

Übung

Die folgenden Handlungsschritte beschreiben, wie ein Fahrrad geflickt wird. Dabei ist dem Schriftsetzer allerdings ein schlimmer Fehler unterlaufen: Er hat die einzelnen Handlungsschritte in verkehrter Reihenfolge abgedruckt.
Bringe durch die Nummerierung von 1 bis 16 den Vorgang in die richtige (sinnvolle) Reihenfolge!

So wird ein Fahrrad geflickt:

___ Markiere die Stelle mit einem Filzstift, entferne das Ventil wieder und trockne den Schlauch.

___ Löse die Radmuttern (Flügelschrauben) und nimm das Vorderrad aus der Felge.

___ Nimm den Fahrradschlauch aus der Felge, schraube das Ventil wieder ein und pumpe ihn auf.

___ Rauhe die markierte Stelle mit dem Blechkratzer auf.

_1_ Lege das Werkzeug bereit: Schraubenschlüssel, zwei Mantelheber, Flickzeug mit Gummilösung.

___ Überprüfe nochmals im Wasser, ob die geflickte Stelle wirklich dicht ist und entferne danach das Ventil wieder.

___ Hebe den Radmantel an und ziehe ihn aus der Felge.

___ Entferne von einem Gummiflecken die Folie und drücke sie fest auf den schadhaften Punkt.

___ Schraube das Ventil ein und pumpe das Vorderrad auf.

___ Drehe das Fahrrad und stelle es auf Lenkstange und Sattel.

___ Überprüfe im Waschbecken (oder in einer wassergefüllten Schüssel), wo das Loch im Schlauch ist. Es wird sichtbar durch das Aufsteigen von Luftblasen.

___ Lege den trockenen Schlauch in die Felge und stülpe den Radmantel darüber.

___ Stelle das Fahrrad wieder auf die Räder.

___ Löse die Ventilschrauben und ziehe das Ventil heraus.

___ Streiche dünn Gummilösung darüber und lass sie leicht antrocknen.

___ Hänge das Vorderrad mit der Achse in die Radgabel und ziehe die Radmuttern (Flügelschrauben) fest an.

Inlandsgespräche

Formuliere eine Bedienungsanleitung zu dieser Bildreihe!

Übung C 17

Kannst du den Grund nennen, warum die Bedienungsanleitung in Bildern und nicht in Sätzen geschrieben an den Telefonapparaten angebracht ist?

Übung C 18

In einem alten Haushaltsbuch von 1849 steht eine Anleitung zum Fensterputzen:

Originaltext

„Man nimmt weiche Makulatur (Zeitungspapier eignet sich sehr gut dazu), ballt sie zusammen und reibt damit die vorher mit einem Schwämmchen befeuchteten Scheiben trocken und so lange, bis sie ganz helle sind. Stark beschmutzte Fenster sind bald hell, wenn man sie mit lauem Wasser abreibt, in welchem etwas Soda aufgelöst wurde.

Dunkel oder gar farbig gewordene Scheiben reinigt man mit Brennesseln, indem man eine Handvoll in kaltes Wasser taucht und die Fenster damit reibt. Man nimmt von Zeit zu Zeit frische Nesseln, bis das Glas ganz rein ist, und spült es dann mit frischem Wasser ab."

(Susanne Kübler)

Wenn du diese Art des Fensterputzens mit der deiner Mutter vergleichst, wirst du merken, dass sich hier im Lauf der vielen, vielen Jahre eine Menge verändert hat.

Übung

C 19

Schreibe nun selbst eine Anleitung zum Fensterputzen für ein modernes Haushaltsbuch!

Rezept

Anna hat bald Geburtstag. Sie darf sich ein besonderes Gericht wünschen. Da sie sich etwas aussuchen möchte, was sie noch nie gegessen hat, stöbert sie in einem alten Kochbuch von ihrer Großmutter. Darin liest sie folgendes Gulasch-Rezept:

Originaltext

Wenn du, liebe Hausfrau, früh am Morgen bedacht hast, was du heute kochen wirst, und dabei den Entschluß gefaßt hast, ein schmackhaftes Gulasch zu bereiten, wenn du die entsprechenden Einkäufe in der Stadt gemacht hast und nun die Küche, den ureigenen Bereich der Hausfrau, betreten hast, dann wähle unter deinen Töpfen denjenigen aus, der in der Größe zur Größe deiner Familie paßt. Erhitze ihn, nachdem du eine Menge Fett hineingegeben hast, und schmore das Fleisch, füge geschnittene Zwiebel hinzu, einige Gewürze, vielleicht eine Tomate. Wenn das Fleisch schön braun ist, gieße etwas Fleischbrühe hinzu und laß das Ganze weich schmoren. Am hübsch gedeckten Mittagstisch werden dir die strahlenden Augen für deine Mühe danken.

Lies jetzt im Kochbuch deiner Eltern nach, wie dort das Gulasch-Rezept formuliert ist!

a) Was fehlt deiner Meinung nach in der hier abgedruckten Anweisung?

b) Was ist überflüssig?

Bei einem Rezept musst du Folgendes genau angeben: die verwendeten **Mengen**, Vorbereitungs- und Zubereitungs**zeiten** sowie Zubereitungs**temperaturen**.
Achte auch hier auf die richtige **Reihenfolge**!

Anna hat zwar kein Rezept gefunden, das ihr so richtig gefallen hat, aber dafür hat sie eine Idee: Sie schreibt selbst ein Rezept.

Schreib auch du ein Kochrezept. Das Besondere an dieser Aufgabe: Die Gerichte, um die es geht, sind eher phantastisch! Wähle eines der folgenden Gerichte aus, zu dem du eine Kochanleitung schreiben möchtest (du kannst dir auch ein eigenes Gericht ausdenken):
– gefüllter Turnschuh mit Käsemütze
– hausgemachte Sesselknödel
– beknackter Salat
– Scheusalkuchen o. Ä.

a) Schreibe zunächst auf, welche **Zutaten** du für dein Rezept benötigst.

b) Notiere, welche **Küchengeräte** man für dein Rezept benötigst.

c) Sammle Verben, die zu den Zutaten und Kochgegenständen in a) und b) passen.
Beispiele: *Knödel kochen, Salat waschen, Kuchen backen* etc. (Für die Phantasie-Zutaten weißt du selbst sicher am besten, welche Verben dazu passen.)

Schreibe nun das Phantasie-Kochrezept in dein Heft! (Probier dieses Rezept lieber nicht aus!)

Spielanleitungen – Spielregeln

Anna plant ihre Geburtstagsfeier. Sie möchte vermeiden, dass gähnende Langeweile aufkommt, weil niemand eine Spielidee hat. Jan, Lena, Erkan und Marco helfen ihr. Als sie gerade darüber brüten, was man bei gutem Wetter im Freien spielen könnte, hat Lena eine Idee. Sie erklärt das Spiel den anderen:

„Dieses Spiel beginnt so: Einer bekommt den Ball und muss versuchen, einen anderen abzuwerfen. Die anderen müssen sich in einem Feld aufhalten. Dabei dürfen sie kreuz und quer durcheinander laufen. Sie müssen versuchen, dem Ball auszuweichen. Wird einer getroffen, so muss er die Stelle des Jägers einnehmen. Fängt ein Mitspieler den Ball, so hat er ein Freilos.“

„Mmh, das klingt nicht schlecht“, meint Marco. „Das verspricht Action“, ergänzt Anna. „Aber so richtig kapiert hab ich das Spiel noch nicht.“

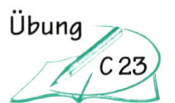

Übung

C 23

Überlege, welche Fragen die drei Lena stellen möchten.

Da Lena nicht alle Fragen beantworten kann, schauen sie gemeinsam im Buch „1001 Spielideen“ nach. Darin finden sie folgende Spielanleitung:

Originaltext

Jägerball

Bei diesem Ballspiel im Freien können beliebig viele Kinder mitspielen – je mehr, desto besser. Ein Kind erhält zu Beginn den Ball und muß nun versuchen, einen Mitspieler „abzuwerfen“, indem es ihn mit dem Ball an irgendeinem Körperteil trifft. Dies wird dadurch erschwert, daß alle Mitspieler in einem bestimmten, abgegrenzten Bereich (die Größe ist Vereinbarungssache) kreuz und quer durcheinanderlaufen und versuchen, möglichst geschickt dem Ball des „Jägers“ auszuweichen. Wird ein Kind getroffen, so nimmt es die Stelle des Jägers ein. Fängt der Mitspieler allerdings den Ball mit den Händen, ohne daß dieser den Boden berührt, so hat der Fänger ein „Freilos“, das heißt, er kann einmal abgeworfen werden, ohne die Stelle des Jägers einnehmen zu müssen. Gewinner des Spiels ist, wer nach einer vereinbarten Zeit nie die Rolle des Jägers spielte. (Sind alle wenigstens einmal abgeworfen worden, haben alle Kinder gewonnen!)

Beantworte aufgrund dieser Spielanleitung nun die folgenden Fragen:

1. Name des Spiels: _____

2. Anzahl der Mitspieler: _____

3. Spielgegenstände/benötigtes Material: _____

4. Spielort: _____

5. Spielfeld: _____

6. Wie beginnt das Spiel?

_____

7. Was müssen die Mitspieler tun?

_____

8. Was muss während des Spiels beachtet werden?

_____

_____

9. Worauf kommt es bei dem Spiel an?

_____

10. Wann endet das Spiel?

_____

11. Wer ist Sieger?

_____

In dieser Spielanleitung für *Jägerball* sind – wie du bei den Antworten selbst feststellen konntest – alle wichtigen Angaben enthalten. Daraus ergibt sich schon ein Schema, das für das Aufschreiben eigentlich aller Spiele anwendbar ist:

A Namen des Spiels/Sinn des Spiels:

B Spielvoraussetzungen: – Zahl der Mitspieler
– Spielmaterial
– Vorbereitungen (z. B. Spielfeld, Aufstellung)
– Spielort

C Spielverlauf: – Beginn des Spiels
– Tätigkeiten während des Spiels
– besondere Regeln
– Ende des Spiels
– Spielergebnis (z. B. Gewinner)

Du möchtest viele Spiele kennen und parat haben?
Dann leg dir eine **Ideenkartei** an.
Schreib die Spiele mit den Regeln auf und sammle sie alphabetisch geordnet.

Wenn du die Kärtchen in deiner Ideenkartei nach diesem Schema ausfüllst, hast du den Vorteil, dass du das jeweilige Spiel und seine Regeln deinen Freunden genau erklären kannst.

Lenas Spielanleitung war nicht besonders informativ. Sie hat wichtige Spielregeln vergessen und die Reihenfolge der anderen Regeln vertauscht.
Damit dir nicht das Gleiche passiert, beachte folgende Hinweise:

1. Formuliere klar und unmissverständlich!
2. Denke an alle Regeln!
3. Achte auf die logische Reihenfolge der Regeln!

Grundsatz: Wenn du ein Spiel gut und richtig den anderen erklärst, gibt es weder Missverständnisse noch Streit beim Spielen!

Es gibt die verschiedensten Arten von Spielen. Deshalb ist eine Gliederung innerhalb deiner Ideenkartei sinnvoll.
Zum Beispiel suchst du bei Regenwetter sicher keine Spiele im Freien, sondern solche, die man im Zimmer durchführen kann.

Nenne selbst einmal alle Spiele, die du kennst, und zwar

Übung  C 25

Spiele im Haus und **Spiele im Freien**

Wenn du dir tatsächlich eine Ideenkartei anlegen willst, schreibst du jedes Spiel gleich auf ein extra Kärtchen.

Teile deine Ideenkartei z. B. in folgende Rubriken ein:

BRETTSPIELE   GELÄNDESPIELE

WÜRFELSPIELE   BALLSPIELE

KARTENSPIELE   ANDERE SPIELE

Natürlich kannst du auch eine Einteilung wählen, die dir sinnvoller oder übersichtlicher erscheint!
Die folgenden Sätze gehören zu einem Spiel, das du sicher kennst oder sogar schon einmal gespielt hast:

Mühle

Originaltext

Brettspiel für 2 Personen,
mit je 9 weißen und schwarzen Steinen

– Jeder Spieler erhält die 9 Steine einer Farbe.
– Weiß beginnt.
– Abwechselnd je einen Stein setzen.
– Gesetzt wird auf den Punkt, wo sich zwei Linien treffen oder kreuzen.

– Ziel dabei ist, drei Steine gleicher Farbe in eine Linie zu setzen („Mühle").
– Ist eine Mühle geschlossen, darf man dem Mitspieler einen Stein wegnehmen, allerdings nicht aus einer geschlossenen Mühle.
– Sind alle Steine gesetzt, wird gezogen, jeweils abwechselnd ein Stein von einem Punkt zum nächsten.
– Ziel dabei ist, Mühlen zu bauen.
– Besonders günstig ist die so genannte „Zwickmühle": Verbindung von zwei Mühlen, wobei durch Öffnen der einen die direkt daran anschließende geschlossen wird.
– Besitzt ein Spieler nur noch drei Steine, darf er springen, d. h., er darf bei jedem Zug seinen Stein auf einen beliebigen Punkt setzen.
– Ziel dabei ist, Mühlen des Mitspielers zu blockieren und eine eigene Mühle aufzubauen.
– Verloren hat derjenige, der nur noch zwei Steine besitzt, mit denen er ja keine Mühle mehr bauen kann.

Schreibe nun eine Karteikarte nach dem Muster auf S. 98! Unterteile dabei in A, B und C.

Übung  C 26

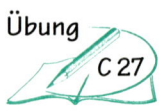
Schreibe eine Spielanleitung – zusammenhängend und sprachlich ausformuliert!

Nun kannst du für alle Spiele, die du kennst, eine Karteikarte ausfüllen, entweder stichwortartig nach dem Schema oder ausformuliert.
Ergänze immer dann deine Kartei, wenn du ein neues Spiel kennen lernst!

Du hast dich jetzt schon sehr intensiv mit Beschreibungen beschäftigt. Deshalb hast du eine kleine Pause verdient, meinen wir. Jedenfalls, was das Beschreiben angeht.

Bei den folgenden Zaubertricks ist es wichtig, dass du sie **ganz genau liest**. Sind die Anweisungen gut geschrieben (Da darfst du uns gerne überprüfen: Enthalten die Texte alle notwendigen Informationen oder hast du noch Fragen?), lernst du die Tricks ganz schnell und kannst damit viele Leute verblüffen.
Du siehst: Hier ist es wie mit den Aufsätzen – alles eine Frage der Übung!

Originaltext | **Ballkunststücke**

Jeder hat schon einmal einen Zauberer auf der Bühne gesehen, der große Bälle aus der Luft griff und sie zwischen seinen Fingern festgeklemmt hielt. Das ist der „Chicagoer Billardballtrick", benannt nach einem Zauberapparatehändler in Chicago, der diesen Trick als erster herausbrachte. So eine Vorführung erfordert natürlich viel Übung und ist für uns nicht machbar. Und wenn immer die Rede von Billardbällen ist, Zauberer benutzen natürlich keine Original-Billardbälle, die wären zum Manipulieren viel zu groß, sie verwenden speziell angefertigte Holz- oder Kunststoffbälle. Du benutzt am besten Tischtennisbälle, die sind leicht und nicht zu groß.

1. Ein Ball verschwindet

Der Zauberer stellt ein Wasserglas auf den Tisch, das er mit einer leeren Kartonröhre bedeckt. Oben hinein wirft er einen Ball. Wird die Röhre hochgehoben, so ist der Ball aus dem Glas verschwunden, um aus der Hosentasche wieder zum Vorschein zu kommen.

Und so wird es gemacht:
Die Röhre fertigst du dir selbst aus einem Stück Karton an, du kannst sie nach Belieben mit Buntpapier verzieren. Außerdem benötigst du zwei gleiche Bälle. An einem befestigst du einen schwarzen Faden – nimm den dünnsten, den du auftreiben kannst. Dazu stichst du mit einer Nadel ein Loch in den Ball, steckst ein Fadenende hinein und gibst einen Tropfen Alleskleber darauf. Das andere Ende des Fadens befestigst du an der Röhre. Der Faden muss genau eineinhalbmal so lang sein wie die Röhre. Den anderen Ball steckst du in die Tasche.

Vorführung: Zunächst zeigst du das Glas vor und stellst es auf den Tisch. Mit der rechten Hand nimmst du die Röhre und mit der linken gleichzeitig den daran befestigten Ball auf. Lass die Zuschauer durch die Röhre sehen, dann lässt du den Ball zweimal durch die Röhre rollen. Stelle diese über das Glas, wobei sich die Seite, an der der Faden befestigt ist, unten befinden muss. Nun wirf den Ball von oben in die Röhre hinein. Da der Faden zu kurz ist, wird er mitten in der Röhre hängen bleiben.

Jetzt sage deinen Zauberspruch, nimm die Röhre vom Glas ab und stelle sie achtlos beiseite. Das Glas ist leer, der Ball scheint verschwunden zu sein. Aus der Tasche bringst du ihn wieder zum Vorschein.

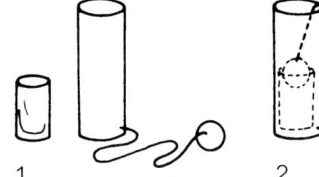

2. Der Ball als Durchgänger

Dieser Trick ähnelt dem vorherigen, es werden die gleichen Requisiten verwendet, dazu kommt lediglich noch ein Taschentuch. Diesmal verschwindet der Ball aber nicht, sondern er durchdringt das Tuch.

Und so wird es gemacht:
Wieder wird ein Ball mit einem Faden verwendet, allerdings ist der diesmal etwas länger, und sein freies Ende befestigst du an einem Knopf deiner Jacke. Stecke den Ball in die Tasche, der Faden stört dich dann nicht. Die genaue Fadenlänge musst du vorher ausprobieren.

Vorführung: Glas und Röhre werden vorgezeigt und beides übereinander auf den Tisch gestellt. Nun hole den Ball aus der Tasche und wirf ihn in die Röhre. Der Faden muss so lang sein, dass der Ball richtig in das Glas fällt, wenn du dicht am Tisch stehst. Jetzt ergreifst du das Tuch und deckst es über die Röhre. Dabei erfasst du einen Zipfel mit Daumen und Zeigefinger der linken Hand, den anderen aber mit Zeige- und Mittelfinger der rechten, sodass der Daumen frei ist. Ziehe das Tuch von vorn nach hinten über die Röhre.

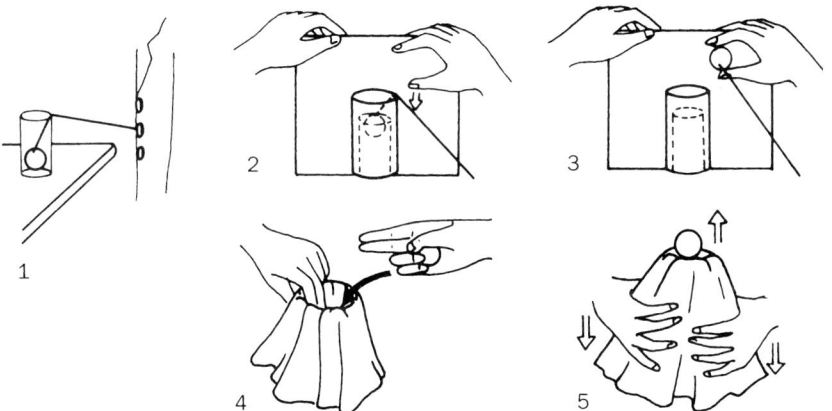

Dabei greift der freie Daumen unter den Faden, gleichzeitig geht dein Körper etwas zurück, wodurch der Ball in der Röhre angehoben wird. Tritt er oben aus der Röhre heraus, so erfasst du ihn mit Daumen und Zeigefinger. Keine

Angst, er kann nicht herunterfallen, dein unter den Faden geschobener Daumen verhindert das. Der ganze Vorgang ist nach vorn durch das Tuch verdeckt. Mit beiden Händen drückst du oben eine Vertiefung in das Tuch, wobei der in der rechten Hand verborgene Ball von oben in die Röhre gegeben wird.

Sage deinen Zauberspruch, dann ziehst du das Tuch mit beiden Händen außen an der Röhre entlang nach unten. Oben kommt dadurch der Ball zum Vorschein, er hat anscheinend das Tuch durchdrungen. Ball und Tuch nimmst du mit einer Hand ab, die Röhre mit der anderen.

 # 3. Personenbeschreibung

 *Der Bus ist Erkan und Lena vor der Nase weggefahren. Da hilft nichts, sie müssen auf den nächsten warten. Beide sehen sich daher, anfangs aus Langeweile, an der Bushaltestelle um. Dabei entdecken sie folgendes Plakat:*

STECKBRIEF

Personenbeschreibung:
Etwa 40–45 Jahre alt, 185 cm groß, kräftig, untersetzte Gestalt, dunkelbraunes Haar, rechts gescheitelt, flache Stirn, eckiges Gesicht, auffallend kantiges Kinn, dunkle, buschige Augenbrauen, breite Nase, schmallippiger Mund, auffallende Narbe auf der rechten Wange.

Trägt meist braune Hemden mit breitem Kragen, grüne Krawatte und einen gelben Anzug, dazu braune Schnürschuhe.

Ist stark kurzsichtig, trägt aber meist keine Brille, hinkt mit dem rechten Bein, lispelt beim Sprechen stark.

Er steht im Verdacht, seit Monaten in Supermärkten rund um Düsseldorf Kekse in großen Mengen zu stehlen.

Für Hinweise, die zur Ergreifung des Täters führen, ist eine Belohnung von

3000,– Euro

ausgesetzt.

Sachdienliche Hinweise bitte an die Kripo Düsseldorf oder jede andere Dienststelle der Polizei.

„Mann, das ist ja ein irrer Typ, den müsste man mal kennen lernen", schmunzelt Lena. „Warum denn das?", möchte Erkan wissen. „Ist doch klar, bei der Masse an Keksen", lacht Lena. „Du Scherzkeks", brummt Erkan. „Aber was mich auch interessiert", meint Lena weiter, „ob der Polizeibeamte, der das geschrieben hat, auch schon Deutschunterricht bei Herrn Löwenzahn gehabt hat?" – „Du meinst das wohl wegen der korrekten Rechtschreibung? Die hab ich auch schon bewundert", erwidert Erkan gewitzt. Darauf Lena: „Ach, ich habe eher daran gedacht, wie ausführlich hier der Keks-Räuber beschrieben wird."

a) Welchem Zweck dient diese Personenbeschreibung?

Übung

b) Beschreibe andere Situationen, in denen Personenbeschreibungen gegeben werden (müssen!).

Zu welchen Merkmalen eines Menschen sind in einem Steckbrief Angaben enthalten?

Übung C 29

 Die Personenbeschreibung soll Auskunft geben über das **Aussehen**, das **Verhalten** und **besondere Merkmale** eines Menschen.

Dazu gehören:

1. Alter
2. Größe
3. Gestalt
4. Gesicht
5. Haare
6. Kleidung
7. Haltung/Bewegung
8. Verhalten
9. besondere Kennzeichen

 Da eine Personenbeschreibung umso anschaulicher und lebendiger wird, je abwechslungsreicher der sprachliche Ausdruck ist, müssen möglichst passende und bildhafte Wörter zur Kennzeichnung und Charakterisierung eines Menschen gefunden werden.

Im Verlaufe dieses Abschnittes kommt es also vor allem darauf an, für die zu beschreibenden Einzelheiten viele verschiedene Ausdrücke zu sammeln.

a) Verfasse nach oben stehendem Muster eine Vermisstenanzeige für die Polizei!
(Wähle eine Person, die du gut kennst und dementsprechend genau beschreiben kannst.)

Übung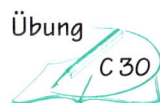

b) Lies deine Personenbeschreibung jemandem vor, ohne den Namen der ausgewählten Person zu nennen. Er muss sie natürlich kennen! Erkennt der Zuhörer die beschriebene Person, hast du eine gute Beschreibung verfasst.

Die folgenden Texte sind Ausschnitte aus Werken bekannter Autoren, in denen Personen für den Leser so vorstellbar wie möglich beschrieben werden. Unterstreiche in beiden Textstellen alle Ausdrücke, die der Beschreibung einer Person dienen.

Originaltexte

a) Aber eines Tages sprach es sich bei den Leuten herum, daß neuerdings jemand in der Ruine wohne. Es sei ein Kind, ein kleines Mädchen vermutlich. So genau könne man das allerdings nicht sagen, weil es ein bißchen merkwürdig angezogen sei. Es hieße Momo oder so ähnlich.

Momos äußere Erscheinung war in der Tat ein wenig seltsam und konnte auf Menschen, die großen Wert auf Sauberkeit und Ordnung legen, möglicherweise etwas erschreckend wirken. Sie war klein und ziemlich mager, so daß man beim besten Willen nicht erkennen konnte, ob sie erst acht oder schon zwölf Jahre alt war. Sie hatte einen wilden, pechschwarzen Lockenkopf, der so aussah, als ob er noch nie mit einem Kamm oder einer Schere in Berührung gekommen wäre. Sie hatte sehr große, wunderschöne und ebenfalls pechschwarze Augen und Füße von der gleichen Farbe, denn sie lief fast immer barfuß. Nur im Winter trug sie manchmal Schuhe, aber es waren zwei verschiedene, die nicht zusammenpaßten und ihr außerdem viel zu groß waren. Das kam daher, daß Momo eben nichts besaß, als was sie irgendwo fand oder geschenkt bekam. Ihr Rock war aus allerlei Flicken zusammengenäht und reichte ihr bis auf die Fußknöchel. Darüber trug sie eine alte, viel zu weite Männerjacke, deren Ärmel an den Handgelenken umgekrempelt waren. Abschneiden wollte Momo sie nicht, weil sie vorsorglich daran dachte, daß sie ja noch wachsen würde. Und wer konnte wissen, ob sie jemals wieder eine so schöne und praktische Jacke mit so vielen Taschen finden würde.

(Michael Ende)

b) Kai war ein Junge von Hannos Statur, aber nicht wie dieser mit einem dänischen Matrosenhabit[1], sondern mit einem ärmlichen Anzug von unbestimmter Farbe bekleidet, an dem hie und da ein Knopf fehlte und der am Gesäß einen großen Flicken zeigte. Seine Hände, die aus den zu kurzen Ärmeln hervorsahen, erschienen imprägniert mit Staub und Erde und von unveränderlich hellgrauer Farbe, aber sie waren schmal und außerordentlich fein gebildet, mit langen Fingern und langen, spitz zulaufenden Nägeln. Und diesen Händen entsprach der Kopf, welcher, vernachlässigt, ungekämmt und nicht sehr reinlich, von Natur mit allen Merkmalen einer reinen und edlen Rasse ausgestattet war. Das flüchtig in der Mitte gescheitelte, rötlichgelbe Haar war von einer alabasterweißen Stirn zurückgestrichen, unter welcher, tief und scharf zugleich, hellblaue Augen blitzten.

(Thomas Mann)

1 Aussehen/Anzug eines Matrosen

Gibt es hier auch Textstellen, in denen die Personen nicht durch rein äußerliche Merkmale beschrieben werden?

Du hast feststellen können, dass zur genauen Beschreibung von Personen nicht nur äußere Merkmale, die auf den ersten Blick zu sehen sind, eine Rolle spielen.

Auch Aussagen über bestimmte Eigenschaften und Charakterzüge einer Person helfen, diese genau zu beschreiben.
(Allerdings ist es hier notwendig, die Person genau zu beobachten. Kennt man sie, ist es noch einfacher, diese Aussagen zu machen.)

Schreibe aus den folgenden Texten alle Merkmale heraus, mit denen die einzelnen Personen beschrieben sind.
Für diese Aufgabe fertigst du dir eine Tabelle nach folgendem Muster an. (Am besten teilst du ein Blatt DIN A 4 quer entsprechend in 3 Spalten!)

Übung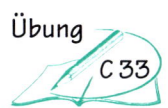

Beispiel

Körperliche Merkmale	Äußerliche Merkmale	Typische Verhaltensmerkmale
Geschlecht, Alter, Größe, Haarwuchs, Gesicht, Körper etc.	Kleidung, Schmuck, Brille, Schuhe, bes. Kennzeichen	Haltung, Bewegung, Mimik, Gestik, Stimme, Verhaltensweisen
A)_____ _____ _____ _____	_____ _____ _____ _____	_____ _____ _____ _____
B) _____ _____ _____ _____ _____	_____ _____ _____ _____ _____	_____ _____ _____ _____ _____
C) _____ _____ _____ _____	_____ _____ _____ _____	_____ _____ _____ _____
D)_____ _____ _____ _____	_____ _____ _____ _____	_____ _____ _____ _____

Worterklärung:

Gestik: Darunter versteht man alle Gebärden und Ausdrucksbewegungen des Körpers, vor allem der Arme, der Hände und des Kopfes. Beispiele: *mit dem Kopf nicken, sich die Hände schütteln* usw.
Mimik: Darunter fasst man das Mienenspiel des Gesichts. Beispiele: *lächeln, die Stirn runzeln* usw.

1 schillernde

A) „Weibliche Trägerin der Handlung in der ersten Abteilung ist eine Frau von achtundvierzig Jahren, Deutsche; sie ist 1,71 m groß, wiegt 68,8 kg (in Hauskleidung), liegt also nur etwa 300 bis 400 Gramm unter dem Idealgewicht; sie hat zwischen Dunkelblau und Schwarz changierende[1] Augen, leicht ergrautes, sehr dichtes blondes Haar, das lose herabhängt; glatt, helmartig umgibt es ihren Kopf. Die Frau heißt Leni Pfeiffer, ist eine geborene Gruyten."

(Heinrich Böll)

B) „Loth ist mittelgroß, breitschultrig, untersetzt, in seinen Bewegungen bestimmt, doch ein wenig ungelenk; er hat blondes Haar, blaue Augen und ein dünnes, lichtblondes Schnurrbärtchen, sein ganzes Gesicht ist knochig und hat einen gleichmäßig ernsten Ausdruck. Er ist ordentlich, jedoch nichts weniger als modern gekleidet."

(Gerhart Hauptmann)

C) „Es ist jetzt an der Zeit, zu sagen, was für ein Gesicht Mahlke hatte... er hatte graue oder graublaue, helle aber nicht leuchtende, auf keinen Fall braune Augen. Das Gesicht länglich mager, um die Backenknochen muskulös. Die Nase nicht auffallend groß aber fleischig, bei kaltem Wetter schnell gerötet. Vom ausladenden Hinterkopf wurde schon berichtet. Schwer konnten wir uns über Mahlkes Oberlippe einigen. Jürgen Kupka war meiner Meinung: Aufgestülpt stand sie vor und konnte die beiden oberen Schneidezähne, die gleichfalls nicht senkrecht sondern hauerartig schräg standen, nie ganz verdecken – außer beim Tauchen natürlich."

(Günter Grass)

D) „Durch den Garten kam, Hut und Stock in derselben Hand, mit ziemlich kurzen Schritten und etwas vorgestrecktem Kopf, ein mittelgroßer Mann von etwa zweiunddreißig Jahren in einem grüngelben, wolligen und langschößigen Anzug und grauen Zwirnhandschuhen. Sein Gesicht unter dem hellblonden, spärlichen Haupthaar war rosig und lächelte; neben dem einen Nasenflügel aber befand sich eine auffällige Warze. Er trug Kinn und Oberlippe glattrasiert und ließ den Backenbart nach englischer Mode lang hinunterhängen. Schon von weitem vollführte er mit seinem großen, hellgrauen Hut eine Gebärde der Ergebenheit... Mit einem letzten, sehr langen Schritte trat er heran, indem er mit dem Oberkörper einen Halbkreis beschrieb und sich auf diese Weise vor allen verbeugte."

(Thomas Mann)

Die Polizei legt Zeugen zur genauen Personenbeschreibung den folgenden Vordruck vor, in dem eine Fülle von Beschreibungsmerkmalen aufgeführt ist, die dann jeweils nur angestrichen werden müssen:

Geschlecht: m/w Geschätztes Alter: _____ Jahre Größe: _____ cm Gewicht: _____ kg Blutgruppe: _____	
Gestalt und Haltung:	stark – untersetzt – schlank – schwächlich – steif – gebeugt – schief
Kopfform:	oval – rund – viereckig – unsymmetrisch – hohe – breite Form, Kreisel-, Pyramiden-, Rautenform
Gesicht und Aussehen:	länglich – rundlich – eckig – kantig – hohlwangig – faltig – frisch – blass – kränklich – pickelig
Haar und Bart:	hell-/dunkelbraun – schwarz – rötlich – blond – grau-weiß meliert – gefärbt; voll – schütter – glatt – wellig – kraus; kurz – lang – gescheitelt – zurückgekämmt – Bürste – Teilglatze vorn/hinten – Vollglatze; gepflegt – ungepflegt; Bart: Form: _____ Farbe: _____
Stirn:	hoch – niedrig – zurückweichend – vorspringend – senkrecht – flach; Haaransatz: _____
Augen:	hell – dunkel – blau – grau – gelb – grün – hell-/dunkelbraun – schwarzbraun – verschiedenfarbig – tief liegend – hervorstehend – stechender/trüber Blick
Augenfehler:	verschieden große Augen – schielend – li./re. A. blind/fehlt – Glasauge; kurz/weitsichtig – Lidlähmung
Augenbrauen:	Farbe: _____ Form: _____ Fülle: _____
Nase:	auffallend groß/klein – schmal – breit – eingebogen – gradlinig – stark ausgebogen – wellig – schief nach rechts/links – spitz – Adler-, Boxer-, Knollennase
Ohren:	sehr groß – klein – schmal – drei-/viereckig – rund – oval – sehr abstehend – anliegend
Ohrläppchen:	rund – dreieckig – frei hängend – angewachsen
Mund:	groß – klein – schief – breite/schmale/aufgeworfene Lippen – vorstehende Ober-/Unterlippe – Hasenscharte
Zähne:	vollständig – lückenhaft – auffallend groß – klein – schräg gestellt – Über-/Unterbiss – vorstehende Schneidezähne – Krone(n) – Prothese oben/unten – weiß – gelb – dunkel

Kinn:	zurückweichend – vorspringend – spitz – breit – Doppelkinn – gespaltenes Kinn
Arme und Hände:	Arme lang – kurz – behaart; Hände groß – klein – behaart – gepflegt – ungepflegt – abgearbeitet
Beine und Füße:	Beine kurz – lang; O/X-Beine; Füße groß – klein; Gehfehler: _____
Sprache:	Mundart: _____ Fremdsprache _____ stotternd – lispelnd – hohe/tiefe Stimme – stumm – heiser – nuschelnd – monoton – klar – lebhaft; Kennzeichen wie: äh-Laut – Nicht? – Nicht wahr? – Ja? – Wissen Sie, u. a.
Besondere Kennzeichen:	_____ _____

Übung C 34

Welche Vorteile hat dieses Verfahren?

Übung C 35

Siehst du auch Nachteile?

Übung C 36

a) Kreuze mit einem Rotstift alle Merkmale an, die dich beschreiben!

b) Mit einem blauen Farbstift „beschreibst" du deine(n) beste(n) Freund(in)!

c) Mit verschiedenen anderen Farben kannst du jetzt möglichst viele Menschen in deiner Umgebung so genau wie möglich durch Unterstreichen beschreiben!

Bei dieser Aufgabe hast du vermutlich festgestellt, dass dieser polizeiliche Vordruck trotz seiner Ausführlichkeit eine ganze Reihe von Beschreibungsmerkmalen nicht berücksichtigt, die du zur genauen Personenbeschreibung eigentlich brauchtest.
Wir wollen deshalb diese Aufstellung ergänzen!

So ist dem „Polizeiautor" z. B. zum Haar bzw. zur Frisur nicht sehr viel eingefallen.

a) Ergänze die Aussagemöglichkeiten zum Stichwort „Frisur"! (Eine kleine zu-
   sätzliche Hilfe: Schau aus dem Fenster und beobachte auch die Köpfe der
   Menschen, die gerade vorbeilaufen, oder denke an die Frisuren deiner
   Klassenkameraden.)
   Bürste (Mecki), Lockenkopf, Dauerwelle usw. (etwa 20 Möglichkeiten):

_____

_____

_____

_____

_____

b) Ergänze Adjektive, die den Zustand der Haare oder der Frisur beschreiben,
   also strähnig, geschniegelt usw.

_____

_____

_____

_____

_____

Die fünf Freunde wollen es genau wissen und fragen Herrn Löwenzahn in der nächsten Deutschstunde, ob denn die Personenbeschreibung nur für Steckbriefe, Polizeiberichte oder für den Fall, dass man jemanden sucht oder von jemandem bestohlen worden ist, benötigt werde. „Dann muss ich das nicht lernen", meint Anna verschmitzt, „ich will ja keine Polizistin werden." „Und ich verliere in meinem Alter bestimmt nicht mehr meine Mutter im Kaufhaus", ergänzt Marco. – „Sicher, aber auch für den Alltag benötigt man die Fähigkeit, Personen zu beschreiben", erwidert Herr Löwenzahn. „Da habe ich ein schönes Beispiel für euch mitgebracht, einen Brief von meiner Schwester, in dem sie von einem Erlebnis, das für euch kaum vorstellbar sein wird, schreibt: von einem Klassentreffen 30 Jahre nach dem Abitur." „Grufti-Treffen, was?", albert Erkan. „Na ja", erwidert Herr Löwenzahn, „meine Schwester war auf jeden Fall froh, dass die Zeit auch an den anderen nicht spurlos vorübergegangen ist. Sie schreibt sehr ausführlich von der Begegnung mit ehemaligen Mitschülern. Den Brief lese ich euch mal vor."

Originaltext „Als ich in das Hotel, das wir als Treffpunkt ausgewählt hatten, eintrat, empfing mich bereits an der Türe ein großer, stattlicher Herr, nicht gerade dick, aber doch etwas beleibt, der mich mit strahlenden Augen gewinnend ansah und mit dunkler, wohltönender Stimme zu mir sagte: ‚Du musst die Irm sein! Du hast zwar nicht mehr die langen, schwarzen Zöpfe wie früher, aber deinem selbstbewussten, energischen Schritt und deinen immer lachenden Augen haben die letzten dreißig Jahre nichts anhaben können.' An der Stimme, vor allem an der Sprechweise erkannte ich Gero, den Klassensprecher von damals, ein magerer, frecher Kerl, der schon zu Schulzeiten mit seiner freundlichen und gewinnenden Art die Menschen seiner Umgebung um den Finger wickeln konnte. Er redete immer noch mit den Händen, er ballte zur Unterstreichung wichtiger Sätze immer noch eine Faust, sodass ich es mir nicht verkneifen konnte zu fragen, ob er denn wenigstens Politiker geworden sei, worauf er mir lachend erklärte, dass er eigentlich viel öfter den Zeigefinger nach oben halte und deshalb vorsichtshalber Lehrer geworden sei.

Ich ging nach dieser Begrüßung in den Festsaal, wo ich nur fremde Gesichter erblickte – kein Wunder nach dieser langen Zeit. Ein alt gewordenes, dünnes Frauchen kam trippelnd auf mich zugelaufen, nervös die Henkel der Handtasche zwischen den Fingern drehend, ruhelos die Augen nach links und rechts wendend, dabei andeutungsweise Menschen zunickend; schüchtern und fragend zugleich sah sie mich an. Ich wusste wirklich nicht, wer diese unbeholfene, krank aussehende Person sein konnte. Ich sprach sie einfach an: ‚Ich bin die Irm, hilf mir drauf, ich komme nicht auf deinen Namen.' Die schrille, erschreckend laute Stimme, die das Wort ‚Rosi' formte, weckte bei mir höchst unangenehme Erinnerungen an ein hinterlistiges, gehässiges und plumpes Mädchen, das in seiner Falschheit nur eines im Sinn zu haben schien, nämlich den Mitschülern zu schaden, wo immer dies möglich war. Unseren zum Teil sehr strengen und autoritären Lehrern begegnete sie mit einer Unterwürfigkeit, die sie bei uns unmöglich, bei den Lehrern dagegen sehr beliebt machte.

Zu uns beiden trat schließlich eine extravagant gekleidete, teuer ‚geschmückte' Dame, deren Äußeres man durchaus auch als aufgedonnert hätte beschreiben können. Sie hatte sich den Weg durch den Saal in einer geradezu arroganten Art ‚freigeschoben', und dies mit einem herrischen Gesichtsausdruck, der zunächst recht einschüchternd wirkte.

Sie erkannte ich allerdings sofort: Sophie. Sie war während unserer Schulzeit diejenige, mit der alle befreundet sein wollten. Nicht etwa, weil sie besonders liebenswürdig oder zuverlässig gewesen wäre, nein, ihr Vater hatte eine Bäckerei! Und wann immer eine von uns Sophie besuchte, gab es Kuchen, den dieser gutmütige Papa, der seiner ewig launischen und unzufriedenen Tochter in keiner Weise gewachsen war, großzügig an uns verteilte.

Das Gespräch mit diesen beiden Mitschülerinnnen war kurz und oberflächlich, wir hatten nie etwas gemeinsam – und daran hatte sich nichts geändert.

Es dauerte allerdings nicht lange, da hatte sich die alte Clique wieder gefunden, obwohl sich alle verändert hatten – aber eben nur äußerlich. In ihrer Art waren sie eigentlich grundsätzlich fast wie früher. In diesem Kreise fühlte ich mich dann auch schnell wohl, Vertrautes war zu spüren. Interesse für den anderen ließen Fragen ebenso wie die Antworten ausführlich und sehr privat werden. Deshalb wurde es ein unvergesslicher Abend für mich."

In diesem Brief sind sehr viele beschreibende Adjektive verwendet. Unterstreiche sie mit rotem Farbstift.

Übung

C 38

Du hast sicher festgestellt, dass vor allem Merkmale beschrieben werden, die in der Liste (s. S. 107/108) nicht oder nur ungenau berücksichtigt werden: Aussagen zu

a) Gestalt und Körperbau,
b) Körperhaltung,
c) Gang,
d) Gestik,
e) Mimik,
f) Stimme,
g) Verhalten anderen gegenüber.

Die Beschreibung der Gestalt und typischer Verhaltensmerkmale erfordern nicht nur gute Beobachtungsgabe, sondern auch einen großen und differenzierten Wortschatz!

Übung

C 39

Wortfeldübung: Sammle alle Ausdrücke, die a) bis g) beschreiben können.

a) **Gestalt und Körperbau:** (36 weitere Begriffe!)
   kräftig, athletisch, rüstig, dick, plump, feist usw.

_____

_____

_____

_____

_____

_____

_____

_____

b) **Körperhaltung:** (9 weitere Begriffe!)
   arrogant, selbstbewusst usw.

_____

_____

_____

_____

c) **Gang:** (10 weitere Begriffe!)
schlurfend, trippelnd usw.

_____

_____

_____

_____

d) **Gestik:** (8 weitere Begriffe!)
nervös, den Zeigefinger erheben, die Faust ballen usw.

_____

_____

_____

e) **Mimik:** (23 weitere Begriffe!)
verschlossen, strahlend, herrisch usw.

_____

_____

_____

_____

_____

_____

_____

f) **Stimme:** (8 weitere Begriffe!)
wohltönend, schrill usw.

_____

_____

_____

g) Verhalten anderen gegenüber: (14 weitere Begriffe!)

gehemmt, aufgeschlossen, selbstbewusst usw.

_____

_____

_____

_____

_____

_____

_____

Beachte:

Körperhaltung, der Gang, die Mimik und Gestik sind oft Ausdruck für das Wesen oder das Befinden des Menschen, d. h., sie sind charakteristisch. Jemand verhält sich z. B. selbstbewusst: Sicherlich kann man gleichermaßen seine Körperhaltung als auch seinen Gang als aufrecht oder (selbst-)sicher bezeichnen.

Herr Löwenzahn hat sich für seine Schüler eine besonders schöne Aufgabe überlegt: Sie sollen je einen Lehrer ihrer Wahl beschreiben. Marco hat die Aufgabe (warum nur?) begeistert erledigt.

Übung

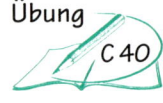
C 40

Lies dir Marcos Personenbeschreibung durch. Untersuche die Personenbeschreibung und stelle fest, was gut ist und was man noch verbessern sollte. Nimm die obige Merkmalsliste für eine Personenbeschreibung zu Hilfe.

Beispiel

Marcos Personenbeschreibung von Herrn Deppimeier

Herr Deppimeier, unser alter Deutschlehrer, ist 55 Jahre alt. Er ist ungefähr 1,75 m groß und 90 kg schwer. Seine breiten Schultern und seine untersetzte Gestalt lassen ihn stämmig aussehen, während vor allem sein Bauch und sein Gesäß, die einige Fettpolster haben, ihm ein eher schwammiges Aussehen verleihen. Wahrscheinlich isst er zu gerne Kuchen und Schokolade.

Das Gesicht ist eher rundlich, dazu auch recht breit. Am auffälligsten sind aber seine Haare: Sie sind fast schon nicht mehr grau, sondern gehen in die Farbe Weiß über. Manchmal scheint die Haarfarbe sogar Lila zu sein. (Das verstehe ich überhaupt nicht, wie das gehen kann.)

Die Augen sind graublau. Manchmal trägt er eine Brille. Nase und Mund sind auch breit. Er hat auch ein Doppelkinn.

Sein Gang ist gemessen. Seine Stimme ist hoch. Er fuchtelt ständig mit den Armen, wenn er redet. Auch hat er eine ausgeprägte Mimik, wenn er redet: Meistens lächelt er, manchmal grinst er sogar. Das ist aber kein nettes oder liebenswürdiges Lächeln. Ich glaube, dass er so viel lächelt, weil er sich selbst gerne reden hört. Und wenn wir uns zu dumm anstellen oder über die Stränge schlagen, wie er immer sagt, sieht sein Lächeln sogar höhnisch oder gehässig aus. Jedenfalls ist sein Lächeln nicht gerade freundlich, sondern eher falsch.

Ich habe ihn überhaupt nicht gemocht und bin froh, dass ich ihn los bin.

Schreib jetzt eine gelungene Personenbeschreibung von Herrn Deppimeier. Verwende (soweit wie möglich) die Verbesserungsvorschläge aus dem Lösungsteil. (Du kennst zwar nicht das Verhalten des Lehrers, aber vielleicht kannst du ja Rückschlüsse ziehen aus dem, was Marco bisher zu dessen Gestik und Mimik geschrieben hat?!)

Übung

C 41

Ihr könnt natürlich auch die Personenbeschreibung mit einem **Rätselspiel** üben:

Möglichkeit A:
Ein Spieler beschreibt eine Person, die alle Mitspieler kennen müssen, ohne deren Namen zu nennen. Die anderen müssen raten, um wen es sich handelt. Wer die Person zuerst errät, bekommt einen Punkt und darf sich als Nächster eine Person ausdenken.

Möglichkeit B:
Ein Spieler denkt sich eine Person aus, die alle Mitspieler kennen müssen. Diese müssen nun nacheinander mit Fragen, die nur mit Ja oder Nein beantwortet werden dürfen, herausfinden, um wen es sich handelt. Auch hier bekommt derjenige, der die Person errät, einen Punkt und darf sich als Nächster eine Person ausdenken. Hier geht es immer der Reihenfolge nach!

Viel Spaß!

Berichten

Berichten ist eine der wichtigsten sprachlichen Tätigkeiten in unserem Alltag. Zeitungen, Rundfunk und Fernsehen berichten. Die Eltern fragen: „Na, wie war's denn heute in der Schule? Berichte mal!" (Einige sagen auch: „Erzähl mal!", aber sie meinen damit Berichten!) Und schließlich gibt es den Wetterbericht, den Unfallbericht, den Fahrbericht, den Haushaltsbericht, den Sportbericht, den Börsenbericht, kurzum: Berichte allerorten!

Wenn du informiert sein willst, musst du viele „Berichte" lesen. Wenn du andere informieren willst, musst du das Berichten lernen. Auch das ist nicht so schwer. Es gibt zwar viele verschiedenartige Berichte, doch keine Angst, alle Berichte haben das gleiche Grundmuster. Wenn du das einmal beherrschst, bist du schon auf dem Weg zum perfekten Berichtschreiber.

1. Schülerzeitungsbericht

Das Sportereignis des Jahres

Endlich war es geschafft. Die Schulmannschaft (C) der Pestalozzi-Schule hatte die hoch favorisierte Mannschaft der Comenius-Schule geschlagen. Anna, Lena und Erkan unterhalten sich nach dem Spiel auf dem Heimweg.

Anna: *Mensch, war das aufregend! Ich habe nicht geglaubt, dass sie es nach dem 0:1 gleich zu Beginn überhaupt noch schaffen würden.*

Erkan: *Ja, war schon toll! Diesmal haben sie sich nicht entmutigen lassen, sondern bis zum Umfallen gekämpft. Auch Max, der sonst immer so leicht zurücksteckt und dann nichts mehr bringt. Sein Kopfball kurz vor der Halbzeit genau unter die Latte war wirklich eine reife Leistung.*

Lena: *Habt ihr gemerkt, wie sauer die von der Comenius-Schule waren? Das hatten sie nicht erwartet, wo sie doch so viele Vereinsspieler in ihrer Mannschaft haben. Gleich nach der Halbzeit waren sie ganz schön nervös.*

Anna: *Unsere Zuschauer waren aber auch Klasse! Pest-a-loz-zi! Pest-a-loz-zi! Die Sprechchöre waren gewaltig. Und die vielen Tröten! Ein Lärm war das! Ein Glück nur, dass Rektor Eichblatt allen Schülern der Klasse 5 und 6 die 6. Stunde freigegeben hatte.*

Erkan: *Ja, das hat die Mannschaft wohl sehr angespornt. Als Jonathan das 2:1 genau in die linke Ecke setzte, hätten sie ja fast vor Begeisterung das Spielfeld gestürmt. So etwas sehe ich sonst nur im Fernsehen.*

Lena:	Aber die anderen haben dann ganz schön Dampf gemacht. Ich hab vor lauter Aufregung schon gar nicht mehr schreien können und immer den Ausgleich gesehen. Dieser Pfostenschuss kurz vor Spielende! Da wär fast alles umsonst gewesen.
Anna:	Unsere Verteidigung war sagenhaft! Vor allem auch der Sven im Tor, der hat ja gehalten wie ein Weltmeister.
Erkan:	Er hat ganz klar den Ausgleich verhindert.
Lena:	Du Erkan, wie geht es denn jetzt eigentlich weiter? Sind wir schon Stadtmeister?
Erkan:	Nee, noch nicht ganz. Aber den ehemaligen Meister haben wir schon mal besiegt. Wir sind jetzt in der nächsten Runde und da spielen nur noch vier Mannschaften.
Anna:	Klasse! Hoffentlich schaffen sie es!

Lena arbeitet an der Schülerzeitung mit. In der nächsten Ausgabe berichtet sie über dieses Spiel:

Überraschender Sieg für die Pestalozzi-Schule

Beispiel

Am 10. Mai fand im Rahmen der diesjährigen Stadtmeisterschaft auf unserem Schulsportplatz ein Fußballspiel zwischen den C-Jugend-Mannschaften der Pestalozzi-Schule und der Comenius-Schule statt. — 1

Rektor Eichblatt hatte alle 5. und 6. Klassen für die 6. Unterrichtsstunde beurlaubt, damit die Schüler diesem Ereignis zuschauen konnten. Immerhin war der alte Stadtmeister mit einer erfahrenen Mannschaft aus vielen Vereinsspielern unser Gegner. — 5

Das Spiel begann, sehr zur Enttäuschung der Zuschauer, nach einem eindeutigen Abwehrfehler mit einem raschen Führungstor der Gäste.

Doch unsere Mannschaft ließ sich nicht entmutigen. Sie kämpfte unermüdlich und Max Müller schaffte tatsächlich kurz vor dem Seitenwechsel mit einem Kopfball den — 10
viel umjubelten Ausgleich. Die Gäste zeigten sich überrascht. Ihr Spielfluss war gestört. So zeigten sie sich auch zu Beginn der 2. Halbzeit unsicher und nervös.

In dieser Situation fiel das 2:1 für unsere Schule, als Jonathan Trösser eine weite Vorlage von Max Müller aufnahm und unhaltbar einschoss. Hier hätten die begeisterten Zuschauer fast das Spielfeld gestürmt. Allerdings mussten sie bis zum Spielende zittern, denn der Druck der Gäste wurde erwartungsgemäß größer. Sie hatten viele aussichtsreiche Chancen, doch unsere Abwehr hatte ihren guten Tag. Besonders muss hier die Leistung von Torhüter Sven Simon erwähnt werden. Er half entscheidend mit, den knappen Vorsprung zu halten. Am Ende war der Favorit geschlagen. Unsere Mannschaft ist jetzt bereits in der Runde der letzten Vier. Wir sollten ihr alle die — 20
Daumen drücken!

L. T.

Du hast zwei Texte zum gleichen Ereignis gelesen. Sie fallen sehr unterschiedlich aus. Gewiss wirst du den Grund dafür schnell finden:

Der erste Text ist ein (aufgeschriebenes) **Gespräch**,
der zweite ein **schriftlicher Bericht**, der gelesen werden soll.

Situationen wie die, in der Anna, Lena und Erkan ihr Gespräch führen, hast du sicher auch schon erlebt. Man ist mit all seinen Gedanken noch so bei dem Erlebten, dass man unbedingt sofort noch einmal über all das reden muss.

Diese **Unterhaltung** dient der Verarbeitung des soeben Erlebten. Sie erfolgt spontan, ohne vorgeschriebene Ordnung. Sie enthält Tatsachen, Beobachtungen, Meinungen.

Lena schreibt einen **Bericht**. Er soll über das Wesentliche des Ereignisses informieren. Tatsachen und Beobachtungen müssen deshalb für den Leser in eine gewisse Ordnung gebracht werden.

2. Aufbau eines Berichts

Als bereits geübte Redakteurin der Schülerzeitung weiß Lena, was sie beachten muss, wenn sie einen Bericht verfasst.

Beantworte in einem Bericht stets die 5 journalistischen **Grundfragen**:

- **Was** ist geschehen?
- **Wann** ist es geschehen?
- **Wo** ist es geschehen?
- **Wie** ist es geschehen?
- **Wer** war beteiligt?

Lena möchte, dass ihr Bericht gut lesbar ist. Deswegen hat sie darauf geachtet, was sie an welcher Stelle im Bericht schreibt.

Berichte haben eine deutliche Einteilung. Sie sind gegliedert in **Einleitung**, **Hauptteil** und **Schluss**.

Kennzeichne diese Einteilung in Lenas Text (S. 117) und ordne die folgenden Begriffe richtig zu: Spielfolgen, Spielvoraussetzungen, Spielverlauf. (Schreibe die Begriffe in die rechte Spalte!)

Übung D 1

	Wovon berichtet dieser Abschnitt?
a) Einleitung: Zeile _____	
b) Hauptteil: Zeile _____	
c) Schluss: Zeile _____	

Welche der Grundfragen beantwortet Lena in Überschrift und Einleitung?

Übung D 2

_____

Welche der Grundfragen beantwortet sie vorwiegend im Hauptteil?

Übung D 3

_____

Lena hat den Beitrag für die Schülerzeitung aus eigenem Antrieb geschrieben. Sie wollte alle diejenigen, die dabei waren, noch einmal an das Spiel erinnern und die älteren Schüler, die es nicht sehen konnten, informieren.
Es gibt in diesem Zusammenhang aber jemanden, der verpflichtet ist einen Bericht zu schreiben. Das ist Sportlehrer Handstand von der Grimm-Schule, der Schiedsrichter. Auf einem kleinen Zettel hat er sich notiert:

> Anstoß 12.45 Uhr,
> Abpfiff 13.50 Uhr.

Er muss ein Berichtsformular ausfüllen, das an das Sportamt der Stadt geht.

Da du mittlerweile mit Verlauf und Ausgang dieses Spieles bestens vertraut bist, nimm ihm bitte die Arbeit ab!

Übung D 4

SPIELBERICHT	
1.	**Spielvoraussetzungen** Anlass: Stadtmeisterschaft 1997 für Fußballschulmannschaften
	Altersklasse:
	Spielpaarung:
	Datum: Spielort:
	Spieldauer: 2 x 30 min. Schiedsrichter:

→

2.	**Spielverlauf** Anstoß:
	Spielstand nach der 1. Halbzeit:
	Spielstand nach der 2. Halbzeit:
	Besondere Vorkommnisse:
	Im Turnier verbleibende Mannschaft:
	Sichtkontrolle der Spielpässe ja/nein
	   Unterschrift

Auch dieser Bericht gibt Antwort auf die fünf Grundfragen.

Übung D 5

Nimm an, Lena hätte sich in ihrem Beitrag auf diese knappe Information beschränkt. Wie hättest du als Leser der Schülerzeitung reagiert?

_____

_____

_____

_____

Übung D 6

Nimm andererseits an, Herr Handstand hätte seinen Bericht an die Turnierleitung (Sportamt) so umfangreich wie Lena verfasst. Wie hätte wohl der Mitarbeiter im Sportamt reagiert?

_____

_____

_____

_____

Du hast gemerkt, dass Form und Inhalt eines Berichts sehr unterschiedlich sein können.

Form und **Inhalt** des Berichts sind abhängig von den Absichten des Schreibers. Prüfe immer, für wen (= für welchen **Adressaten**) du den Bericht schreibst. Überlege, welche Erwartungen der Leser an den Bericht haben wird.

So unterschiedlich die Berichte von Lena und von Herrn Handstand sein mögen, so ist doch beiden Einiges gemeinsam.

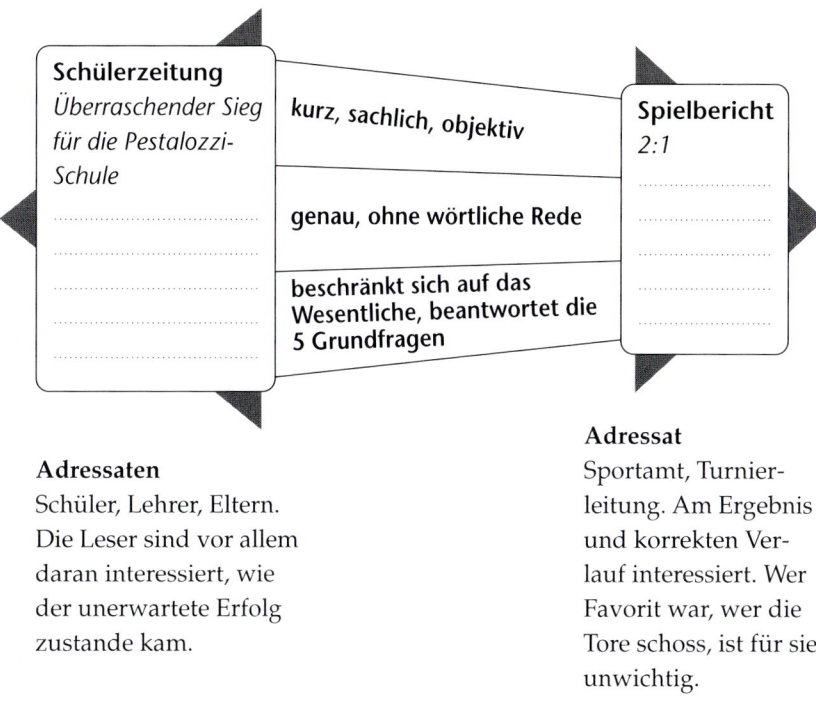

Adressaten
Schüler, Lehrer, Eltern.
Die Leser sind vor allem
daran interessiert, wie
der unerwartete Erfolg
zustande kam.

Adressat
Sportamt, Turnier-
leitung. Am Ergebnis
und korrekten Ver-
lauf interessiert. Wer
Favorit war, wer die
Tore schoss, ist für sie
unwichtig.

Für beide Berichte gelten die gleichen Grundanforderungen:

Ein Bericht muss **kurz**, **genau** und **objektiv** (= ohne dass du deine eigene Meinung einbaust) informieren. Er soll **keine wörtliche Rede** enthalten. Diese Grundanforderungen werden erfüllt:
• im Spielbericht von Herrn Handstand durch **stichwortartige Informationen**,
• in Lenas Schülerzeitungsbericht durch **umfangreichere informative Sätze**.

Ein Beispiel soll dir das veranschaulichen. Beide Berichte informieren über die Tore, die in dem Spiel fallen.

Beispiel

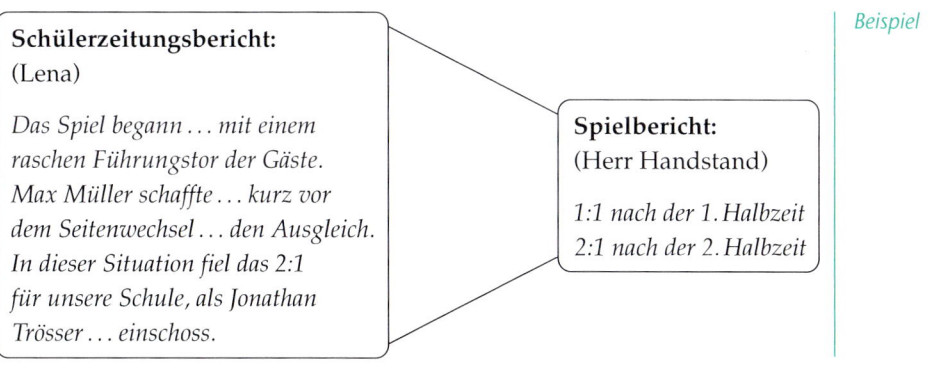

Übung D 7

Nun soll zu diesem Ergebnis auch noch ein dritter Bericht entstehen. Du bist Max Müller, du weißt schon, der Schütze des Ausgleichtores. (Was hier von dir verlangt wird, nennt man einen „Rollentausch"!) Selbstverständlich bist du stolz, dass ihr den Meister besiegt habt. Doch es ist eigentlich nicht deine Art, deswegen laut oder überheblich zu werden.

Du berichtest deinem Freund Jan in einem Brief über dieses Spiel! Beginne etwa folgendermaßen:

Beispiel

Lieber Jan!

Im März hatte ich dir geschrieben, dass ich mit unserer Schulmannschaft um die Fußballstadtmeisterschaft spiele. Vorgestern war nun ein wichtiges Spiel ...

Beachte die Hinweise, die du zum Berichten erhalten hast!

Jan wird natürlich am Spielverlauf interessiert sein. Außerdem ist für ihn spannend, dass ihr einen der Favoriten geschlagen und wie ihr das geschafft habt.

D 3. Interview als Grundlage

„Puh! Und was nun?", stöhnt Lena. „Wir hören uns das Band eben noch einmal an", sagt Marco. Beide sollen für die Schülerzeitung einen Bericht über einen Basar schreiben, der vor Weihnachten an der Comenius-Schule stattgefunden hat. Pfiffig, wie Redakteure nun einmal sein müssen, haben sie einen Kassettenrekorder mitgenommen und das Gespräch mit Martin und Bettina vom Organisationskomitee auf Band mitgeschnitten. Doch nun sitzen sie etwas hilflos davor.

Originaltext

Frage:	Also, das ist Marco und ich heiße Lena. Wir gehen in die 6. Klasse der Pestalozzi-Schule und sind bei der Schülerzeitung. Wir haben von eurem Basar gehört und wollten euch mal fragen, wie ihr das alles so gemacht habt.
Martin:	Tja, das ist eine etwas längere Geschichte. Weißt du noch, woher die Idee eigentlich kam, Bettina?
Bettina:	Ich glaub, ja! Die 7b hat im letzten Jahr im Unterricht über Weihnachten geredet, über Schenken, Elend, Armut und so. Da wurde dann auch darüber diskutiert, dass man eigentlich mal was machen müsste.
Martin:	Die Klasse hat dann damals einen Antrag in den Schülerrat gebracht. Der wurde beraten und abgestimmt. Fast alle wollten mitmachen.
Frage:	Was heißt denn das eigentlich, Basar?
Martin:	Ich glaub, das kommt aus dem Arabischen. Heißt so viel wie „Markt". Bei uns ist das inzwischen aber eine Bezeichnung für eine Wohltätigkeitsveranstaltung.

Frage:	Also, ihr habt was verkauft. Was habt ihr denn mit dem Geld gemacht?
Bettina:	Mehrere Dinge. Unsere Schule hat eine Patenschaft für ein Kind in Bangladesch übernommen. Dahin haben wir Geld überwiesen. Dann haben wir für das Altenheim in der Rosenstraße einen Farbfernseher gekauft und Spiele für den Behindertenkindergarten in der Birkenstraße.
Frage:	Wie viel habt ihr denn eingenommen?
Martin:	5200 Euro und ein paar Zerquetschte?
Frage:	Was? So viel? Das ist ja toll!
	Sagt mal, was habt ihr denn eigentlich alles verkauft?

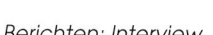

Bettina: Du, da muss ich ehrlich mal sehen, ob ich das noch alles zusammenbringe: Tonsachen, Vasen, Teller, Kerzenständer, dann Handarbeiten, Topflappen, Decken, Mützen, Handschuhe, Kinderspielzeug, Bauklötze und so was. Dann Marionetten. Weißt du noch was, Martin?

Martin: Warte mal! Ja, Bilder mit Rahmen, Adventsschmuck, Weihnachtssterne. Dann gab's einen großen Stand mit Trödel. Und eine Losbude, an der man Schallplatten gewinnen konnte.

Frage:	Wo hattet ihr die denn her?
Martin:	Die hatten einige Eltern gestiftet.
Bettina:	Und dann Kaffee, Tee, Kakao, Cola und Kuchen, das war alles von den Eltern gestiftet worden.
Frage:	In der Zeitung habe ich gelesen, dass fast 3000 Leute da gewesen sein sollen?
Bettina:	Ja, das stimmt. Es war ein Riesengedränge. In der Aula hat der Schulchor gesungen. Und das Schulorchester hat auch gespielt.
Frage:	Ihr habt gesagt, einige Dinge hätten die Eltern gestiftet. Auch die Marionetten, die Handarbeiten und die Bastelsachen?
Martin:	Haben wir das noch nicht gesagt? Das haben die einzelnen Klassen selbst gebastelt. Zum Teil in Unterrichtsstunden. Oft aber auch in freiwilligen Zusatzstunden nachmittags.
Frage:	War der Basar eigentlich an einem Schultag?
Bettina:	Nein, der war am 1. Advent.
Frage:	Dann seid ihr also alle am Sonntag in der Schule gewesen?
Bettina:	Ja, fast alle.
Frage:	Zum Schluss möchte ich noch wissen: Habt ihr das alles als Schüler alleine organisiert?
Martin:	Nee, der Schülerrat hat die Initiative ergriffen, sozusagen. Dann haben aber die Lehrer und vor allem unsere Eltern kräftig mitgeholfen.
Schülerzeitung:	Vielen Dank für eure Auskünfte.

„Wie machen wir daraus nur einen vernünftigen Bericht, Lena?", fragt Marco etwas sorgenvoll… Du sollst den beiden Redakteuren helfen. Es ist nicht schwer, wenn du dich an folgende Schritte hältst:

Übung D 8

Du liest dir den Interview-Text noch einmal gründlich durch. Dabei unterstreichst du die Informationen, die unbedingt in einem Bericht auftauchen müssen.

Übung D 9

Als Nächstes legst du in deinem Übungsheft eine Tabelle nach folgendem Muster an:

Beispiel

Grundfragen	Antworten (stichwortartig)
Was?	Wohltätigkeitsbasar…
Wann? usw.	
⋮	

Dann durchkämmst du den Interview-Text noch einmal und schreibst die Antworten auf die fünf **Grundfragen** in Stichworten auf.

Übung D 10

Nun musst du überlegen, was die Leser an diesem Basar interessieren könnte und worauf du als Berichtschreiber ihr Augenmerk lenken willst.
Überlege gleichfalls, welche der Informationen du am besten im Titel, welche du in Einleitung, Hauptteil und Schluss unterbringen willst.

Übung D 11

Erst nach Abschluss dieser Vorarbeiten schreibst du deinen Bericht.

4. Sachschadenbericht

Es ist 16.00 Uhr, Ende der „Arbeitsgemeinschaft Werken" in der Pestalozzi-Schule. Heute haben die Mitglieder der AG mit Ton gearbeitet. Anna und Erkan werden von Frau Steiger um Mithilfe beim Aufräumen gebeten. Während Frau Steiger im Nebenraum die Modellierhölzer einsortiert, räumen Anna und Erkan die halbfertigen Werkstücke in ein großes Regal. Nun sollen sie auch noch das Rohmaterial wegschaffen. Sie machen sich an die Arbeit.
„Heh, fang auf Anna!", ruft Erkan plötzlich und wirft ihr einen Tonklumpen zu. Anna braucht nur eine kurze Schrecksekunde, dann fängt sie den Klumpen geschickt auf und wirft ihn, wie sie das beim Handball schon oft geübt hat, sofort wieder zurück. So geht das Spiel hin und her, bis Erkans Würfe immer schwieriger werden. Einmal wirft er in hohem Bogen, dann wieder so scharf, dass Anna den Klumpen kaum noch festhalten kann. Bei einem dieser scharfen Würfe bückt sich Anna plötz-

lich. Der Tonklumpen fliegt über sie hinweg und durchschlägt die Glasscheibe der Werkraumtür. Das scheppernde Klirren der zu Boden fallenden Glasscherben beendet das fröhliche Spiel der beiden.

Dieser Lärm hat auch Frau Steiger herbeigerufen. „Was habt ihr denn da angestellt?", fragt sie ein wenig vorwurfsvoll. Nachdem sie sich die Erklärungen und Entschuldigungen der beiden angehört hat, sagt sie: „Geht jetzt bitte sofort zu Herrn Esser und meldet ihm den Schaden!"

Als Anna und Erkan, beide noch ein wenig blass vor Schreck, an der Hausmeisterloge ankommen, treffen sie dort niemanden mehr an. Sie beratschlagen kurz. Dann schreiben sie folgenden Zettel und schieben ihn unter der Tür durch:

Beispiel

Sehr geehrter Herr Esser!

Ich habe geworfen und die Anna hat nicht gefangen, sondern sich gebückt. Deshalb ist jetzt die Scheibe von der Tür kaputt. Wir wollten das nicht, aber nun ist es passiert, was uns sehr Leid tut.
Frau Steiger hat mit uns geschimpft und uns zu Ihnen geschickt. Aber Sie waren nicht mehr da. Wir haben die Scherben zusammengefegt und in die Mülltonne geworfen. Hoffentlich haben Sie nun noch eine Scheibe!

Viele Grüße

                Erkan Keser
                Anna Fuchs   5c

Als der Hausmeister am Abend diesen Zettel findet, wird er nicht so recht klug daraus. Bei seinem Rundgang entdeckt er dann die zerstörte Scheibe von Raum Nr. 9. Das ist der Werkraum der Schule.

Übung

D 12

Warum kann Herr Esser mit der Meldung von Anna und Erkan nicht viel anfangen?

a) Unterstreiche im Text die Informationen, die Herrn Esser an dieser Meldung interessieren!

b) Schreibe stichwortartig auf, welche Informationen er noch benötigt!

_____

_____

_____

_____

_____

_____

_____

_____

_____

_____

Am nächsten Tag berichtet Frau Steiger Herrn Esser noch einmal ausführlich über die Entstehung des Schadens. Frau Steiger lacht, als der Hausmeister ihr die „Meldung" von Anna und Erkan zeigt. Herr Esser bittet sie, vorsorglich die Eltern der beiden zu informieren und ihnen mitzuteilen, dass sie für den entstandenen Schaden aufkommen müssten, falls die Stadt die Regelung nicht übernähme.
Sie bespricht das mit den beiden. Anna und Erkan haben selbstverständlich gleich abends zu Hause über den unglücklichen Vorfall berichtet.
*Frau Steiger schreibt an die Eltern. Sie formuliert die kurzen Briefe so, dass daraus ihr **Bedauern** über den Vorfall deutlich wird.*

Übung

D 13

Formuliere diesen Brief an Erkans Eltern. Erkan wohnt in der Schildergasse 7.

Einige Wörter, mit denen du Bedauern ausdrücken kannst:

leider... Leid tun... bedauern... zu meinem Bedauern... bedauerlicherweise... unglücklicherweise...

Nach zwei Tagen wird Frau Steiger vom Schulsekretariat gebeten, zusammen mit den beiden Schülern die offizielle Schadensmeldung auszufüllen. Gemeinsam machen sie sich in der großen Pause an die Arbeit.

Stadt:	Name und Art der Schule:
Neustadt	Pestalozzi-Schule
	Gesamtschule Sek. I

SACHSCHADENBERICHT

1. Geschädigter:

2. Geburtsdatum: entfällt

3. Wohnort/Standort: entfällt

4. Bankverbindung: entfällt

5. Tag und Stunde des Schadeneintritts:

6. Schadenort:

7. Ursache des Schadens/Schilderung des Sachverhalts:

8. Art und Umfang des Schadens:

9. Kann der Schaden repariert werden:

10. in etwa entstehende Kosten:

Material ca. 60,–
Arbeitslohn ca. 50,–

11.   Zeugen:

M. Steiger	
(Unterschrift des aufsichts- führenden Lehrers)	(Unterschrift des Schulleiters)

Hier hast du es mit einem amtlichen Vordruck zu tun, mit einem so genannten **Formular**. Es ist für unterschiedliche Sachschäden entworfen, deshalb treffen auch nicht alle Fragen immer auf den Einzelfall zu. Selbstverständlich verlangt auch dieser Kurzbericht wieder klare und genaue Antworten auf die 5 Grundfragen. Diese sind allerdings bereits in das Formular eingearbeitet.

Übung  D 14

In welche Spalten des Formulars sind die Grundfragen eingearbeitet?

G r u n d f r a g e n			S p a l t e n
	1. Was ist geschehen?		
	2. Wann ist es geschehen?		
	3. Wo ist es geschehen?		
	4. Wie ist es geschehen?		
	5. Wer war beteiligt?		

„Was schreiben wir denn nur in die Spalte 7?", fragt Frau Steiger, die offensichtlich auch ihre Schwierigkeiten mit amtlichen Formularen hat.

Beispiel

Erkan schlägt folgenden Text vor:

Anna und Erkan spielten im Anschluss an die AG noch ein wenig mit Tonklumpen. Dabei ging die Scheibe entzwei. Das tut uns Leid." „Nein Erkan, so geht das leider auch nicht", sagt Frau Steiger. „Dieser Bericht geht an einen Sachbearbeiter der Stadt. Der muss sich ein genaues Bild über den Schaden und seine Entstehung machen können. Er erwartet deshalb eine klare, sachliche und vollständige Darstellung des Hergangs. Er muss eure vollständigen Namen wissen. Er muss wissen, dass ihr Schüler seid. Dass euch der Vorfall nun Leid tut, interessiert den Sachbearbeiter nicht. Für seine Aufgabe sind persönliche Gefühle oder Stimmungen unwichtig." „Wie schreiben wir es dann aber", fragt Anna neugierig.

Übung  D 15

Fülle die Spalten 1, 5, 6, 7, 8 und 11 des Sachschadenberichtes so aus, dass der Sachbearbeiter keine Rückfragen stellen muss!

5. Unfallbericht

Lena hat Glück im Unglück: Sie ist als Radfahrerin in einen Unfall mit einem Auto verwickelt worden, zum Glück ist ihr aber nichts Ernstes zugestoßen. Der Unfall hat sich an der Ecke Birkenstraße/Bebelallee ereignet. Es ist der 6. Oktober 1997, drei Minuten nach zwei am Nachmittag. Das Fahrrad liegt stark beschädigt am rechten Straßenrand. Lena sitzt auf dem Bordstein. Sie hat eine blutende Schürfwunde am rechten Knie und hält sich den schmerzenden linken Unterarm.
Polizeimeister Huber befand sich auf einem Streifengang in der Nähe der Unfallstelle. Er hat bereits einen Krankenwagen rufen lassen. Nun beginnt er mit der Unfallaufnahme.

Polizist:	*Bist du nicht zu stark verletzt, um jetzt Aussagen zu machen?*
Lena:	*Nein, es geht schon. Nur mein Knie und der Arm, sehen Sie! Und meine Jeans ist zerrissen, die Jacke auch. Aber mein Fahrrad, das ist wohl völlig hin!*
Autofahrer:	*Also, ich will von der Birkenstraße . . .*
Polizist:	*Nun mal langsam! Ich möchte zuerst das Mädchen fragen.*
Lena:	*Ja, als die Ampel grün wurde, bin ich in die Bebelallee eingebogen.*
Polizist:	*Du kamst doch aus der Birkenstraße?*
Lena:	*Ja. Ich biege also rechts ab, nachdem ich den rechten Arm ausgestreckt habe, ja da kam dann dieses rote Auto, und dann, plötzlich streifte es mich am Pedal und . . .*
Autofahrer:	*Herr Wachtmeister, so ist das ja gar nicht gewesen. Lassen Sie mich mal . . .*
Polizist:	*Sie sind auch gleich an der Reihe. Gedulden Sie sich ein wenig. Weiter nun, wie heißt du eigentlich?*
Lena:	*Lena Köster.*
Polizist:	*Bitte weiter, Lena! Was geschah dann?*
Lena:	*Ich bin, glaube ich, in hohem Bogen auf den Bürgersteig geflogen und mein Rad wurde noch ein Stück mitgeschleift. Es schepperte richtig.*
Polizist:	*Gut, Lena, bleib ruhig sitzen. Der Krankenwagen muss gleich hier sein.*
Lena:	*Ich glaube, das ist nicht nötig.*
Polizist:	*Du musst auf jeden Fall zum Arzt, auch wegen der Versicherung. Sag mal, wohin wolltest du denn gerade?*
Lena:	*Ich war auf dem Weg nach Hause. Ich gehe auf die Pestalozzi-Schule. Wir hatten heute 6 Stunden. Wir wohnen Kanalstraße 9.*
Polizist:	*Ja danke, das genügt. Und nun zu Ihnen, Herr . . .?*
Autofahrer:	*Richtig, Theodor Richtig, bitte!*
Polizist:	*Nun, Herr Richtig, was sagen Sie denn dazu?*

Autofahrer:	Nein, nein, das Mädchen hat einen Schock! So einfach war das alles nicht. Sicher, es stimmt, auch ich bog bei Grün von der Birkenstraße in die, äh... Bebelallee ein. Vor mir war die Radfahrerin, die mir schon wegen ihrer unsicheren Fahrweise auffiel, und gerade als ich sie überholen wollte, da scherte sie nach links aus...
Polizist:	Also zur Straßenmitte?
Autofahrer:	Ja, genau! Ich konnte nicht ausweichen, denn ein Lastwagen kam mir in diesem Moment gerade über die Kreuzung entgegen. Dann ist es passiert. Die Schuld liegt ganz klar bei dem Mädchen. Hoffentlich sind ihre Eltern ausreichend versichert. Der Kotflügel und die eingedrückte Tür sind bestimmt nicht ganz billig.
Polizist:	Das muss notfalls das Gericht entscheiden. Stimmt das so, wie Herr Richtig das dargestellt hat, Lena?
Lena:	Überhaupt nicht! Ich bin gar nicht nach links ausgeschert, außerdem bin ich eine geübte Radfahrerin. Ich bin immer dicht am Bürgersteig gefahren. Der Mann wollte sicher dem Laster ausweichen und hat mich dabei übersehen.
Autofahrer:	Aber Herr Wachtmeister, ich habe doch deutlich gesehen, wie das Mädchen plötzlich nach links lenkte...
Lena:	Nein, so war es nicht...
Polizist:	Danke, das reicht fürs Erste. Da kommt ja schon der Krankenwagen...

Nachdem Lena abtransportiert worden ist, wendet sich Herr Huber an die Leute, die neugierig an der Unfallstelle stehen geblieben sind.

Polizist:	Meine Damen und Herren, hat vielleicht einer von Ihnen den Unfall beobachtet?

Alle schütteln den Kopf, nur ein Mann meldet sich.

Zeuge:	Mein Name ist Schmidt, Gerhard Schmidt. Ich wohne in der Hauptstraße 81. Ich habe etwas gesehen, aber leider passierte es da schon. Ich sah nur, dass der Autofahrer das Mädchen streifte. Die stürzte zum Glück auf den Bürgersteig. Der Wagen bremste sofort und der Fahrer stieg aus.
Polizist:	Haben Sie unter Umständen gesehen, dass das Mädchen zur Straßenmitte ausscherte?
Zeuge:	Nein, das hab ich nicht genau sehen können. Dazu war ich viel zu weit entfernt.
Polizist:	Ich danke Ihnen.

Anschließend fertigt Herr Huber die folgende Skizze vom Unfallort an:

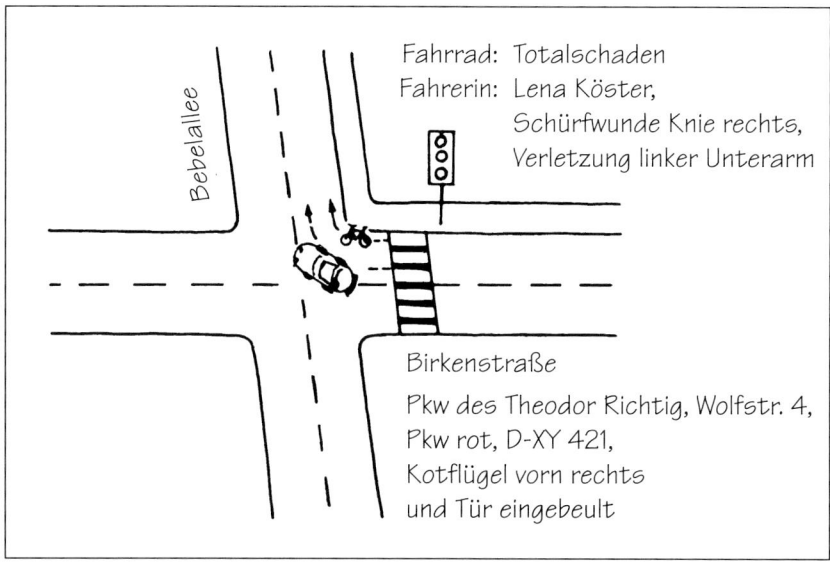

Fahrrad: Totalschaden
Fahrerin: Lena Köster,
　　　　　 Schürfwunde Knie rechts,
　　　　　 Verletzung linker Unterarm

Birkenstraße
Pkw des Theodor Richtig, Wolfstr. 4,
Pkw rot, D-XY 421,
Kotflügel vorn rechts
und Tür eingebeult

Bebelallee

Polizeimeister Huber muss im Anschluss an seinen Streifendienst seine Notizen zu einem Bericht zusammenfassen. Dabei hilft ihm ein Formular „Unfallbericht". Neben anderen dienstlichen Hinweisen enthält es zum Vorfall selbst folgende wichtige Spalten:

UNFALLBERICHT

1. Aufnehmender Beamter:

2. Uhrzeit des Unfalls:　　　　　 Datum:

3. Unfallort:

4. Unfallbeteiligte
　　a) Personen (Namen, Anschrift):　　b) Fahrzeug (Art, Typ, polizeiliches
　　　　　　　　　　　　　　　　　　　　　　Kennzeichen):

5. Schilderung des Unfallhergangs:

6. Entstandener Schaden
　　a) Sachschaden:　　　　　　b) Personenschaden:

7. Zeugen (Namen, Anschrift):　　Aussage:

Herr Huber weiß, dass die Polizei in diesem Bericht den Sachverhalt wiedergeben muss. Da zwei sich widersprechende Aussagen vorliegen, muss Herr Huber beide kurz protokollieren. Das geschieht in Spalte 5. Auf der Polizeischule hat er gelernt: **kurz, sachlich, genau!** Seine Eintragung in Spalte 5 beginnt er folgendermaßen:

Beispiel | Beim Rechtsabbiegen von der Birkenstraße in die Bebelallee streifte der Pkw des Herrn Richtig im Scheitelpunkt der Kurve das Fahrrad der ebenfalls rechts abbiegenden Schülerin Lena Köster. Die Schülerin stürzte auf den Bürgersteig und verletzte sich. Der Pkw wurde geringfügig beschädigt, am Fahrrad entstand Totalschaden.

Herr Richtig sagte zu dem Vorfall aus:

„Ich bin ordnungsgemäß nach rechts abgebogen. Plötzlich scherte die Radfahrerin rechts neben mir zur Straßenmitte aus und rammte meinen Wagen. Ich konnte nicht ausweichen, weil auf der Gegenfahrbahn ein Lkw fuhr ..."

Du sollst diesen polizeilichen Unfallbericht fertig stellen.

Übung  D 16   Nimm den Ausgangstext zur Hand und unterstreiche dort alle Informationen, die für den Bericht wichtig sind.

Übung  D 17   Entwirf in deinem Übungsheft ein Formular für einen Unfallbericht. Nimm die Punkte 1–7 darin auf.

Übung D 18   Schreibe nun den Bericht. Dabei kannst du das, was Polizeimeister Huber schon geschrieben hat, natürlich verwenden.

„Na, mein Lieber", sagt Oberwachtmeister Müller, der Herrn Huber über die Schulter gesehen hat, „das haben wir früher aber anders gelernt. Die Devise von Polizeidirektor Wacker war: Wörtliche Rede gehört nicht in einen Polizeibericht!"

Eigentlich hat Oberwachtmeister Müller Recht, die **direkte Rede** gehört nicht in einen Bericht. Da sie aber hier den Sachverhalt nicht verändert und weil sie auch nicht ausschmückend verwendet ist, mag sie stehen bleiben.

Du solltest in deinen Berichten allerdings besser die **indirekte Rede** verwenden. (Denke daran: Die indirekte Rede steht im **Konjunktiv**!)

Sicher aber kannst du den Rest des von Herrn Müller verbesserten Textes und die Aussage Lenas, die du formuliert hast, auch in indirekter Rede aufschreiben? Versuch es mal!

Wenn du Schwierigkeiten hast, dann schau am besten einmal in deine Grammatik, Stichwort „Indirekte Rede"! Eine kleine Starthilfe gibt dir diese Tabelle:

Übung  D 19

	Indikativ	**Konjunktiv I**
Infinitiv	3. Pers. Sing.	3. Pers. Sing.
sein	*er, sie es ist*	*er, sie, es sei*
haben	*er, sie, es hat*	*er, sie, es habe*

Glücklicherweise ist bei Lena im Krankenhaus keine schwerwiegende Verletzung festgestellt worden. Neben der Schürfwunde am rechten Knie hat sie sich eine schmerzhafte Prellung am linken Unterarm zugezogen.

Zu Hause war inzwischen alles in heller Aufregung. Doch dann waren ihre Eltern und Geschwister froh, dass alles so glimpflich abgelaufen ist. Lenas Vater hat noch abends mit der Polizei telefoniert. Polizeimeister Huber bestätigte Lenas Unfallschilderung. Auch mit Herrn Richtig hat der Vater telefoniert, doch der ist fest der Meinung, Lena habe den Unfall verursacht.

Da der Unfall auf dem Rückweg von der Schule erfolgte, bringt Lena am nächsten Tag aus dem Sekretariat ein Formular für die Unfallanzeige mit. Die Unfallversicherung der Schule wird sich mit der Versicherung von Herrn Richtig über die Schadensregelung auseinander setzen müssen.

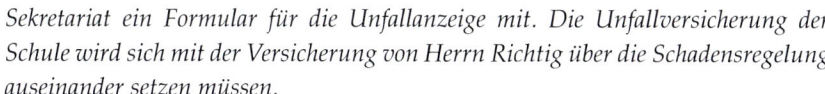

Lena füllt gemeinsam mit ihrem Vater die Unfallanzeige aus.

Mittlerweile bist du ein geübter Berichtschreiber, deshalb nimmst du den beiden die Arbeit ab!
Alle notwendigen Angaben findest du im Text.

Übung  D 20

Unfallanzeige

für Kinder in Kindergärten und für Schüler und Studierende — Erläuterungen siehe Deckblatt

Name und Anschrift der Einrichtung (Kindergarten, Schule, Hochschule)

Art der Einrichtung	Träger der Einrichtung	Freihalten für den Träger der Unfallversicherung
	Stadt Neustadt	

Vorname und Familienname des Verletzten	geboren am	Geschlecht	Staatsangeh.
	4.10.1985	männl. weibl.	

Anschrift des Verletzten (Postleitzahl, Wohnort, Wohnung)	ledig? Nein Ja	Kinder? Nein Ja

Name und Anschrift des gesetzlichen Vertreters

Karl-Heinz Köster, Kanalstraße 9

Krankenkasse des Verletzten	pflicht-	freiwillig-	familien-	privat-versichert
BEK			X	

Wochentag	Datum	Jahr	Uhrzeit des Unfalls	Tätigkeit am Unfalltag Beginn (Uhrzeit)	Ende (Uhrzeit)
				07.30	13.30

Verletzte Körperteile

Art der Verletzungen

Zuerst behandelnder Arzt	Jetzt behandelnder Arzt oder Zahnarzt
Dr. Kricke, Vinzenz-Krankenhaus	Dr. Schreiber (Hausarzt)

In welchem Krankenhaus wurde der Verletzte aufgenommen?

Unfallstelle (bei Wegeunfällen genaue Ortsangabe)

Unfallhergang

(Wenn erforderlich auf gesondertem Blatt fortfahren)

Zeugen des Unfalls

Hans Zierrat ist Lokalredakteur des STADTANZEIGERS. Es gehört schon zur Routine, dass das Interessanteste aus dem täglichen Polizeibericht für den Lokalteil der Zeitung aufgearbeitet wird. Heute ist nicht viel Aufregendes dabei. Da stößt Herr Zierrat auf Lenas Unfall.

„Daraus machen wir für morgen noch eine kurze Meldung", sagt er. „Kunze, wie viel Platz haben wir noch?" „Mit Überschrift für höchstens 460 Buchstaben", antwortet sein Mitarbeiter.

„Na, dann mal schnell an die Arbeit", sagt Herr Zierrat und setzt sich an die Maschine...

Du erinnerst dich noch an die Schülerzeitungsbeiträge zu Beginn dieses Kapitels? Dort konnten die Redakteure schreiben, bis alles gesagt war. Bei einer richtigen Zeitung ist das anders. Da müssen Meldungen auf den noch zur Verfügung stehenden Platz zurechtgestutzt werden.

Sicher traust du dir diese Arbeit auch zu. Sieh dir noch einmal kurz die **fünf journalistischen Grundfragen** (vgl. S. 118) an.

Bevor du selbst einen Bericht schreibst, hast du erneut die Möglichkeit, Lehrer zu spielen.

Hier findest du einen Versuch eines Schülers, einen Zeitungsbericht über Lenas Unfall zu schreiben. Der Bericht kann durchaus noch überarbeitet werden. Hilf dem Schüler dabei. Untersuche den Bericht auf Fehler und mache Verbesserungsvorschläge!

Übung D 21

Unfall an Kreuzung

Am 6. Oktober 1997 um 14.03 Uhr passierte ein Unfall an der Kreuzung Birkenstraße/Bebelallee. Theodor Richtig bog mit seinem Auto in die Bebelallee ein und rammte dabei Lena Köster, die ebenfalls mit dem Rad in die gleiche Straße einbiegen wollte. Der Autofahrer sagt, das Mädchen wäre links ausgeschert. Aber er konnte nicht ausweichen, da ihm ein Lkw entgegenkam. Lena hat sich an Knie und Unterarm leicht verletzt, Herrn Richtig ist nichts passiert.

Beispiel

Formuliere nun selbst einen Zeitungsbericht mit höchstens 460 Buchstaben über Lenas Unfall.

Übung D 22

Argumentieren

Fortwährend sollen wir unser Tun und Lassen begründen. Sicher fallen dir dazu eine Menge Beispiele ein. Denke allein einmal an die vielen Sätze, die mit dem Wort „weil" beginnen. „Ich komme zu spät, weil mein Fahrrad einen Platten hat." Wenn du nun z. B. in einem Gespräch deinen Standpunkt immer neu begründest und erläuterst, nennt man das Argumentieren.

In manchen Situationen zahlt es sich aus, wenn du auch schriftlich deinen Standpunkt klipp und klar darlegen kannst. Denn Argumentieren ist häufig so etwas wie ein Wettbewerb: Wer die besten Argumente vorbringt, wer am besten argumentieren kann, der gewinnt. Und es kommt immer auch darauf an, dass du deine Argumente auf deinen Gesprächspartner abstimmst, denn überzeugen kann man nur mit gezielten, treffenden Argumenten.

1. Mündliche Diskussion

Basar oder Sommerfest?

März. Heute geht es in der Schülerratssitzung an der Pestalozzi-Schule hoch her. Die Klasse 5c hat den Antrag gestellt, im Dezember einen Weihnachtsbasar durchzuführen und dafür rechtzeitig mit den Vorbereitungen zu beginnen. Doch es gibt auch andere Meinungen dazu. Einige Klassensprecher aus den älteren Jahrgängen fühlen sich durch diesen Antrag der „Kleinen" überrumpelt.

Peter leitet als Schülersprecher die Sitzung. Er hält sich an die Geschäftsordnung und erteilt den einzelnen Klassensprechern in der Reihenfolge ihrer Meldungen das Wort ...

Peter:	*Von der Klasse 5c liegt also der Antrag vor, im Dezember einen Weihnachtsbasar durchzuführen. Es soll schon jetzt mit den Vorbereitungen begonnen werden. Gibt es dazu Wortmeldungen? – Ja bitte, Ali!*
Ali:	*Ich hab eigentlich nichts dagegen, so 'n Basar zu machen. Dient ja wohl einem guten Zweck. Ich find es nur blöd, dass wir das der Comenius-Schule nachmachen sollen.*
Marco:	*Also ich finde das egal, wer als Erster auf die Idee gekommen ist. Wir waren es diesmal nicht, na und? Schließlich führen auch viele Vereine zu Weihnachten Basare durch.*
Monika:	*Da hast du Recht, Marco. Aber warum müssen wir schon jetzt über diesen Antrag reden? Bis Dezember ist doch noch so viel Zeit!*

Susanne:	Ich glaube, dazu gehört sehr viel Vorbereitung. Was ich da vor Weihnachten in der Comenius-Schule gesehen habe, was die alles gebastelt haben, das braucht schon sehr viel Zeit. Nehmen wir mal an, wir beschließen das heute. Dann müssen wir noch mit dem Schulleiter und den Lehrern reden und unsere Eltern für die Sache begeistern. Bis dahin ist wieder ein Monat vorüber. Nein, ich finde, wir sollten das möglichst bald beschließen.
Jörg:	Aber denkt bitte mal an Folgendes: Wahrscheinlich macht die Comenius-Schule doch in diesem Jahr wieder ihren Basar. Wenn wir dann auch einen durchführen, dann gibt das schon zwei im Stadtteil. Ich glaube nicht, das man dann so viel einnehmen kann, weil weniger Leute kommen.
Daniel:	Die Idee finde ich grundsätzlich gut, etwas für andere zu tun. Aber vor Weihnachten halte ich das für nicht so günstig. Da erinnern sich doch plötzlich alle an Nächstenliebe und so was. Jeder Verein macht dann was. Warum wählen wir nicht einen ganz anderen Termin?
Monika:	Ich hab da eine Idee. Kurz vor Schuljahresende, im Juni, ist doch unser Schulfest geplant. Wir könnten doch dann so etwas wie einen Basar machen. Das müsste man doch noch hinkriegen. Ein paar Stände und für alle Veranstaltungen etwas Eintritt. Das wär doch was ganz anderes!
Matthias:	Ich bin dagegen. Beim Schulfest gibt es viel Sport und Spiele. Ich finde, diesen Spaß haben wir einmal im Jahr verdient. Basar, das klingt schon so nach Anstrengung. Wenn überhaupt, bin ich für Dezember.
Susanne:	Dein Vorschlag, Monika, ist sicher nicht schlecht. Aber ich glaube einfach nicht, dass wir das mit den Vorbereitungen noch schaffen.
Peter:	Lasst uns doch noch mal über diesen Vorschlag reden. Ich glaube, da ließe sich schon noch was machen. Wir müssten nur etwas genauere Vorstellungen haben.
Jasmin:	Ich meine auch, das ginge. Wir müssten nur schnell alle Klassen zum Mitmachen auffordern.
Boris:	Vielleicht gibt es aus dem Werkunterricht schon Sachen, die man verkaufen könnte. Und dann Trödel, das ist doch groß in Mode. Wir müssten nur sammeln.
Monika:	Ich schlage vor, dass wir den Plan für das Schulfest noch einmal genau durchgehen. Bestimmt gibt es da viele Programmpunkte, für die wir Eintritt nehmen könnten. Wir müssen nur ankündigen, dass das für einen guten Zweck ist, dann werden die Eltern schon bezahlen.
Ali:	Aber das ist doch genau der springende Punkt! Zum Schulfest kommen doch höchstens Eltern und Geschwister. Zum Weihnachtsbasar aber könnten wir den ganzen Stadtteil einladen.
Jörg:	Können wir zum Schulfest auch! Am meisten Gaudi gibt es immer beim Fußballspiel Schüler gegen Lehrer. Da könnten wir saftigen Eintritt nehmen...

Jörg wird durch die Schulglocke unterbrochen, die das Ende der Stunde und damit der Sitzung anzeigt.

Boris:	*Los Peter! Lass noch schnell abstimmen!*
Peter:	*Es liegt nur ein Antrag vor, nämlich der der 5c. Aus der Diskussion habe ich entnommen, dass ein Gegenantrag im Gespräch ist. Ich bin nicht dafür, dass wir jetzt noch zwischen Tür und Angel abstimmen.*
Susanne:	*Wie soll es denn weitergehen?*
Peter:	*Ich schlage vor, wir berufen in der nächsten Woche eine neue Sitzung ein. Bis dahin sollten die beiden Anträge schriftlich formuliert vorliegen. Sie sollten eine kurze Begründung enthalten. Schluss für heute …*

Die Mitglieder des Schülerrats sind zwar noch nicht zu einer Einigung gekommen, aber sie haben schon eingehend darüber diskutieren können. Sie haben etwas Wichtiges für mündliche Diskussionen beachtet:

Argumentiere so **sachlich** und **ruhig** wie eben möglich.
Heftigkeit und Erregung können die besten Argumente zerstören.

Du hast sicher gemerkt, dass in der Schülerratssitzung mehr oder minder deutlich zwei gegensätzliche Meinungen vertreten wurden.

Welche Teilnehmer an der Diskussion haben sich:

a) deutlich für den Dezembertermin ausgesprochen?

_____

b) deutlich für den Sommertermin ausgesprochen?

_____

Übung E 2 Welche Haltung nimmt eigentlich Matthias den Vorhaben gegenüber ein?

_____

_____

2. Aufbau eines Antrags

Susanne, Marco und Ali formulieren für die nächste Schülerratssitzung ihren Antrag. Bevor sie den Antrag formulieren, konzentrieren sie sich noch einmal auf das, was sie überhaupt wollen.

Überlege genau, welche Absicht du verfolgen und welchen Standpunkt du vertreten möchtest. Schreibe beides in kurzen Sätzen auf.

Nimm ihnen die Arbeit ab: Schreibe in kurzen Sätzen die Absicht ihres Antrages auf.

Übung
E 3

Dabei versuchen sie, möglichst überzeugende Begründungen zu finden. Nach langem Kopfzerbrechen einigen sie sich auf folgenden Wortlaut:

Beispiel

	Kurzkommentar
Wir schließen uns dem Antrag der Klasse 5c an und schlagen für Dezember einen Weihnachtsbasar vor. Der Erlös ist für das Kinderheim in der Waisenhausgasse bestimmt.	Der Antrag nennt kurz und knapp die **Absicht** der Antragsteller.
Begründung Wir erwarten, dass viele Leute gerade zu Weihnachten auf diesem Basar Geld ausgeben werden. Erstens, weil sie wissen, dass das Geld für einen guten Zweck bestimmt ist. Schließlich ist Weihnachten das Fest der Liebe. Zweitens, weil viele dann bei uns kleine Geschenke für Weihnachten kaufen können.	Zunächst wird eine **Erwartung** ausgedrückt. Diese Erwartung wird zweifach **begründet**: Das erste Argument greift eine allgemein verbreitete menschliche Haltung auf, das zweite beruht auf der Tatsache, dass sich Basarangebote zum Verschenken eignen.
Wir halten es für richtig, bereits jetzt den Weihnachtsbasar zu beschließen. Denn für eine gelungene Veranstaltung braucht man eine lange Vorbereitungszeit, wie die Erfahrungen an anderen Schulen zeigen. Und schließlich müssen Schüler, Eltern und Lehrer erst einmal gründlich von diesem Vorhaben überzeugt werden.	Hier wird erneut eine **Meinung** vorgetragen, die zweifach **begründet** wird: Zum einen mit dem Hinweis auf vorliegende Erfahrungen, zum anderen mit der Notwendigkeit einer breiten Beteiligung an dem geplanten Vorhaben als Voraussetzung für ein Gelingen. Tatsache ist, dass Überzeugung Zeit braucht.
Wir schlagen vor, den Erlös des Basars dem Kinderheim zukommen zu lassen, weil wir erfahren haben, dass es dort sehr wenig Spielzeug gibt. Marco Susanne Ali	Ein **Vorschlag** wird gemacht und **begründet**.

Wenn du deinen Standpunkt schriftlich begründest, denke auch an Folgendes:

Gestalte eine übersichtliche Gliederung.
Nenne zunächst deine Absicht.
Füge deine Begründung Schritt für Schritt an.

Übung
E 4

Was hilft dir – neben angestrengtem Nachdenken und einer guten Gliederung – die Begründung für einen Antrag treffend zu formulieren?

Die geschickten Standpunktvertreter

Wir wolln 'nen Basar im Dezember!

Wir erwarten hohe Einnahmen für 'nen guten Zweck!

Erfahrungsgemäß ist die Spendenbereitschaft zu Weihnachten größer!

Schließlich gibt es auf'm Basar auch nette Geschenke!

Die geschickten Standpunktvertreter
teilen nicht einfach nur eine Absicht oder einen Vorschlag mit, sondern sie verknüpfen damit Meinungen, Hoffnungen oder Erwartungen. Aber die müssen vor allem durch überzeugende Argumente auf sichere Füße gestellt werden.

Die unbequeme Fragerin (die auch ein Frager sein kann!)

Kann ja jeder kommen! Warum denn?

Wieso denn ausgerechnet dann?

Mit welcher Begründung?

Was genau meinst du damit?

Die unbequeme Fragerin

muss man immer vor Augen oder besser noch im Gedächtnis haben, wenn man für einen bestimmten Standpunkt oder eine Überzeugung werben möchte. Sie ist mitunter zwar sehr lästig, doch sie zwingt mit ihrem ständigen Nachfragen zur Suche nach den besten Argumenten.

1. Sammle möglichst viele Argumente, die für deinen Standpunkt sprechen.
2. Überprüfe deine Argumente am besten dadurch, dass du dich in die Rolle eines „unbequemen Fragers" begibst.

Unter dem Stichwort **„Argument"** findest du im Wörterbuch Folgendes:

Argument   = Beweis, Beweisgrund, einleuchtende Entgegnung
Argumentation = Beweisführung
argumentieren = beweisen, den Beweis erbringen

Ob eine Beweisführung gelingt, hängt nicht allein vom dem ab, der seinen Standpunkt durchsetzen will, sondern ebenso von dem, der überzeugt werden soll. Vertritt der einen gänzlich anderen Standpunkt, so wird es sehr schwer sein, ihn davon abzubringen.

Es gibt viele unterschiedliche Argumentationsmethoden. Finde zur folgenden Auswahl Beispiele:

Übung E 5

1. eine Ansicht mit dem Hinweis auf Vorschriften begründen,
2. einer Ansicht durch Wiederholung mehr Gewicht verleihen,
3. eine Ansicht mit eigenen Erfahrungen begründen,
4. eine Ansicht mit anerkannten Tatsachen oder Erfahrungen begründen,
5. eine Ansicht umformulieren und in neuer Verkleidung wiederholen,
6. eine Ansicht mit dem Verweis auf jemanden, den wir nicht kennen, begründen.

a) Welche dieser Möglichkeiten sind für eine Argumentation eher tauglich?

Übung E 6

b) Welche dieser Möglichkeiten sind eher untauglich? Warum?

1. Verzichte auf Argumente, die von deinem Gegenüber leicht widerlegt werden können.
2. Ordne alle übrig gebliebenen Argumente nach ihrer Wichtigkeit und Schlagkraft. Überlege dabei, mit welcher Beweisführung du dein Gegenüber am besten überzeugen und für deinen Standpunkt gewinnen kannst.

Nach allem, was du soeben gedanklich im Zusammenhang mit dem Argumentieren überprüft hast, musst du zugeben:
Marco, Susanne und Ali haben sauber und überzeugend argumentiert. Allerdings wird auf der vertagten Schülerratssitzung noch ein Gegenantrag, nämlich für die Durchführung des Basars im Sommer, erwartet. Jasmin, Jörg und Boris wollen ihn formulieren.

Nun bist du an der Reihe. Du sollst den dreien die Arbeit abnehmen und den Antrag formulieren. Orientiere dich dabei an Ergebnis und Verlauf der Schülerratssitzung.

Übung E 7

a) Sammle zunächst möglichst viele Argumente für den Gegenantrag.

b) Überprüfe und ordne deine Argumente.

Übung E 8

Formuliere den Antrag mit einer knappen Begründung!

3. Mit Argumenten werben

Nun sind wir in der entscheidenden Schülerratssitzung. Trotz ihrer guten Argumente haben sich Marco, Susanne und Ali mit ihrem Antrag nicht durchsetzen können. Aber es gab ja nur noch Meinungsverschiedenheiten um den Termin. Soeben hat der Schülerrat mit deutlicher Mehrheit beschlossen, das Schulfest im Sommer zu einer Wohltätigkeitsveranstaltung zugunsten des Kinderheimes zu erweitern.

Peter: So, jetzt beginnt aber erst die eigentliche Arbeit. Ich meine, wir müssten schnellstens unsere Mitschüler und die Eltern für unseren Plan erwärmen.

Susanne: Wir könnten an beide Gruppen kurze Briefe schreiben. Die werden dann vervielfältigt. Den Schülerbrief könnten wir in der Vollversammlung mit allen besprechen.

Peter: Am besten setzen wir zwei Arbeitsgruppen ein. Wer macht mit? ...

Die Klassensprecher wissen genau, dass durch ihre Entscheidung allein der Basar im Sommer noch längst nicht gesichert ist. Schließlich handelt es sich dabei um eine freiwillige Veranstaltung, zu der niemand gezwungen werden kann. Umso wichtiger ist es, dass der Schülerrat sein Vorhaben geschickt und überzeugend an den Mann bringt.

Die Frage ist: Mit welchen Argumenten und Mitteln lassen sich die beiden Adressatengruppen (Mitschüler und Eltern) zur aktiven Mitarbeit bewegen? Warum genügt nicht die einfache Bekanntgabe des Schülerratbeschlusses?

Übung E 9

Formuliere einen kurzen, aber überzeugenden Brief an die Mitschüler!

Übung E 10

Formuliere einen ebenso überzeugenden Brief an die Eltern!

Bedenke dabei, welche unterschiedlichen Aufgaben beide Gruppen bei der Vorbereitung und Durchführung übernehmen könnten!

4. Einen Konflikt beilegen

Da muss man doch was tun

In der 5c brodelt es. Zugegeben, es ist beileibe keine Klasse von Musterschülern. Besonders in letzter Zeit waren das Klassenklima und auch das Verhältnis zu den Lehrern nicht gerade ungetrübt. Häufig war es während der Unterrichtsstunden viel zu unruhig. Die Lehrer zogen daraufhin die Zügel an. Durch Unruhe verlorene Unterrichtszeit wird unerbittlich nachgeholt. Max und Wolfgang haben den Klassensprecher gedrängt, deswegen eine Klassenversammlung durchzuführen. In einer großen Pause treffen sich alle in einer ruhigen Ecke des Schulhofes. Dabei geht es erstaunlicherweise sehr geordnet zu. Das deutet auf große Wichtigkeit oder Betroffenheit hin.

Marco: Einige Schüler wollten diese Aussprache. Es geht um unsere Pausen.

Max: Also, ich find das 'ne Sauerei, was die Lehrer machen. Wir haben ja nur noch Unterricht. Fast jede kleine Pause wird durchgemacht. Und von der Frühstückspause bleiben uns immer nur noch knapp 5 Minuten. So geht das nicht weiter.

Lena: Ja, in letzter Zeit sind wir ganz schön auf Trab. Wenn wir den Raum wechseln müssen, können wir überhaupt nur im Dauerlauf pünktlich sein.

Erkan: Rennen darfst du aber gar nicht! Steht in der Hausordnung!

Anna: Ein bisschen sind wir doch aber selber schuld. Wenn es bei uns nicht so unruhig wäre, würden sich die Lehrer bestimmt auch anders verhalten und uns rechtzeitig in die Pause entlassen. Oft ist ja wirklich nicht einmal mehr Zeit, die Aufgaben zu notieren!

Jan: Ist doch prima, haste eben keine auf!

Marco: So kommen wir nicht weiter. Fest steht, dass wir in den letzten zwei Wochen kaum Pause hatten. Wir sollten überlegen, was wir da tun!

Jasmin: Schüler haben ein Recht auf Pause. Das steht in so einem Gesetz, oder?

Maria: Wir gehen einfach beim Klingeln raus.

Jan: Traust du dich ja doch nicht!

Lena: Finde ich keinen so guten Vorschlag. Das gibt nur noch mehr Ärger. Ich habe mir mal aufgeschrieben, bei wem wir in letzter Zeit regelmäßig die Pausen durcharbeiten müssen. Da ist Frau Sommer in Musik, Herr Dachs in Biologie, Herr Trend in Englisch und Frau Algebra in Mathe.

Erkan: Na, ganz einfach. Reden wir mal mit denen.

Marco: Hab ich doch schon getan. Zwecklos. Sie sagen, es läge nur an uns selbst.

Max: Wie wäre es denn, wenn wir unseren Klassenlehrer beauftragen, einmal mit all den Lehrern zu reden?

Anna:	Finde ich gut. Der Löwenzahn macht das bestimmt. Aber wir sollten uns auch wirklich mal Gedanken über unser Verhalten machen.
Erkan:	Wir können ja sagen, wir wollten uns bessern, aber wir brauchten dafür dringend unsere Pause.
Lena:	Ich hab die Idee! Wir machen das schriftlich.
Marco:	Wie, schriftlich? Wir können doch wirklich mal mit Herrn Löwenzahn reden.
Lena:	Manchmal ist Schreiben besser. Wirst du gleich sehn. Ich stell mir das so vor: Wir schreiben auf, was uns im Augenblick nicht gefällt. Aber nicht nur, was die Lehrer angeht. Dann bitten wir Herrn Löwenzahn in der Sache mit den Pausen um Vermittlung, vielleicht weisen wir auch deutlich auf unsere Rechte hin. Zum Schluss unterschreiben wir am besten alle, das wirkt dann ganz offiziell.
Marco:	Ein guter Vorschlag, oder? Wer hilft mit, den Brief zu entwerfen?
Lena:	Ich mach mit!

Übung  **E 11**

Lies dir den gesamten Text noch einmal durch. Unterstreiche die Stellen, die Auskunft über den **Sachverhalt**, d. h. über den unmittelbaren Anlass für diese Versammlung geben. Formuliere diesen Sachverhalt in einem Satz!

_____

Übung E 12

Welche **Ursachen** werden für diesen Sachverhalt genannt?

Übung E 13

Suche aus dem Text Hinweise, die Auskunft über die **Folgen** des geschilderten Sachverhalts geben! Formuliere diese in Stichworten oder Kurzsätzen!

a) _____

b) _____

Übung E 14

Der Text enthält ebenfalls eine Reihe von **Lösungsvorschlägen**. Welche Maßnahmen werden im Einzelnen vorgeschlagen? Notiere in Stichworten!

a) _____

b) _____

c) _____

d) _____

e) _____

Lena und Marco sitzen nach der Schule zusammen und entwerfen den beschlossenen Brief. Marco hat schon einen Entwurf mitgebracht, an dem er während der Mathestunde gearbeitet hat. Der beginnt folgendermaßen:

Sehr geehrter Herr Löwenzahn!

Wir finden es eine bodenlose Gemeinheit, was die Lehrer mit uns machen. Wir bitten Sie, dafür zu sorgen, dass das sofort aufhört. Am besten reden Sie mal mit Frau Sommer, Herrn Dachs, Frau Algebra und Herrn Trend, bei denen es besonders schlimm ist . . .

*Lena schüttelt energisch den Kopf. „Nein Marco, so können wir das nicht schreiben",
sagt sie. „Wir wollen doch etwas erreichen!" . . .*

Kannst du dir vorstellen, was Lena an diesem Anfang auszusetzen hat?
Notiere in Kurzsätzen!

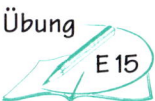

Übung
E 15

Beachte:
Auch dieser Brief muss zwei Seiten berücksichtigen, wenn er Aussicht auf Erfolg haben soll:
1. die Zielsetzungen und Absichten der Schreiber   *und*
2. die Erwartungen oder Forderungen der Adressaten.

(Dieses einfache Schema kennst du bereits aus dem Kapitel „Berichten").

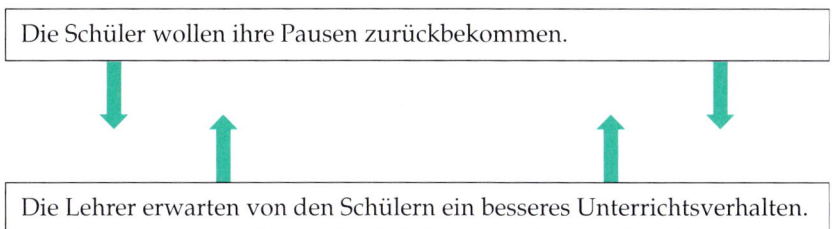

Die Schüler wollen ihre Pausen zurückbekommen.

Die Lehrer erwarten von den Schülern ein besseres Unterrichtsverhalten.

Zwischen diesen beiden Standpunkten muss ein für beide Seiten akzeptabler **Kompromiss** gefunden werden, der den Konflikt beendet.

Dazu können vor allem sachliche **Argumente**, aber auch **Angebote** beitragen.

Ein Brief, der dazu beiträgt, diesen Konflikt zu lösen, könnte etwa folgende Gliederung haben:
• kurze und sachliche **Schilderung des augenblicklichen Zustands/Sachverhalts**.
• Welche **Folgen** hat dieser Sachverhalt für die Beteiligten?
• Was sollte **geändert** werden, und **warum**?
• **Auf welchem Wege** könnte man eine Änderung/Besserung herbeiführen und welche **Folgen** hätte das dann für die Beteiligten?

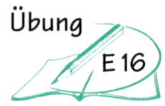

Berücksichtige diese Vorüberlegungen und nimm nun Lena und Marco die Arbeit ab!

5. Sich beschweren – einen Leserbrief schreiben

Das ist ungerecht – wo kann man sich beschweren?

An einem Nachmittag im Sommer. Anna, Lena, Erkan, Jan und Marco sind in den Park gegangen. Sie spielen bei dem schönen Wetter wie so oft auf einer großen Rasenfläche Fußball. Mit zwei Jacken haben sie ein Tor markiert. Sie spielen „Angriff und Verteidigung". Plötzlich werden sie unsanft gestört.

„Macht ihr mal sofort, dass ihr mit dem Ball vom Rasen kommt, ihr Rotznasen!",
schreit ein etwa vierzigjähriger Mann, der sich unbemerkt genähert hat. „Ein bisschen dalli, wenn das nicht zu viel verlangt ist!" Vor Erregung ist der Mann, der eine Schirmmütze mit der Aufschrift „Gartenbauamt" trägt, schon ganz rot angelaufen. Er droht mit einem Stock. Die Kinder sind durch diesen Auftritt sichtbar eingeschüchtert. Doch dann fasst sich Erkan ein Herz: „Wir spielen aber immer hier. Noch nie hat uns jemand weggeschickt. Seit wann ist das denn verboten?", fragt er ruhig.
„Das ist eine Anordnung des Bürgermeisters", sagt der Mann noch immer sehr aufgebracht. „Wenn wir schon nicht verhindern können, dass die Leute uns den Rasen kaputttreten, Fußballspielen ist glücklicherweise noch verboten. Und nun ab! Geht auf den Spielplatz!"

Nun wird Anna mutig: „Der ist doch nur was für die Kleinen. Außerdem steht dort ein Schild ‚Ballspielen verboten', hier jedoch nicht." „Was? Auch noch frech werden?", schnaubt der Mann. „Haut jetzt endlich ab, sonst mach ich euch Beine!"
„Anna hat ganz bestimmt nicht frech gefragt, sondern Tatsachen genannt", sagt Jan. „Ich verstehe einfach nicht, dass sich die Hunde hier auf dem Rasen austoben dürfen, Kinder aber nicht", erregt sich nun Marco.

„Ihr habt hier überhaupt keine Fragen zu stellen, sondern meinen Anweisungen zu folgen!", schreit der Mann. „Verschwindet ihr endlich oder soll ich euch erst euren Ball wegnehmen?"

„Das lassen Sie mal schön bleiben", antwortet Erkan ruhig, „dann bekommen Sie es nämlich mit meinem Vater zu tun."

„Was, du Rotzbengel willst mir auch noch drohen? Ich werde dir …" und er erhebt den Stock zum Schlag.

„Kommt, da ziehen Argumente nicht", fordert Lena die anderen auf. „Wir gehen. Aber da unternehmen wir noch was!"

„Sind Sie bitte so freundlich und sagen uns Ihren Namen? Damit wir wissen, mit wem wir es zu tun hatten", fragt Marco höflich.

„Birnbaum!", brummt der Mann mürrisch.

Die fünf verlassen den Rasen und hocken sich an den Rand des Springbrunnens.

„Puh, war der unangenehm!", sagt Erkan.

„Ich finde diese Art und Weise unmöglich", sagt Anna, „ich bin dafür, dass wir uns darüber beschweren!"

„Und bei wem?", will Marco wissen.

„Beim Bürgermeister, den hat er doch genannt", erwidert Anna.

„Man müsste das aber auch mal an die Öffentlichkeit bringen", sagt Erkan, „in unserem ganzen Viertel gibt es keinen Bolzplatz. Und nun jagen sie uns auch noch aus dem Park!" …

Die Schüler sprechen noch lange von dem Vorfall. Auch ihre Eltern finden es richtig, dass ihre Kinder in der Sache etwas unternehmen wollen. Zunächst beschließen die fünf, einen Brief an den Bürgermeister zu schreiben. Darin wollen sie sich **beschweren** und **gegen das Verbot argumentieren**.

Lies dir den gesamten Ausgangstext noch einmal durch und sammle durch Unterstreichung Ansatzpunkte und Argumente für den Brief.
Verdeutliche dir, was du erreichen möchtest und wie du argumentieren musst, damit der Adressat auch entsprechend reagiert.

Übung E 17

Entwirf eine Gliederung für den Brief!

Übung E 18

Formuliere diesen Brief!

Übung E 19

Marcos Vater hat außerdem die Idee mit dem Leserbrief.
„Schreibt doch einfach an den Stadtanzeiger, berichtet ganz sachlich über den Vorfall und tragt euren Protest vor!", rät er. „Allerdings würde ich in einem Leserbrief den Namen des Parkwächters nicht nennen!"
„Warum denn das nicht?", will Marco wissen. „Ist doch ganz schön, wenn der mal merkt, dass er sich auch nicht alles erlauben kann!"

„Weißt du, Presse bedeutet Öffentlichkeit. Wenn ihr den Mann mit seinem Namen erwähnt, könnten sich persönliche Nachteile für ihn daraus ergeben. Ihr habt euch ja schon beim Bürgermeister über den Mann persönlich beschwert. In einem Leserbrief solltet ihr deshalb besser nur von ‚dem Parkwächter' sprechen."

Übung E 20

Entwirf einen Leserbrief, der das Problem aufzeigt und einen angemessenen Protest enthält!
Vielleicht findest du noch mehr Wörter, die das Verhalten des Parkwächters treffend bezeichnen?

Herr Birnbaum ist:
unfreundlich, barsch, mürrisch, böse, erregt, wütend, rüde . . .

Herr Birnbaum hat den Leserbrief in der Zeitung gelesen und sich noch mehr über die Kinder geärgert. „Aufmüpfig werden und mich dann noch öffentlich angreifen", nein, das will er sich nicht gefallen lassen. Erbost schreibt er ebenfalls einen Leserbrief.

Beispiel

Leserbrief

Der Park ist nicht nur für Kinder da

Ich lasse mich von solchen Rotzbengeln nicht in aller Öffentlichkeit vorführen. Seit über 25 Jahren arbeite ich als städtischer Angestellter für das Gartenbauamt und kümmere mich in verantwortungsvoller Position um die Pflege öffentlicher Parks. Da bin ich streunenden Jugendlichen, die Verbote missachten, keine Rechenschaft schuldig. Schon gar nicht muss ich mich von solchen Rotznasen belehren lassen.
Im Übrigen ist die Jugend von heute verweichlicht: Früher hat man sich nicht über einen geschwungenen Stock beschwert, noch dazu in einer Zeitung. Die Eltern sollten mal über ihre verzartelnde Erziehung nachdenken. Wie viele vor allem ältere Menschen haben mir schon ihre Freude über gut gepflegte Rasenflächen mitgeteilt. Gerade für diese Menschen sollten öffentliche Grün- und Parkflächen Erholung bieten. Haben denn ältere Menschen keine Rechte, sondern nur Kinder? Der Volkspark ist doch für alle da, wie der Name schon sagt. Die Kinder sollten lieber einem Verein beitreten und dort Fußball – oder was immer sie wollen – spielen. Dazu sind Vereine doch da, oder?

Hochachtungsvoll

Birnbaum

Übung E 21

Jetzt sollst du mal wieder die Rolle des Lehrers übernehmen. Untersuche Herrn Birnbaums Leserbrief auf Fehler und mache Verbesserungsvorschläge!

Übung E 22

Hilf Herrn Birnbaum (auch wenn er etwas mürrisch ist): Schreibe einen Leserbrief. Berücksichtige die Verbesserungsvorschläge.

Findest du unter deinen Aufsätzen immer mal wieder das Wort **„Stil!"** ? Und denkst du dann darüber nach, wie man das bloß verbessern könnte?

Keine Sorge!

Auch Stil ist trainierbar!

„Inhaltlich gut, aber im Ausdruck sehr ungeschickt." – Derartige Urteile lassen viele Schüler verzweifeln. Da hat man so eine schöne Geschichte erzählt oder so gute Gedanken niedergeschrieben, und die Note ist wieder nicht gut. Da könnte man jede Lust an Deutsch verlieren.

Sicher ist „Stil" nicht so einfach zu üben wie beispielsweise das Rechnen von Aufgaben in Mathematik. Für einen guten Stil gibt es nur wenige allgemein gültige Regeln: Man muss eine große Zahl einzelner wohlklingender Formulierungen speichern.

Schließlich sind die Stilregeln abhängig von der jeweiligen Aufsatzart; eine dramatische Ausdrucksweise gilt in Nacherzählungen als gut, in Berichten als schlecht. Trotzdem – auch stilistische Fähigkeiten sind trainierbar, der Weg ist nur etwas mühsamer. Der Rat, mehr zu lesen, ist sicher nicht schlecht.

Ein noch besserer Rat aber ist:

———— • Stilprobleme gezielt angehen!

Stilproblem: zu eintöniger Wortschatz
(Allerweltswörter, Wiederholungsfehler)

1   Wortfeldübungen:

⇨   als Familienspiel: Alle suchen reihum zu einem Wortfeld (z.B. „sagen") Wörter, die einer möglichst schnell aufschreibt. Wenn jemand innerhalb einer gewissen Zeit kein Wort mehr weiß, bekommt er eine schwarze Karte. Verloren hat, wer nach einer ausgemachten Spielzeit die meisten schwarzen Karten besitzt.

⇨   als Theater- oder Malspiel im Familienkreis: nur für Wörter, die man schauspielerisch oder zeichnerisch darstellen kann. Jeder überlegt zu einem Wortfeld möglichst viele Begriffe und notiert sie. Dann zeigt man einem Mitspieler den Begriff, der ihn nun spielen oder zeichnerisch umsetzen muss („Montagsmaler"). Der Rest der Familie versucht den Begriff zu erraten.

⇨   Man kann diese Spiele auch im Freundeskreis spielen – ist doch mal was anderes!

2   Wortfeldlisten können selber erstellt werden (auf spielerischem Weg oder durch Nachdenken). Sie werden oft aber schon im Unterricht angefertigt. Lerne diese Listen bzw. eine Auswahl der Begriffe wie eine Vokabelliste. Dann kannst du im Geiste die Liste durchgehen, wenn du einen Aufsatz schreibst und merkst, dass deine Formulierungen zu allgemein sind oder sich wiederholen.

3   Stilwörterbücher enthalten zu einem Begriff viele verwandte Begriffe. Schau doch mal rein und probiere aus, welcher Begriff in deinem Übungsaufsatz und zu deinem Wortschatz bzw. Stil am besten passt. Auch manche PC-Textverarbeitungsprogramme enthalten solche Wörterlisten.

4   Natürlich kann man zu jedem Fehler eine Verbesserung formulieren. Manchmal ist es nicht möglich, einfach ein Wort durch ein anderes zu ersetzen; unter Umständen muss die ganze Formulierung bzw. der ganze Satz umgebaut werden.

Stilproblem: unpassende Formulierungen

Diese Fehlerquelle kann leider nicht spielerisch angegangen werden und „Trockenübungen" sind auch nicht möglich. Man muss von Wendungen ausgehen, die schon misslungen sind und diese verbessern. Man sollte die entsprechenden Stellen im Aufsatz (bei Klassenarbeiten: auf einer Fotokopie!) farblich markieren, durchnummerieren und dann zu jeder Stelle eine neue Formulierung finden, die man sich in einer Liste unter der entsprechenden Nummer notiert. Hin und wieder solltest du deinen Lehrer/deine Lehrerin bitten, dir deine korrigierten Formulierungen durchzuschauen.

Stilproblem: unverständliche Stellen

Hier bleibt nichts anderes übrig, als die ganze Stelle nochmals zu schreiben. Sollte dieser Fehler öfter vorkommen, kann man eine Formulierung zunächst auf Tonband sprechen und dann abschreiben. Der Fehler passiert nämlich oft gerade den Schülern, die sich um besonders anspruchsvolle Formulierungen bemühen – sie drücken sich zu geschwollen aus. Im Mündlichen passiert ihnen das meistens nicht.

Diesen Schülern rate ich für Klassenarbeiten: Schreibt einfach drauflos, ohne über die Formulierungen groß nachzudenken – euer Ausdruck ist dann meistens viel besser. (Über die Inhalte muss man natürlich schon nachdenken!)

Stilproblem: zu kurze, abgehackte Sätze

Ausgangspunkt sind auch hier frühere Aufsätze. Suche Stellen mit aufeinander folgenden, zu kurzen, abgehackten Sätzen heraus und verknüpfe immer zwei davon. Mit der Zeit kannst du auch drei zu einem Satzgefüge verbinden. Natürlich darfst du nicht übers Ziel hinausschießen und überlange Sätze bilden. Am besten lässt du deine Verbesserungen gelegentlich überprüfen (Eltern, Lehrer). Hilfreich ist gerade bei diesem Fehlertyp, sich Musteraufsätze durchzulesen. Du kannst dort sehen, wie man Sätze verbindet.

Stilproblem: zu lange, unübersichtliche Sätze

Du musst genau den umgekehrten Weg gehen: Nimm eines deiner Satzungetüme und teile es in zwei oder drei korrekte Sätze auf. Vorsicht: nicht zu kleine, abgehackte Sätze bilden!

Stilproblem: grammatikalisch fehlerhafte Sätze

Gehe deine Satzbaufehler durch: Machst du einen bestimmten Fehlertyp immer wieder? Beispielsweise lassen Schüler oft einen Nebensatz alleine stehen, d.h. ohne Hauptsatz; der steht im vorherigen oder folgenden Satz. Wenn dir nicht klar ist, worin der Satzbaufehler besteht bzw. ob deine Fehler sich wiederholen, frage deinen Lehrer/deine Lehrerin.

Nach dieser Fehlerdiagnose verbesserst du jeden Satzbaufehler aus deinen Aufsätzen. So schleifst du die Fähigkeit ein, korrekte Sätze zu bilden. Zeige deine Verbesserungen sicherheitshalber deinem Lehrer/deiner Lehrerin!

Das hört sich nach viel Arbeit an?
Klar – ein bisschen Mühe kostet es schon.
Aber du wirst sehen: Erfolg haben ist einfach toll!
Also los geht's!

Grammatische Begriffe _____

■ Adjektiv
= **Eigenschaftswort**, **Wiewort**; bezeichnet Eigenschaften von Lebewesen, Dingen, Gedanken, Zuständen, Tätigkeiten (also Nomen):
fleißig, klein, weit, großartig usw.
Adjektive sind flektierbar (= veränderbar):
die fleißigen Bienen, das fleißige Mädchen

■ Adverb
= **Umstandswort**; bestimmt die näheren Umstände eines Geschehens, ersetzt oft Wortgruppen und ist nicht flektierbar (= veränderbar):
heute, oben, kaum, sehr usw.
Er lebt dort. (= … in der zehn Kilometer entfernten Stadt).

■ Artikel
= **Begleiter, Geschlechtswort**; steht vor dem Nomen und richtet sich in Genus (= Geschlecht), Kasus (= Fall) und Numerus (= Anzahl) nach ihm:
der, die, das – ein, eine, ein

■ Hilfsverb
sein, haben, werden
Es steht nicht allein als Prädikat (= Satzaussage), sondern benötigt ein Vollverb, ein Nomen oder andere Wörter:
Ich werde gehen (Vollverb im Infinitiv).
Du hast Masern (Nomen).
Er ist müde (Adjektiv).

■ Indikativ
= **Wirklichkeitsform** des Verbs (vgl. Modus, Konjunktiv):
Das ist Michael.

■ indirekte Rede
= **nichtwörtliche, berichtende Rede**; steht im Konjunktiv; sie kann mit der Konjunktion *dass* eingeleitet sein:
Sie sagt, sie komme/käme später.
Sie sagt, dass sie später komme/käme.

■ indirekter Fragesatz
= **Fragesatz**, der in die **indirekte Rede** umgewandelt worden ist. Er wird durch ein **Fragepronomen** eingeleitet:
Der Tourist erkundigt sich, wo denn der Kölner Dom sei.

■ Interrogativpronomen
= **Fragewort**; leitet W-Fragen (Ergänzungsfragen) ein:
wer, was, wann, wo, weshalb, wieso, warum usw.

■ Konjunktion
= **Bindewort**; eine Konjunktion verbindet:
a) Wörter:
  du und ich
b) Wortgruppen:
  meine überaus große Plattensammlung sowie meine zahlreichen Bücher
c) Sätze:
  Sie kommt, damit alles gut geht.

■ **Konjunktiv I**	= so genannte **Möglichkeitsform** des Verbs (vgl. Indikativ); wird in der **indirekten Rede** verwendet: *Sie meinte, das sei doch bestimmt Michael.* *Er sagt, das sei nicht wahr.*
■ **Konjunktiv II**	Ihn verwendet man für die **Nichtwirklichkeit** und für **Wünsche**: *Es wäre besser gewesen, wenn du für die Arbeit gelernt hättest.* *Ach, hätte ich doch gelernt!*
■ **Nomen (Substantiv)**	= **Namenwort**, **Hauptwort**; bezeichnet Lebewesen, Dinge, Gedanken, Gefühle, Vorstellungen, Begriffe u. a.: *Stuhl, Fahrbahn, Rad, Müdigkeit* usw.
■ **Präposition**	= **Verhältniswort**; gibt das Verhältnis zwischen Personen und Dingen untereinander an und steht vor seinem Bezugswort (Nomen, Pronomen/Fürwort): *auf, von, zu, ohne, mit* usw.
■ **präpositionaler Ausdruck**	besteht mindestens aus: 1) Präposition und 2) Nomen: *aus Holz, mit Glück* Es kann hinzukommen: a) ein Artikel oder Numerale (= Zahlwort): *aus der Schule, in zwei Zügen* b) ein Adjektiv: *mit großen Schuhen, auf leisen Sohlen*
■ **Präsens**	= **Gegenwartsform**: Ich *gehe.* Du *lachst.*
■ **Präteritum/ Imperfekt**	= **Vergangenheitsform**: Ich *ging.* Du *lachtest.*
■ **Satzgefüge**	**Gesamtsatz**, bestehend aus Hauptsatz und Gliedsatz: *Sie gehen nach Hause, obwohl sie noch bleiben könnten.*
■ **Verb**	= **Tätigkeitswort**, **Tuwort**, **Zeitwort**; bezeichnet Zustände *(liegen)*, Vorgänge *(wachsen)* und Tätigkeiten *(bauen).*
■ **W-Frage/ Ergänzungsfrage**	Das Fragewort steht am Anfang des Satzes. Der Befragte soll ergänzen, was erfragt wird: *Wann geht ihr nach Hause? – Gleich/morgen früh* usw. *Wer spielt heute Fußball? – Der FC …*

Quellenverzeichnis

Seite	Quelle
7f.	„Schnee im Sommer": Herbert Heckmann, aus „Geschichten vom Löffelchen", dtv, München
13ff.	„Das Märchen vom kleinen Herrn Moritz, der eine Glatze kriegte": Wolf Biermann, aus „Das Märchen vom kleinen Herrn Moritz", Parabel Verlag, München
18	„Der eingebildete Kranke": e. o. plauen, aus „Vater und Sohn", Südverlag GmbH, Konstanz 1962 (ren.), mit Genehmigung der Gesellschaft für Verlagswerte GmbH, Kreuzlingen/Schweiz
23	„Der Schmöker": e. o. plauen, a. a. O.
24	„Oskar, der freundliche Polizist": Otto Schwalge, © beim Grafiker Otto Schwalge
26	„Die beiden Ziegen": Albert Ludwig Grimm, aus „Kurze Geschichten zum Nacherzählen", gesammelt von Hans Thiel, Diesterweg Verlag, Frankfurt/Main
47f.	„Der Granitblock im Kino": Franz Hohler, aus „Bernd Bextes Kinderkalender 1981", Zweitausendeins Versand, Frankfurt/Main, 1980
65	„Nicht versetzt" (Überschrift nicht vom Autor): Peter Weiss, aus „Abschied von den Eltern", Suhrkamp Verlag, Frankfurt/Main, 1974
69f.	„Das Gezeitenkraftwerk bei Saint Malo": Harland Manchester, aus „Popular Mechanics, June 1964", © The Hearst Corporation; deutsche Fassung aus DAS BESTE aus READER'S DIGEST 11/64
72f.	„Neujahrsbaum": Klaus Mehnert, aus „Der Sowjetmensch", Deutsche Verlagsanstalt, Stuttgart
77f.	„Tiersprache": Konrad Lohrenz, aus „Er redet mit dem Vieh, den Vögeln und den Fischen", Borotha Verlag, Neuauflage 1993, (gekürzt)
81f.	„Intelligenz": Frohmut Menze, aus „Das Schülerbuch", rororo Rotfuchs, Rowohlt-Verlag, Reinbek (gekürzt)
93	Deutsche Telekom, München
100ff.	„Ballkunststücke", aus: HARDYs Zauberbuch, Humboldt-Taschenbuchverlag, München
104	aus „Momo": Michael Ende, Thiemanns Verlag, Stuttgart, [31]1986
104	aus „Buddenbrooks": Thomas Mann, S. Fischer Verlag, Frankfurt/Main, [5]1996
106	aus „Gruppenbild mit Dame": Heinrich Böll, Kiepenheuer und Witsch Verlag, Köln
106	aus „Vor Sonnenaufgang": „Gerhard Hauptmann, Sämliche Werke, Band 1 Dramen", herausgegeben von Hans-Egon Hass u. a., Wissenschaftliche Buchgesellschaft, Darmstadt (Prophyläen 1967)
106	aus „Katz und Maus Danziger Trilogie 2" von Günter Grass, Steidl Verlag, Göttingen
106	aus „Buddenbrooks": Thomas Mann, a. a. O.

In einigen wenigen Fällen ist es uns trotz intensiver Bemühungen nicht gelungen, die Rechteinhaber zu ermitteln. Für entsprechende Hinweise sind wir dankbar.

mentor Lernhilfe

Deutsch

5.–7. Klasse

Aufsatz:
Erzählen, Inhaltsangabe, Beschreiben, Berichten, Argumentieren

Volker Allmann
Michael Schlemminger-Fichtler

Lösungsteil

(an der Perforation heraustrennen)

mentor
Eine Klasse besser.

Abschnitt	Zeit	Inhalt/Geschehen
1. (Zeile 1–3)	unbestimmt	Einleitung des Autors: Schneeball und Rache
2. (Zeile 4–16)	samstags	Löffelchen wird von Lulatschs Schneeball getroffen. Denkt an Rache.
3. (Zeile 17–20)	am nächsten Tag: Sonntag	Es taut. Löffelchen kratzt einen Schneeball zusammen. Lulatsch kommt nicht.
4. (Zeile 20–28)	Montag und die folgenden Tage	Der Schnee ist verschwunden. Löffelchen muss seine Rache verschieben. Er wartet auf Schnee. Sein Vater dagegen ist froh über das gute Wetter.
5. (Zeile 29–35)	Frühling	Es schneit doch noch einmal. Löffelchen versteckt seinen Rache-Schneeball im Eisfach. Die Zeit vergeht wie gewöhnlich. Löffelchen wartet auf die Gelegenheit.
6. (Zeile 35–60)	Sommer, eines Nachmittags	Lulatsch erscheint in der Straße. Löffelchens Racheplan scheitert, weil seine Mutter den Schneeball weggeworfen hat. Löffelchen ist enttäuscht und verzweifelt.

Wenn du die rechte Spalte im Zusammenhang durchliest, hast du eine Inhaltsangabe in Kurzform. Wie man ausgefeilte Inhaltsangaben schreibt, erfährst du im Kapitel B „Inhaltsangabe".

Übung A 1
S. 10

a) Marco lässt die allgemeine Einleitung des Autors weg. Vielleicht will er nicht zu viel vorweg verraten.
b) Marco kürzt die Abschnitte 4 und 5 stark. Er lässt alles weg, was für die Handlung der Geschichte nebensächlich ist. In Abschnitt 4 beispielsweise, dass der Vater froh über das milde Wetter ist, in Abschnitt 5 die Berichte aus der Schule.
c) Marco gestaltet die Abschnitte 2, 3 und 6 ähnlich ausführlich wie Herbert Heckmann, weil hier das Entscheidende geschieht.

Übung A 2
S. 10

a) Ohne Frage sind Löffelchen und Lulatsch Hauptfiguren, denn ohne beide käme die Geschichte überhaupt nicht in Gang. Vater und Mutter sind Nebenfiguren.
b) Marco unterschlägt uns in seiner Nacherzählung den Vater. Das ist nicht so schlimm, weil der für die Handlung der Geschichte von untergeordneter Bedeutung ist.
c) Die Mutter bringt völlig unbeabsichtigt Löffelchens schönen Racheplan zum Scheitern, weil sie das Eisfach aufräumt. Deshalb ist sie für den Aufbau der Handlung sehr wichtig.

Übung A 3
S. 10/11

Die Beispiele 1 und 2 bringen nicht zum Ausdruck, dass es sich hier um die Höhepunkte der Geschichte handelt. Löffelchens heftige Gefühle kommen hier nicht heraus.
Allgemein gesprochen: Diese Formulierungen treffen nicht die Erzählweise der ursprünglichen Geschichte von Herbert Heckmann.

Übung A 4
S. 11

A

	Originaltext	Nacherzählung
Höhepunkt 1	L. schrie vor Schmerz auf... Wut der Rache... der Hinterkopf schmerzte... L. malte sich aus, wie er sich am besten rächen konnte...	L. war... wütend... wollte sich rächen... hatte Rachegedanken... heimzahlen... L. dachte finster...
Höhepunkt 2	ein prickelndes, ja eiskaltes Gefühl der Vorfreude erfüllte ihn... der Augenblick der Rache war gekommen... er sah den Schneeball... in Lulatschs Rücken klatschen... L. war fast den Tränen nah... las vor lauter Verzweiflung...	jetzt war es so weit... schrie Löffelchen enttäuscht... „Ihr seid alle Verräter", sagte Löffelchen zornig... las voller Verzweiflung...

Enttäuschung	Ernüchterung	Niedergeschlagenheit
enttäuschen, sich getäuscht sehen, enttäuscht, enttäuschend, maßlos enttäuscht, bitter enttäuscht, „sauer sein", (Umgangssprache)...	ernüchtert, ernüchternd, ernüchtern, völlig ernüchtert, aus allen Wolken fallen...	niedergeschlagen, niedergeschmettert, niederschmetternd, einen harten Schlag erleiden, resignieren, resigniert, verstört...

Die Nacherzählung ist überzeugend, weil Marco alles Wichtige wiedergibt. Er erzählt anschaulich und spannend. Dabei benutzt er häufig andere Wendungen als der Autor. Er stellt seiner Nacherzählung eine kurze Einleitung voran, in welcher er über die Herkunft des Textes berichtet.

1) Zeile 1. Wortlaut: Also ich will euch eine Geschichte... erzählen.
2) Zeile 6. Wortlaut: Ihr alle wisst, dass man...
3) Zeile 19/20. Wortlaut: Aber er hatte Rachegedanken, das könnt ihr euch sicher denken...

Marco möchte als mündlicher Erzähler mit diesen Einschüben seine Zuhörer persönlich in das Geschehen der von ihm (nach)erzählten Geschichte einbeziehen. Vielleicht will er auch die Neugier seiner Klassenkameraden auf das wecken, was im Anschluss an diese Einschübe erzählt wird.

a) Gemeint ist das Bindewort (die Konjunktion) **„und"**. Es wird besonders gern von Märchenerzählern benutzt. Alle anderen Erzähler gehen mit diesem Wörtchen sehr sparsam um.
b) Die Handlung ist frei erfunden, unwahrscheinlich, wundersam, märchenhaft.

Abschnitt	Zeit	Inhalt/Geschehen
1. (Zeile 1–3)	unbestimmt	Vorstellung des kleinen Herrn Moritz.
2. (Zeile 4–14)	Winter	Der schlimme Winter in Berlin macht die Leute ärgerlich.

Abschnitt	Zeit	Inhalt/Geschehen
3. (Zeile 15–17)	an einem Tag im Winter	Herr Moritz geht spazieren und denkt an den Sommer. Er hofft, dass die Leute dann weniger böse sind.
4. (Zeile 18–46)	ebenso	Herrn Moritz wachsen Blumen auf dem Kopf. Die Leute in der Markthalle freuen sich. Sie scharen sich um ihn und pflücken Blumen ab. Es gibt einen Menschenauflauf.
5. (Zeile 47–53)	ebenso	Der Polizist Max Kunkel ärgert sich über den Auflauf. Er will den Personalausweis des kleinen Herr Moritz sehen.
6. (Zeile 54–75)	ebenso	Herr Moritz kann seinen Ausweis nicht finden. Die Blumen schrumpfen, je verzweifelter er sucht. Sie sind verschwunden, als der kleine Herr Moritz den Ausweis im Hut findet.
7. (Zeile 76–79)	ebenso	Herr Moritz muss zu Hause feststellen, dass er eine Glatze bekommen hat.

Übung A 11
S. 15
Fortsetzung

A

Wieder hast du hier eine Inhaltsangabe in Kurzform. Benutze sie später als Leitfaden für deine Nacherzählung.

Hauptfiguren sind ohne Zweifel der kleine Herr Moritz und der Polizist Max Kunkel. Nebenpersonen sind die vielen Leute in Berlin, die sich über den Winter ärgern, und die Leute, denen der kleine Herr Moritz in der Markthalle mit seinen Blumen eine so große Freude bereitet.

Übung A 12
S. 16

a) Die Leute ärgerten sich über den harten Winter.
   Die lang anhaltende Kälte macht sie
   missmutig, unmutig, unwillig, verdrießlich.
b) Viele waren deshalb
   schlecht gelaunt, mürrisch, unfreundlich.
c) Als die Leute in der Markthalle die schönen Blumen auf dem Kopf des kleinen Herrn Moritz sahen, wurden sie fröhlich.
   Sie *lachten.* Sie *wunderten sich.* Sie *vergaßen den harten Winter.*
   Sie *vergaßen ihren Unmut.*
d) Der Polizist Max Kunkel verlangte den Ausweis. *Verzweifelt, angestrengt* suchte der kleine Herr Moritz. Aber er fand den Ausweis nicht. Er wurde immer *ängstlicher/nervöser* und war schon ganz rot vor *Verlegenheit/Aufregung.*

Übung A 13
S. 16

Hast du auch wirklich nicht geschummelt?
Ob deine Erzählung nun gelungen ist, kannst du selbst auf zwei Wegen überprüfen.
Du kannst

Übung A 14
S. 17

– anhand der Merksätze zur Nacherzählung und der Vorübungen nachsehen, ob du alles Wichtige berücksichtigt hast.
– deine Nacherzählung jemandem vorlesen und um sein Urteil bitten. Sollte diese Person noch Fragen zu den Zusammenhängen dieses modernen Märchens haben, musst du die entsprechenden Stellen noch einmal überarbeiten.

Kennst du den unschätzbaren Vorteil bei allen Formen des Erzählens? Es gibt bei Erzählaufgaben niemals nur eine richtige Lösung. Es gibt immer verschiedene Ansätze, Erzählschwerpunkte und Ausdrucksmittel, nie aber ein schematisches Falsch oder Richtig.

Übung A 15 S. 19	a) Der Vater kommt im Nachthemd ins Zimmer. Er trägt den Schulranzen in der Hand. b) Der Stuhl war auf Bild 2 noch nicht vorhanden. Folglich muss der Vater zwischen Bild 2 und 3 den Stuhl herangezogen haben. c) Auf Bild 4 verlässt der Vater mit erhobenem Zeigefinger den Raum. Mit dieser Geste könnte der Vater meinen: „Sei hübsch brav!" oder auch: „Pass auf, ich bin gleich wieder da." d) Auf Bild 5 kommt der Vater mit Hut und Jacke zurück ins Kinderzimmer. Folglich kommt er von draußen.
Übung A 16 S. 20	Anna hat auf die „wörtliche Rede" (direkte Rede) verzichtet.
Übung A 17 S. 21	meinen, bestätigen, bitten, mitteilen, flüstern, brüllen, schreien, behaupten, schwören, überreden, beschwören ablenken, verhöhnen, verneinen, bejahen, leugnen, befehlen, drohen, brummen, säuseln, vermuten beschwichtigen, danken, aussprechen, ansprechen, zurückfragen, ankündigen, erläutern, erklären, feststellen rügen…
Übung A 18 S. 21/22	a) **Eines Morgens hatte ich verschlafen. Der Wecker hatte versagt. Ich hatte an diesem Tag frei, aber mein Sohn musste zur Schule.** Noch im Nachthemd eilte ich in sein Zimmer: **„Heraus mit dir, du Schlafmütze",** weckte ich ihn und hielt ihm seinen Schulranzen hin. **Aber mein Sohn stöhnte: „Oh, Papa, ich habe solches Kopfweh.** Fühl mal, **wie heiß** meine Stirn **ist!" Er schien wirklich krank zu sein. Deshalb zog ich mich rasch an, um ihn zu versorgen…** b) Hier wird aus der Sicht des Vaters erzählt. Der Vater wird zum „Ich-Erzähler". Darüber hinaus wird die wörtliche Rede verwendet.
Übung A 19 S. 22	Wenn der Sohn erzählt, kann er beispielsweise nicht wissen, was der Vater denkt. Ein Satz wie „Aha", dachte der Vater, „der Kleine ist sicher krank", ist dann unmöglich. Umso mehr kannst du den Sohn „denken lassen". Obwohl auch bei dieser Aufgabe viele Lösungen möglich sind, soll dir zur besseren Selbstkontrolle ein Beispiel gegeben werden. Vergleiche deinen Text damit. Darüber hinaus kannst du deine Geschichte auch jemandem zum Lesen geben.

A

Übermut tut selten gut

Ich heiße Stefan und wohne zurzeit mit meinem Vater allein. Mutter ist in Kur. Mit Vater erlebe ich so allerhand Lustiges.

Neulich hatte Vater wohl verschlafen. Auf jeden Fall stand er morgens um halb acht noch im Nachthemd im Zimmer und weckte mich sehr aufgeregt: „So'n Mist, Stefan! Aufstehen! Du musst zur Schule"! Dabei hielt er mir meinen Schulranzen hin.

„Zur Schule?", dachte ich gequält. Ich hatte gerade etwas Schönes geträumt und deshalb keine große Lust. Ich schaltete blitzschnell.

„Oh, Papa, ich hab solche Kopfschmerzen", stöhnte ich und rieb mir die Stirn, „ob ich wohl auch Fieber habe?" Besorgt kam Vater an mein Bett und fühlte nach meiner Stirn. „Du hast Recht", murmelte er, „du hast bestimmt Fieber. Ich werde in der Schule anrufen und dich entschuldigen. Heute bleibst du im Bett!" Er verließ den Raum, zog sich an, telefonierte und rumorte in der Küche. „Das hätten wir geschafft", dachte ich zufrieden und spielte weiter den Kranken, als Vater mir das Frühstück ans Bett brachte. Leider gab es nur Pfefferminztee, aber ich machte gute Miene zum bösen Spiel und trank den scheußlichen Tee schluckweise hinunter. Plötzlich sah ich, dass Vater angestrengt nachdachte. Er ging und kam mit einem langen Tau wieder. „Was hast du vor?", fragte ich ihn. „Wart's nur ab, ich hab da so eine Idee für eine Krankenschaukel", erwiderte Vater. Ich war gespannt.

Übung A 19
S. 22
Fortsetzung

Vater befestigte kunstvoll das Tau an allen vier Beinen meines Bettes und, nun kam das Entscheidende, er hängte das Bett wie eine Schaukel an einen stabilen Haken in der Decke. War das eine feine Schaukel! Etwas erschöpft von dieser Anstrengung zog Vater sich einen Stuhl heran, nahm das große Abenteuerbuch und las mir eine tolle Geschichte vor, während er mich dabei ganz sanft schaukelte. Ich war begeistert, was er alles für mich tat, und bekam schon beinahe ein schlechtes Gewissen. Nur der Kopfwickel, den er mir wegen der Kopfschmerzen gemacht hatte, drückte ein wenig.

„So", sagte Vater bedeutsam nach einiger Zeit, „ich habe jetzt gleich noch einen wichtigen Termin. Du schläfst dich jetzt am besten gesund. Aber bleib bloß gut zugedeckt!" Mit freundlichem Winken verließ er mich. Ich hörte die Wohnungstür zuschnappen.

„Nun aber mal die Leistungsfähigkeit der neuen Schaukel ausprobiert, Stefan", sprach ich zu mir. Gesagt, getan. Ich stellte mich ins Bett, streifte den lästigen Kopfwickel ab und schaukelte nach Leibeskräften. Das Tau ächzte und stöhnte, doch es hielt. Ich trieb es immer toller. Das Bett flog höher und höher.

„Du bist ja gar nicht krank, du Lausebengel", hörte ich plötzlich Vater schimpfen, der unbemerkt das Zimmer betreten hatte. „Du wirst dich jetzt augenblicklich anziehen und dann sofort in die Schule gehen", rief er richtig wütend. Dabei griff er in die Seile und hielt das schaukelnde Bett an.

Vor Schreck war ich ganz blass geworden. Nun merkte ich, dass ich rot vor Scham wurde, weil Vater mich ertappt hatte. So schnell es ging, zog ich mich an und machte mich auf den Weg zur Schule.

Als er mich so kleinlaut davonschleichen sah, musste Vater fast schon wieder lachen.

Du hast sicher selbst eine gelungene Geschichte aufgeschrieben. Du weißt inzwischen, dass das folgende Beispiel einen Vergleich ermöglicht, nicht aber die einzige Lösungsmöglichkeit sein kann. Verwende den Text also zur Kontrolle deines eigenen!

Übung
A 20 + A 21
S. 23

A

Das spannende Buch

Vater und Mutter warten mit dem Essen, doch der Sohn fehlt noch. Mutter fragt: „Wo bleibt denn Peter so lange?" „Ich seh mal nach", sagt der Vater und geht in Peters Zimmer.

Dort findet er seinen Sohn. Peter liegt auf dem Boden und ist in ein Buch vertieft. „Hast du nicht gehört, dass wir essen wollen?", fragt der Vater etwas ärgerlich. „Nun aber marsch in die Küche!" Peter stapft in die Küche. Vater wirft einen neugierigen Blick auf das Buch.

In der Küche sitzen nun Mutter und Peter und warten. Mutter ist etwas ratlos. „Wo bleibt Vater denn nun?", seufzt die Mutter. „Schaust du bitte mal nach, Peter", bittet sie ihren Jungen. Peter stapft los. In seinem Zimmer findet er ihn endlich. Er liegt ausgestreckt auf dem Bauch und liest in Peters Buch. „Mit mir schimpfen, aber selbst in meinem spannenden Buch lesen und nicht zum Essen kommen! Das ist doch wohl die Höhe", sagt Peter spitz. „Mutter ist schon sehr wütend. Nun komm endlich!"

„Entschuldige, aber ich hatte noch etwas Dringendes zu erledigen", sagt Vater, als er mit Peter endlich zum Essen Platz nimmt.

Übung A 22 **S. 24**	a) *Auch hier gibt es eine Fülle von Lösungsmöglichkeiten.* Hast du daran gedacht, wie wichtig die Teile vor und zwischen den Bildern in einer erzählten Geschichte sind? Hat dein Text eine Einleitung, in der du den kleinen Jungen und die Ausgangssituation vorstellst? b) Hast du auch den vorgegebenen Schluss richtig angenommen und als „allwissender Erzähler" geschrieben? c) Der Schluss ist in der Vergangenheit als Zeitform geschrieben.
Übung A 23 **S. 24**	Möglich wären: – Die Folgen der Hilfsbereitschaft – Fünf Mützen im Baum – Da hilft nur noch die Feuerwehr *Selbstverständlich gibt es noch weitere gute Überschriften.*
Übung A 24 **S. 25**	1. Zwei Esel sind zwischen zwei Heuhaufen zusammengebunden. 2. Beide wollen zu ihrem Heuhaufen, behindern sich aber dadurch gegenseitig. 3. Sie ziehen immer stärker, kommen aber keinen Schritt voran. 4. Erschöpft sitzen sie voreinander. 5. Gemeinsam fressen sie den rechten Heuhaufen. 6. Anschließend fressen sie gemeinsam den linken Heuhaufen.
Übung A 25 **S. 26**	a) Das wäre ja noch schöner! Da könnte ja jeder kommen! b) Niemals!
Übung A 26 **S. 26**	*Wieder nur ein Muster zum Vergleich!* Zwei Esel waren inmitten eines Platzes zusammengebunden. Nun ergab es sich, dass an beiden Seiten des Platzes Futterhaufen aufgeschüttet waren, die die hungrigen Tiere anlockten. Eigensinnig und gierig strebten sie darauf zu, doch die Leine hinderte sie daran, ihr Ziel zu erreichen. Ihr Ziehen wurde immer heftiger. „Nun gib schon nach", forderte der eine. „Das denkst du dir so", erwiderte der andere. Sie legten sich so ins Zeug, dass sie nach hinten wild mit den Hufen ausschlugen. Nach kurzer Zeit waren sie so erschöpft, dass beide zu Boden mussten. Mit hängenden Köpfen und hängenden Zungen saßen sie voreinander. „Was machen wir nun?", fragte der eine verwirrt. „So geht es nicht", antwortete der andere nachdenklich. „Wie wär's aber", fuhr er fort, „wenn wir gemeinsam zuerst den einen und dann den anderen Haufen fräßen?" „Dagegen scheint nichts zu sprechen", willigte der erste ein. Gesagt, getan! Gemeinsam machten sie sich zuerst über den rechten Futterhaufen her und vertilgten anschließend genüsslich auch den linken.
Übung A 27 **S. 27**	*Grundsätzlich sind alle vier Überschriften geeignet.* a) Sehr allgemein. Nennt die Handlungspartner. b) Nennt Handlungspartner und Einstellung (Streit) zueinander. c) Ist eine Lehre oder Moral. Erwähnt die Esel nicht, auch nicht ihren Streit. d) Gibt die Entwicklung der Geschichte an. Nennt aber die nähere Handlung nicht.
Übung A 28 **S. 29**	Die Bildvorlage wird in Worte umgesetzt: a) bei Marco in den Zeilen 4–7; b) bei Lena in den Zeilen 10–12.

A

Erzählgerüst Text 2 (Lena):

Zeit: in der Jugend meiner Großmutter

Ort: die Wohnung meiner Großeltern

Personen: Großmutter, Großvater, wahrscheinlich damals um die 30, Großtante Helene. Tante Minna, zwei weitere nicht namentlich genannte weibliche Verwandte

Handlung: Vorbereitung zum Kaffeeklatsch, Maus springt Großvater in den Mund, bleibt im Hals stecken

Handlungsausgang: Großvater wird durch Tante Minnas Idee mit dem Käse gerettet

Erzählperspektive: Einleitungssatz: Ich-Erzähler, dann „allwissender" Erzähler. *Du siehst, es gibt auch Mischformen!*

Übung A 29
S. 30

In dem Text von Marco ist folgende Einteilung erkennbar:
a) Einleitung   – Zeile 1–2,
b) Hauptteil   – Zeile 2–11,
c) Schluss   – Zeile 12–13.

Übung A 30
S. 31

A

Folgende Begriffe (und auch andere) könntest du gefunden haben:
a) plötzlich, da, auf einmal, aus dem Nichts etc.
b) mit weit aufgerissenen Augen … blieb erstarrt stehen …, … zitterte am ganzen Leib … konnte es gar nicht glauben … etc.
c) Und was geschah dann? Ahnt ihr, was dann geschah? Wer/Was konnte das nur gewesen sein? Wie war ihm nur zu helfen? etc.

Übung A 31
S. 32/33

a) Lena hat in folgender Weise zusammengekürzt:
„… Inzwischen waren aber schon vier der eingeladenen Damen eingetroffen …"
b) Diese Streichung war richtig, weil der ursprünglich von Lena erarbeitete Text das Erzählen des eigentlichen Höhepunktes nur weiter hinausgeschoben hätte. Dadurch wäre ihre Erzählung sehr langatmig geworden. Wer in welcher Reihenfolge und mit welchen Begrüßungsformeln zum Kaffeeklatsch eintrifft, ist bei Lenas Erzählabsicht nebensächlich.

Übung A 32
S. 33

b) Mitteilungsabsicht	Marco schreibt:	Lena schreibt:
Die Frauen sind erschrocken.	Alle waren entsetzt.	Voller Entsetzen kreischten die Frauen auf … Großmutter war einer Ohnmacht nahe …
(deutet nur die Reaktion an; offen bleibt, wie sich das Erschrecken äußert)	(Entsetzen ist ein stärkerer Ausdruck)	(Weil sie entsetzt sind, kreischen die Frauen, Großmutter fällt vor Schreck fast in Ohnmacht. Hier wird anschaulich die Art und Weise und das Ausmaß des Schreckens beschrieben.)

Übung A 33
S. 34

Gischt, Wellen, Dünung, Brandung, Ebbe, Flut, Sturmflut, Strudel, schwere/stürmische/aufgewühlte See, …

Übung A 34
S. 36

Bö, Sturm, Orkan, heftiger/peitschender Wind, Aufwind, Wirbelwind, Wirbelsturm, Windhose, Zyklon, Tornado, Hurrikan, …

Übung A 35
S. 36

Auf einer Mittelamerikakarte siehst du mehr als auf einer Weltkarte!

Übung A 36
S. 36

<table>
<tr>
<td>Übung A 37
S. 36</td>
<td>Der Fischer als Ich-Erzähler kann lediglich erzählen, wie er mit den anderen das Schwein aus dem Meer fischte und an Bord versorgte. Die Herkunft des Schweins bliebe bei dieser Erzählperspektive ein Rätsel, denn der Fischer weiß ja selbst nicht, wo das Schwein herkommt.</td>
</tr>
<tr>
<td>Übung A 38
S. 36</td>
<td>Mit einem Trick kann man zwei Ich-Erzähler erzählen lassen. Etwa so:
Vor einiger Zeit erlebte ich beim Fischfang vor Florida etwas Merkwürdiges. Wir zogen ein Schwein aus dem Meer, das starke Verkrustungen aufwies. An Bord trank es zunächst Unmengen an Süßwasser, dann aß es ein Häppchen, bevor es in einen tiefen Schlaf fiel. Als es nach Tagen aus seinem Schlaf erwachte, erzählte es mir folgende wundersame Geschichte: „Ich war …
Der 1. Ich-Erzähler ist einer der Fischer.
Der 2. Ich-Erzähler ist das gerettete Schwein.</td>
</tr>
<tr>
<td>Übung A 39
S. 36</td>
<td>Die Regeln für das Anfertigen eine guten Erzählung kennst du ja mittlerweile ganz gut. Überprüfe noch einmal, ob du sie auch beachtet hast.
Du kannst deine Erzählung „testen", indem du sie jemandem vorliest. Bitte denjenigen um eine ehrliche Meinung.</td>
</tr>
<tr>
<td>Übung A 40
S. 40</td>
<td>Dann[1]: ist an dieser Stelle sinnvoll, könnte aber auch durch „Anschließend" oder „Darauf" ersetzt werden.
Dann[2]: ist an dieser Stelle überflüssig, weil der nächste Erzählschritt zwangsläufig erfolgt. Verbesserung: Er wollte Moritz packen …
Dann[3]: Kann durch einen genaueren Ausdruck ersetzt werden. Verbesserung: Schließlich …, Endlich …</td>
</tr>
<tr>
<td>Übung A 41
S. 40</td>
<td>Die folgende Erzählung dient als Vergleichsbeispiel. Deine eigene Erzählung kann in Einzelheiten abweichen, sollte jedoch einen ähnlichen Aufbau besitzen, falls du dich an Lenas Verbesserungsvorschläge gehalten hast.</td>
</tr>
</table>

Es war an einem sonnigen Nachmittag im März. Müde kam ich aus der Schule. Als ich in unsere Straße einbog, erblickte ich einen Feuerwehrwagen an unserem Gartenzaun.

„Nanu", dachte ich, „was wollen die denn dort?" Neugierig geworden rannte ich die letzten Meter bis zu unserem Grundstück.

Nun sah ich den Anlass. Hoch oben in der großen Fichte saß unser kleiner Kater Moritz und miaute kläglich. Er schien große Angst zu haben. Während die Feuerwehrleute ihre Vorbereitungen trafen, erzählte mir unsere Nachbarin, Frau Rebhuhn, dass sie die Feuerwehr angerufen habe. Vorher habe sie vergeblich versucht, den Moritz wieder vom Baum herabzulocken.

Inzwischen hatten die Feuerwehrleute ihren ungewöhnlichen Rettungseinsatz begonnen. Langsam fuhren sie die Leiter aus, bis sie die Spitze des Baumes erreichte. Dann kletterte einer der Männer behutsam hinauf. „Jetzt bist du bald erlöst", beruhigte er den Kater. Er wollte Moritz packen, doch der hatte panische Angst und klammerte sich verzweifelt und laut schreiend an den dünnen Zweigen fest. Aber schließlich gelangt es dem Mann nach einigem Zureden doch. Er ergriff Moritz im Nackenfell und legte ihn in seinen angewinkelten anderen Arm. Der Kater klammerte sich sofort fest. Dann stieg der Mann vorsichtig die Leiter hinab. Vor lauter Aufregung hatte ich mir fast die Lippe zerbissen. Nun atmete ich erleichtert auf. „Gehört dir diese Katze?", fragte mich der Mann nicht unfreundlich und zwinkerte mir zu. „Warum hast du ihr das Klettern noch nicht beigebracht?"

Moritz wollte sofort auf meinen Arm. „Es ist ein kleiner Kater", sagte ich und wurde ein wenig rot vor Verlegenheit. „Vielen Dank, dass Sie ihm geholfen haben!"

„Keine Ursache. Das war mal ein etwas freundlicherer Einsatz", sagte der Mann, der Moritz sicher zur Erde gebracht hatte. „Heute Abend werde ich noch mal deine

Eltern anrufen. Mach's gut und bringt ihm bloß endlich das Klettern bei, sonst müssen wir jeden Tag kommen!" Die anderen lachten, winkten freundlich und fuhren ohne Blaulicht und Sirene ab.

Moritz schnurrte inzwischen behaglich in meinen Armen.

Mein Vater erklärte mir abends, dass Moritz tatsächlich das Klettern erst richtig lernen müsse. Wir haben in einem Katzenbuch nachgesehen. Die Krallen sind so gebaut, dass Katzen nur im Rückwärtsgang Bäume auch wieder herunterklettern können. Inzwischen kann er es.

Das war sicher ein ungewöhnlicher Feuerwehreinsatz.

Übung A 41
S. 40
Fortsetzung

a) vorwiegend informierende Überschriften: 1., 3., 5.
   vorwiegend neugierig machende Überschriften: 2., 4., 6., 7., 8.
b) Setze deine Überschrift als Titel vor die Erzählung, falls du nicht selbst bereits eine viel bessere gefunden hast!
c) Am wenigsten passt die Überschrift 6. **„Eine schöne Bescherung".**
   Von Bescherung in übertragenem Sinn spricht man, wenn einem ein Schaden zustößt oder etwas anderes Unangenehmes. Das trifft jedoch auf diese Erzählung kaum zu.

Übung A 42
S. 41

A

Hast du zehn Themen gefunden, über die du schreiben könntest? Vielleicht hat dich deine eigene gelungene Erlebniserzählung angespornt, noch weitere zu schreiben? Dann nimm dir ruhig die Zeit. Du könntest zum Beispiel ein eigenes Buch mit einzelnen Erzählungen verfassen. Unter Umständen könntest du, falls du auch noch ein wenig zeichnen kannst, deine Geschichten illustrieren. Jedenfalls solltest du so viel wie irgend möglich üben. Das schult nicht nur deine Fähigkeit im Erzählen, sondern ebenfalls deine schriftliche Ausdrucksfähigkeit.

Übung A 43
S. 42

a) Einleitung: Zeile 1–3
b) Hauptteil: Zeile 4–29
c) Schluss: Zeile 30–33

Übung A 44
S. 45

Die Hinweise, die den Affen verraten, ohne dass die Bezeichnung fällt, sind:
„...turnte von Baum zu Baum... sammelte Bananen... sprang von Ast zu Ast... benutzte eine herabhängende Liane..."

Übung A 45
S. 45

Die Erzählerin hätte mit diesem Anfang vorweg zu viel verraten. Auf die andere Weise muss der Leser/Zuhörer lange rätseln, bis er weiß, wer überhaupt erzählt. Damit erwartet die Schreiberin der Geschichte, dass Zuhörer oder Leser sich in ihren Text hineindenken. Auf diese Weise fesselt sie die Aufmerksamkeit.

Übung A 46
S. 45

Das „helle Trompeten" deutet bereits einen kleinen, fröhlichen Elefanten an. Aber wieder muss der Zuhörer/Leser dabei mitdenken und sich fragen, wer oder was denn überhaupt diese Geräuschquelle sein könnte, bis er dann später die Lösung erfährt.

Übung A 47
S. 45

Auch für diese Geschichte bietet sich wieder die Selbstkontrolle an. Lies deine Erzählung jemandem vor oder gib sie ihm zu lesen. Sprich mit deinem Zuhörer oder Leser über deinen Text. Verbessere ihn gegebenenfalls selbstständig.

Übung A 48
S. 46

Übung A 49 **S. 46**	*Eines von vielen möglichen Erzählgerüsten:* 1. Als ich nachts um halb eins ein spannendes und gruseliges Buch las, gab es plötzlich einen Stromausfall. 2. Ich ging bei Kerzenlicht nach unten, um die Sicherung einzuschalten, da sah ich an der Wand den Schatten meiner Oma – mit einem großen Küchenmesser in der erhobenen Hand. 3. Als sie im Vorratskeller stand, schlafwandelnd, und Stück um Stück von meiner leckeren Geburtstagstorte aß, und ich auch ein Stück essen wollte, wachte ich auf.
Übung **A 50–A 52** **S. 47**	*Hier gibt es viele Möglichkeiten, eine gute Geschichte zu schreiben. Hast du auch alle Wörter gut eingebaut?*
Übung A 53 **S. 49**	Der Granitblock verliert die Fähigkeit zu gehen. Ins Kino ist er noch gekommen, seine fünf Plätze hat er noch einnehmen können, doch nach seinem Sturz in den Keller muss er mit einem Lastwagen in den Park zurückgebracht werden.
Übung A 54 **S. 49**	Sie gehen einem auf die Nerven und können einem leicht die beste Laune verderben. Sie wirken ausgesprochen albern.

Übung A 55
S. 49
	a) Mülltonne:
	   Plastik oder Zinkblech, kann rollen, großer Deckel, verschluckt viel Unrat…
	b) Rasenmäher:
	   Motor, brummt, tuckert, röhrt, rasselt, sirrt, schneidet, mäht, bleibt stecken…
	c) Verkehrsampel:
	   dreifarbig, leuchtet, blinkt, aus Metall und Glas, Schaltrelais, Druckknopf für Fußgänger…
	d) Blautanne:
	   spitz zulaufend, bläuliche Nadel, harzig, duftend…

Übung A 56
S. 50
	Was schon ganz gut gelungen ist:
	• Lena, du hast dir eine gute Situation bzw. Rahmenhandlung ausgedacht. Diese Situation gibt den beiden Gegenständen Anlass zu streiten.
	• Du findest auch gute Argumente, die jeder Gegenstand gegen den anderen vorbringt.
	• Viel wörtliche Rede ist hier genau richtig.
	
	Was du noch besser machen könntest:
	– Die Einleitung erzeugt nicht gerade die Aufmerksamkeit des Lesers: entweder eine spritzigere Einleitung oder auf eine Einleitung verzichten (s. u.)
	– Die Einleitung ist im Präsens geschrieben, der Hauptteil im Präteritum. Dieser Tempuswechsel sollte nicht sein; wenn du dich einmal für eine Zeitform entschieden hast, bleibe dabei!
	– Die Verben der Redeeinführung kannst du noch besser einsetzen.
	   Erstens: Achte auf mehr Vielfalt der Verben.
	   Zweitens: Ergänze an einigen Stellen auch mal ein Adjektiv (störrisch, verärgert etc.), damit klarer wird, in welcher Stimmung die beiden miteinander reden.
	– Der Schluss könnte auch besser sein: eine überraschende Wendung, ein abschließender Satz o. Ä.

A

Lenas überarbeitete Version: **Der Fernsehapparat und das Buch**

Übung A 56
S. 50
Fortsetzung

„Mir langt es jetzt!", rief das Buch, das auf dem Wohnzimmertisch aufgeschlagen herumlag, dem Fernsehapparat entgegen. „Seit zwei Wochen liege ich hier schon, ohne dass eine Seite in mir auch nur ausgelesen worden wäre, und das nur wegen dir." Dem Fernsehapparat gefiel diese Attacke ganz und gar nicht, zumal er ausnahmsweise Feierabend hatte: Es war mitten in der Nacht, er war ausgeschaltet und genoss seine Ruhe. „Was habe ich damit zu tun, wenn du nicht spannend genug bist, du langweiliges Buch?", entgegnete er missmutig. „Lass dich doch neu schreiben, als Krimi- oder Gespenstergeschichte." –

„Was weißt du denn schon davon, du Flimmerkiste, siehst du denn nicht mal deine eigenen Nachrichten? Ich habe noch letzte Woche einen Preis der Leseförderung gewonnen. Das sagt doch alles über meine Qualität!" „Herzlichen Glückwunsch", sagte der Fernsehapparat spöttisch, „dann wird die kleine Lena dich sicher noch lesen, früher oder später." Das Buch war davon weniger überzeugt: „Aber nicht, wenn du ihr ständig etwas vorflimmerst: Game- und Talkshows, Spielfilme und Kinderserien den ganzen Tag und auf allen Kanälen." Der Fernseher fühlte sich doch langsam auf den Schlips getreten: „Was kann ich dafür, anscheinend hat Lena mit mir mehr Spaß. Was hast du auch schon zu bieten? Bleiwüsten schwarz auf weiß, keine Musik, vor allem keine Bilder." Da war das Buch ganz anderer Meinung: „Ich hab zwar keine Bilder in mir, aber Lena in ihrem Kopf, wenn sie mich liest. Phantasie nennt man das, mein Junge, ist für dich wohl ein Fremdwort!" – „Und," setzte der Fernseher entgegen, „liest sie auch zusammen mit ihren Eltern und ihrem Bruder in dem Buch und unterhalten sie sich danach darüber? Kann ich mir nicht vorstellen. Bei mir kommt die Familie noch zusammen, gemeinsam schauen sie, informieren sich, lachen..." „...und schweigen", fiel ihm das Buch ins Wort. „Wer redet denn noch miteinander, wenn man ständig vor der Kiste hängt?" „Wer ein Buch liest, redet aber auch nicht, mein Lieber", gab der Fernseher zurück. – So ging es eine ganze Zeit hin und her, bis sie die Lust zu streiten verloren.

„Woher weißt du denn überhaupt, dass du einen Preis gewonnen hast?", fragte der Fernseher. „Na ja, ich liege hier ja auch den ganzen Tag herum und sehe schon auch mal bei dir zu", gab das Buch zu, „es ist ja auch manchmal bei dir ganz interessant". „Pass auf", sagte der Fernseher versöhnlich, „ich wollte schon lange mal wieder ein gutes Buch lesen. Wie wär's mit dir?" – „Okay", erwiderte das Buch, „und bei dir, läuft da gerade etwas Interessantes auf einem Kanal?" –

Und so kam es, dass am nächsten Morgen die verwunderte Lena das aufgeschlagene Buch vor dem laufenden Fernseher fand und spürte, dass irgendetwas anders war als sonst.

a) Merkmale für den **Fernseher**
verschiedene Sendungen: Game- und Talkshows, Spielfilme und Kinderserien
die Programme laufen vielfach den ganzen Tag
es gibt zahlreiche Kanäle
viel Musik, viele Bilder
Ein Fernseher hat in der Regel einen festen Platz.
Einen Fernseher schaltet man ein und aus.
Er flimmert.
Fernsehen allein oder zu mehreren, Verhalten der Zuschauer vor dem Fernseher.

Übung A 57
S. 51

b) **Buch**
Ein Buch ist meist schwarz auf weiß gedruckt. Man liest es meist für sich allein.
Beim Lesen entstehen Vorstellungen und Bilder im Kopf der Leser.
Man kann es überall hinlegen.
Man kann ein Buch jederzeit beginnen, unterbrechen oder abbrechen.
allein, Phantasie gebrauchen, überall lesbar, jederzeit lesbar, zurückblättern

Übung A 58
S. 51

Das Buch liegt auf dem Wohnzimmertisch, und zwar ungelesen. Das kommt oft auch in der Wirklichkeit vor, da der Fernsehapparat die Aufmerksamkeit auf sich lenkt. Buch und Fernseher sehen sich hier als Widersacher um die Aufmerksamkeit Lenas. Auch der Zeitpunkt des Gesprächs, nachts, ist gut gewählt, da die Menschen schlafen, Buch und Fernseher ihnen nicht zur Verfügung stehen müssen und sich ungestört streiten können.

Übung A 59
S. 51

Mögliche Merkmale:

Computerspiel:
– kann man auch im Haus spielen; kann man auch spielen, wenn es regnet; es macht tolle Geräusche und hat aufregende Bilder; man kann seine Geschicklichkeit trainieren; man braucht eine aufwendige Ausrüstung, um spielen zu können (Computer etc.); man kann mit vernetzten Computern aufregend zu mehreren spielen; viele Computerspiele sind voller Gewalt; man bekommt Kopfschmerzen und Haltungsschäden, wenn man ständig vor dem Bildschirm sitzt;…

Fußball:
– man kann im Freien damit spielen; viele Menschen können zusammen spielen; man kann auch hier seine Geschicklichkeit trainieren; man braucht nichts außer dem Fußball und etwas Platz; man wird schmutzig beim Spielen und kann sich verletzen; manchmal schießt man Fensterscheiben kaputt; aus einem Fußball kann die Luft entweichen, er kann kaputtgehen;…

Auch bei dieser Aufgabe gibt es unendlich viele Möglichkeiten, eine Geschichte zu erfinden. Wenn du deine Geschichte beurteilen und verbessern möchtest, dann vergleiche sie mit den Merksätzen im Kapitel A und mit der Übung A 56.

Lösungen Teil B

Übung B 1
S. 54

Original	Inhaltsangabe
a) recht lang	erheblich kürzer
b) ausschmückend,	sachliche Sprache,
viele Attribute (viele Adjektive),	Beschränkung auf die notwendigen Adjektive,
viele Bindewörter (Konjunktionen),	Verwendung vor allem von begründenden und folgernden Konjunktionen
z. T. veraltete Ausdrucksweise	
c) Wechsel Präsens/Präteritum	ausschließlich Präsens
d) Verwendung der wörtlichen Rede	nur indirekte Rede

Übung B 2
S. 55

a) …die Luft so heiter, der Himmel so blau sei und weil sogar schon der Apfelbaum blühte und die Bienen so munter seien.

b) Diese Ausführungen sind nur nähere Erläuterungen zu dem Hof und dem schönen Wetter. Der Leser der Inhaltsangabe benötigt diese Ausschmückungen nicht, um die Handlung richtig zu verstehen. Aber: Das sagt nichts über den Schwank von Hebel aus, dort haben diese Ausschmückungen eine andere Funktion.

Übung B 3
S. 56

a) Sie entsprechen beide nicht der Regel, dass eine Inhaltsangabe kurz und sachlich informieren soll.

b) Schülerin C schreibt über den Herrn in einer Art, die weder sachlich noch kurz ist, sondern die Gefühlslage des Herrn überaus ausschmückt: Er ballt die Faust… finsteren Blick zuwirft.

Schüler D bringt zahlreiche eigene Vermutungen mit in seine Inhaltsangabe hinein, die dort nicht hingehören: Vielleicht… vorwitzig ist.

Einleitung:

In dieser Fabel erzählt Babrios, wie ein Mann in einer Notsituation von seinem Freund allein gelassen wird und welche Lehre dieser daraus zieht.

Übung B 4
S. 58

Ursachen:	Folgen:
1. weil Versprechen, sich immer zu helfen	gemeinsames Wandern
2. weil plötzlich ein Bär vor ihnen steht	einer will kämpfen, der andere flüchtet auf einen Baum
3. weil allein gelassen	Zuflucht zu einer List: stellt sich tot
4. Bär kommt, weil der Mann sich aber nicht rührt und den Atem unterdrückt und weil Bären Tote nicht anrühren	Bär hält ihn für tot und trottet davon
5. weil Bär außer Sicht	kommt der „Flüchtling" vom Baum
6. weil der Bär am Kopf des anderen geschnüffelt hatte	glaubt der andere, der Bär habe ihm etwas zugeflüstert
7. Frage danach	„Einen guten Rat gab er mir"
8. Man soll sich niemanden zum Freunde nehmen, der einen in der Not im Stich lässt.	

B

a) deshalb, weil, wegen

Übung B 5
S. 60

oder, sowie, deswegen, da, denn, also, aber, jedoch, so dass, damit, obwohl etc.

Übung B 6
S. 60

In dieser Fabel erzählt der griechische Schriftsteller Babrios, wie ein Mann in einer Notsituation von seinem Freund im Stich gelassen wird und welche Lehre dieser daraus zieht.

Übung B 7
S. 60

Zwei Freunde wandern den gleichen Weg, weil sie sich versprochen haben, einander immer zu helfen. In einem Wald steht plötzlich ein Bär vor ihnen, was den einen veranlasst, sich dem Kampf zu stellen, den anderen, rasch auf einen Baum zu flüchten. Weil der Mutigere von beiden allein keine Möglichkeit sieht, den Bären zu besiegen, stellt er sich tot, weil er weiß, dass Bären Tote nicht anrühren. Die List hat Erfolg, denn der Bär entfernt sich, nachdem er an dem angeblich Toten geschnuppert hat.
Der feige Freund kommt vom Baum, weil die Gefahr vorbei ist. Da aber der Bär am Ohr des anderen geschnüffelt hat, glaubt der Feige, der Bär habe dem Freund etwas zugeflüstert. Auf seine Frage antwortet der enttäuschte Weggefährte, dass er den Rat vom Bären bekommen habe, sich keine Freunde zu wählen, die ihn in der Not im Stich ließen.

Oder:

In dieser Fabel wird von einem Mann berichtet, der in der Not von seinem Freund im Stich gelassen wird und daraus eine Lehre zieht.
Als nämlich beide im Wald einem Bären begegnen, flüchtet der eine auf den nächsten Baum, während der andere, allein gelassen, sich tot stellt. Er weiß, dass Bären Toten nichts tun. Der Bär beschnuppert ihn und trollt sich. Als die Gefahr vorbei ist, kommt der Feigling zurück und fragt, was der Bär dem Freund zugeflüstert habe, als er ihn am Ohr beschnupperte. Der Enttäuschte antwortet, der Bär habe ihm geraten, sich keinen Freund auszuwählen, der ihn in der Not im Stich ließe.

Ihr erfahrt nicht, wie der Autor und der Titel des Buches heißt. In diesem Beispiel: Ranka Keser: Ich bin eine deutsche Türkin.

Übung B 8
S. 60

| Übung B 9 S. 61 | a) Version **A** stammt aus der **Inhaltsangabe**. Version **B** aus der **Nacherzählung**. |

Übung B 9
S. 61

a) Version **A** stammt aus der **Inhaltsangabe**. Version **B** aus der **Nacherzählung**.

b) Version **A** verzichtet auf wörtliche Rede, ist im Präsens geschrieben und verzichtet auf Ausschmückungen, ist daher recht sachlich.
Version **B** verwendet die wörtliche Rede, ist im Präterium geschrieben und verwendet einige Ausschmückungen (z. B.: und blickt ihn mit durchdringenden Augen an).

Übung B 10
S. 62

Informationen in den Strophen:
1. Vater reitet mit krankem Kind im Arm durch die Nacht.
2. Sohn hat Angst und sieht eine Erscheinung, der Vater beruhigt ihn.
3. Kind hört die Stimme der Erscheinung (die es Erlkönig nennt), sie lockt den Sohn zu ihm zu kommen.
4. Vater kann die Stimme nicht hören, erklärt sie mit Blätterrauschen.
5. Die Stimme lockt das Kind erneut.
6. Das Kind sieht Mädchengestalten, die der Vater mit Umrissen von Bäumen erklärt.
7. Kind hört die Stimme wieder, die jetzt droht; es glaubt angefasst zu werden.
8. Der Vater reitet – nun auch angsterfüllt – noch schneller. Doch als er erschöpft zu Hause ankommt, ist sein Kind tot.

Übung B 11
S. 64

Wieder solltest du genau prüfen, ob du die Regeln für eine informative Inhaltsangabe beachtet hast.
Hast du auch alle sachlichen Informationen (aus Übung B 10) in deiner Inhaltsangabe untergebracht?

Übung B 12
S. 64/65

a) Goethe will den Leser/Hörer hautnah und unmittelbar am Schicksal der Beteiligten Anteil nehmen lassen.
Er beschreibt die Angstträume des Kindes und das Grauen des Vaters deshalb so intensiv, damit man diese Situation nachempfinden kann.
Diese Gefühle gehen in der sachlichen Wiedergabe einer Inhaltsangabe verloren.

b) Inhaltsangaben sind dann sinnvoll, wenn sie der Information dienen. Sie sollten aber vielleicht doch „Appetit" machen, den Originaltext zu lesen, eben damit die Absicht eines Autors nicht verloren geht!

c) Das kommt ganz auf den jeweiligen Zusammenhang an – Verwendungszweck –!
Siehe dazu: Ziele der Inhaltsangabe; Ziele der Nacherzählung.
Aber: *Man kann Gedichte auch ausdrucksvoll vortragen, entweder vorlesen oder vorher auswendig lernen!*

Übung B 13
S. 66

a) – der Ich-Erzähler (Autor)
– seine Eltern
– der Bekannte Fritz W.
b) im Elternhaus des Autors
c) – als der Autor noch Schüler war
– an einem Tag, an dem es Versetzungszeugnisse gab

Übung B 14
S. 66

– Ich kam mit schlechtem Schulzeugnis heim.
– Ich wagte mich lange nicht nach Hause.
– Bei meiner Ankunft saß Fritz W. bei den Eltern.
– Ich reichte Mutter mein Zeugnis.
– Fritz W. nahm es schnell an sich.
– Er begann schallend zu lachen.
– „Nicht versetzt", rief er.
– Er zog mich an sich und schlug mir auf die Schultern.
– „Nicht versetzt, genau wie ich", rief er.
– Die Gefahr war vergangen.

- Eltern konnten mir nichts mehr vorwerfen,
- da Fritz W. ein tüchtiger und erfolgreicher Mann
- Er hatte alle Schuld von mir genommen.

Übung B 14
S. 66
Fortsetzung

a) Präsens
b) keine wörtliche Rede
c) keine ausschmückenden Attribute
d) Satzgefüge, in denen Ursachen und Folgen zum Ausdruck kommen
e) abwechslungsreicher sprachlicher Ausdruck
f) als Einleitung eine Zusammenfassung der Erzählung möglichst in einem Satz
g) Die Antworten der W-Fragen gleich zu Beginn geben.

Übung B 15
S. 67

Lösungsvorschlag – es gibt aber auch andere Lösungen, z. B. deine!!
Peter Weiss beschreibt in seiner Erzählung „Nicht versetzt", wie er einmal während seiner Kindheit mit einem Zeugnis heimkommt, in dem steht, dass er nicht versetzt wird und wie ihn zu Hause ein Bekannter der Eltern „rettet".
Der Autor kommt angsterfüllt als Schüler nach Hause, wo gerade Fritz W. zu Besuch bei den Eltern weilt. Als dieser das Zeugnis sieht, bricht er in schallendes Gelächter aus. Er zieht das Kind an sich, klopft ihm auf die Schultern und ruft vergnügt aus, dass er als Schüler auch sitzen geblieben sei, aber viermal. Die Eltern können daraufhin dem Sohn keine Vorwürfe mehr machen, da Fritz W. dennoch ein tüchtiger und erfolgreicher Mann geworden ist. So entgeht der Autor der erwarteten elterlichen Strafe.

Übung B 16
S. 67

B

a) Jules Verne
b) Reise um die Erde in achtzig Tagen
c) Phileas Fogg, der Diener Passepartout, ein Polizist
d) von England ausgehend in östlicher Richtung rund um die Erde
e) in der Mitte des vorherigen Jahrhunderts
f) Fogg schließt eine Wette ab, in 80 Tagen um die Erde zu reisen,
  er beginnt dieses Abenteuer mit seinem Diener,
  wird von einem Polizisten verfolgt,
  wird am Ende von diesem verhaftet,
  kommt dadurch zu spät, was sich aber als Irrtum herausstellt,
  da er in östlicher Richtung die Datumsgrenze überschritten hat und so einen Tag „früher" wieder in England war. So hat er die Wette gewonnen.
g)–k) Wenn du alle Fragen mit „Ja" beantworten konntest, dann bist du der Meinung, dass alle Regeln in dieser Inhaltsangabe beachtet wurden.

Übung B 17
S. 67/68

Hatte dein Zuhörer noch viele Fragen zu deinem Lieblingsbuch? An den Stellen, an denen er nachgefragt hat, war deine Inhaltsangabe nicht informativ genug.

Übung B 18
S. 69

a) Funktion des Gezeitenkraftwerkes von Saint Malo.
b) Die Turbinen sind mit verstellbaren Schaufeln ausgestattet, die es ermöglichen, bei jeder Laufrichtung des Wassers Strom zu erzeugen.
c) Siehe im Text genau nach!
d) Folgende Zeilen im Text sind für den Gesamtzusammenhang sehr wichtig:
  2, 3, 6, 8, 9, 10, 11, 15, 16, 21, 22, 24, 25, 30, 31, 33, 34, 35, 36, 37, 38, 40, 41, 42.

Übung B 19
S. 71

Hast du den schwierigen Text klar und verständlich zusammenfassen können?
Alle Achtung, das ist eine beachtliche Leistung!

Übung B 20
S. 71

Übung B 21 **S. 72**	a) ja b) Z. 6–15: Als ich … verlangende Blicke an. (Hier beschreibt der Autor ganz persönliche Eindrücke um die Weihnachtsfeiertage.) Z. 24–25: Als ich … traute ich meinen Augen nicht. (Hier schmückt der Autor seine große Verwunderung über den Anblick, den er in den nächsten Sätzen beschreibt, aus.)

Übung B 22 **S. 73**	– ausländische Zahlungsmittel – verboten – Gottesdienstgegenstände – Innenstadt – Gegensatz zur christlichen Seite, die abgelehnt wurde – Die russische Oktoberrevolution von 1917 stürzte die bürgerliche Regierung und begründete die bolschewistische Herrschaft in Russland (Lenin).

B

Übung B 23 **S. 74**	1. Abschnitt: Zeile 1–5 2. Abschnitt: Zeile 6–15 3. Abschnitt: Zeile 16–23 4. Abschnitt: Zeile 24–30 5. Abschnitt: Zeile 31–37

Übung B 24 **S. 74/75**	a) **was?** **wann?** **warum?**	das Verbot des Weihnachtsbaumes Oktoberrevolution von 1917 (im 19. Jh. noch erlaubt) Kultgegenstand
	b) **wie lange?**	bis 1935
	c) **was?** **wann?** **worüber?** **was?** **warum?**	Zeitungsnotiz nach den Weihnachtstagen 1935 keine „Neujahrsbäume" auf den Märkten Moskaus Weihnachtsbäume (Tannenbäume) sind wieder erlaubt, aber als Neujahrsbäume weil die Russen den Sinn solcher Zeitungsnotizen verstehen – weil sie zwischen den Zeilen lesen können
	d) **was?** **woher?** **wohin?** **wo noch?** **wie?** **weshalb?**	Hunderttausende von Tannenbäumen werden auf Schlitten gebracht aus der Umgebung von Moskau nach Moskau hinein in den anderen Städten der Sowjetunion die Bevölkerung stürmt die Schlitten weil sie sich nach diesem Brauch zurücksehnt
	e) **was?** **warum?** **was?**	in der Silvesternacht 1935 stehen Millionen von geschmückten Tannenbäumen in der Sowjetunion, mehr als vor 1917 Rücksicht auf die Weihnachtsgefühle der Menschen die Verlagerung der (erlaubten) weltlichen Seite des Weihnachtsfestes auf Neujahr

Übung B 25 **S. 76**	wer? was? welcher? wann? wie? warum? wie viel? wie lange? wieso? wofür? wozu? womit? wodurch? wobei? wovon? woran? worüber? worum? worauf? wo? wohin? woher? weshalb? weswegen?

So etwa könnte die Inhaltsangabe des Textes von Klaus Mehnert lauten:

Übung B 26
S. 76

Der Autor Klaus Mehnert erzählt in dem vorliegenden Text, wann und unter welchen Umständen der so genannte „Neujahrsbaum" in der Sowjetunion eingeführt wurde.

Während der Weihnachtsbaum im 19. Jahrhundert in Russland heimisch war, wird er nach der Oktoberrevolution von 1917 als Kultgegenstand verboten. Im Jahre 1935 steht nach den Weihnachtstagen plötzlich eine Notiz in den Zeitungen, dass es keine Neujahrsbäume auf den Moskauer Märkten gebe. Eine solche Meldung bedeutet für die im Zeitunglesen geübten Russen nichts anderes, als dass die Weihnachtsbäume wieder erlaubt sind, doch dass sie jetzt Neujahrsbäume heißen. Bereits am nächsten Tag werden Hunderttausende von Tannenbäumen mit Schlitten auf den Weg nach Moskau gebracht. Bevor die Schlitten das Zentrum erreichen, werden die Bäume den Händlern aus den Händen gerissen. In den anderen sowjetischen Städten spielt sich Ähnliches ab. In der Silvesternacht 1935 stehen mehr geschmückte Tannenbäume im Land als jemals vor der Revolution. Der Staat hat sich entschlossen, die Weihnachtsgefühle der Menschen zu berücksichtigen und die weltliche Seite des Festes den Menschen „zurückzugeben". Allerdings verlegt man alles auf Neujahr; so entsteht der Neujahrsbaum.

Abschnitt 1:
Wir können das Vokabular einiger Tierarten verstehen und auch selbst zu den Tieren sprechen, wenn wir die körperlichen Möglichkeiten haben.

Übung B 27
S. 79/80

Abschnitt 2:
Man kann sich dabei auch „versprechen", wie der Autor mit einem Beispiel belegt: Sein Freund redete bei Filmaufnahmen Stockenten aus Versehen auf „Graugänsisch" an; als er sich dann auch noch mitten im „Satz" verbesserte, wirkte dies sehr komisch.

Abschnitt 3:
Die Tiere haben keine eigentliche Sprache, sondern eine angeborene Fähigkeit, eine Reihe von Zeichen (Bewegungen und Laute) auszusenden und auch zu verstehen bzw. zu beantworten.

Abschnitt 4:
Die tierische Verständigung hat mit der menschlichen keine Ähnlichkeit, auch eine absichtliche Beeinflussung findet nicht statt.

Abschnitt 5:
Beispiel für die Aussage im Abschnitt 3.

Abschnitt 6:
Das menschliche Gähnen ist ein vergleichbar unbewusstes, zwangsläufiges mimisches Zeichen.

Abschnitt 7:
Der Sende- und Empfangsapparat zur Übertragung von Gefühlen und Erregungen ist älter als die Menschheit. Er hat sich beim Menschen zurückentwickelt, da er ja sagen kann, was ihn bewegt.

Abschnitt 8:
Da den Tieren die Sprache fehlt, ist der Apparat bei ihnen natürlich besonders entwickelt.

Abschnitt 9:
Alle Ausdruckslaute der Tiere sind nicht mit der menschlichen Sprache vergleichbar, sondern angeborene und unbewusst (instinktiv) verwendete Zeichen der Stimmungsäußerung.

B

Übung B 28 **S. 80**	Konrad Lorenz berichtet davon, wie sich nicht nur Tiere untereinander, sondern auch Menschen mit Tieren verständigen können.	Titel fehlt.
	Er sagt, dass alle Menschen das Vokabular einiger Tierarten verstehen und auch selbst zu den Tieren sprechen können.	Zu ungenau: es fehlt die Einschränkung, dass die körperlichen Voraussetzungen da sein müssen.
	Lorenz erwähnt ein Beispiel, wie man sich dabei auch versprechen kann. Für Filmaufnahmen von Stockenten und Graugänsen **zog er mit einem Freund durch die Auen der Donau und sie kamen an einen wunderschönen, malerischen Platz.** Da passiert diesem Freund, dass er die Enten auf Graugänsisch angeredet hat. Wie er sich mitten im Satz verbessert, wirkte auf Lorenz sehr komisch, **der sich wohl kaum noch halten konnte vor Lachen.** Er sagte: „Rang – angang, ran, ah, will sagen, Quähg, gegegeg – quahg, gege…"	ist unwesentlich Ausschmückung wörtliche Rede
	Die Tiere haben keine eigentliche Sprache wie die Menschen, sondern eine angeborene Fähigkeit, einen ganzen **Signalkodex** zu verwenden.	schwierigen Begriff übernommen, Aussage hier unklar
	Die tierische Verständigung hat aber mit der menschlichen keine Ähnlichkeit.	Es fehlt die Ursache für diese Behauptung (keine Absicht der Tiere).
	Auch in der menschlichen Verständigung gibt es solche Zeichen, z. B. wenn jemand gähnt.	Das Beispiel ist unvollständig und somit nicht verständlich.
	Der Sende- und Empfangsapparat zur Übertragung von Gefühlen und Erregungen war älter als die Menschheit. Er hatte sich beim Menschen zurückentwickelt, da er ja sagen konnte, was ihn bewegt. Da den Tieren die Sprache fehlt, ist dieser Apparat bei ihnen besonders ausgebildet. Alle Ausdruckslaute der Tiere sind nicht mit der menschlichen Sprache vergleichbar, sondern nur angeborene und unbewusste Stimmungsäußerungen.	Hier ist er ins Präteritum gewechselt. Die Zeitform, die er verwenden sollte, ist das Präsens.

Übung B 29
S. 81

So könnte deine Inhaltsangabe aussehen. Natürlich gibt es auch andere Möglichkeiten:

Konrad Lorenz berichtet in dem Text „Tiersprache" davon, wie sich nicht nur Tiere untereinander, sondern auch Menschen mit Tieren verständigen können.
Er führt aus, dass alle Menschen das Vokabular einiger Tierarten verstehen und auch selbst zu den Tieren sprechen können, sofern die körperlichen Voraussetzungen bei den Menschen und die Bereitschaft bei den Tieren vorhanden sind.
Lorenz erwähnt ein Beispiel, wie man sich dabei auch „versprechen" kann. Während Filmaufnahmen von Stockenten und Graugänsen passierte es seinem Freund, dass er die Enten auf Graugänsisch angeredet hat. Wie dieser sich mitten im Satz verbesserte, wirkte auf Lorenz komisch.
Die Tiere haben keine eigentliche Sprache wie die Menschen, sondern eine angeborene Fähigkeit, eine Reihe von Lauten und Bewegungen als Zeichen auszusenden und zu empfangen bzw. zu beantworten.

B

Die tierische Verständigung hat aber mit der menschlichen keine Ähnlichkeit, auch weil der erstgenannten keine Absicht zugrunde liegt.

Das gilt auch für Graugänse, Stockenten und Dohlen.

Auch in der menschlichen Verständigung gibt es vergleichbare Zeichen, z. B. führt das Gähnen einer Person meist dazu, dass eine andere Person unbewusst das Gähnen nachmacht.

Der Sende- und Empfangsapparat zur Übertragung von Gefühlen und Erregungen ist älter als die Menschheit. Er hat sich beim Menschen zurückentwickelt, da er ja sagen kann, was ihn bewegt. Da den Tieren die Sprache fehlt, ist dieser Apparat bei ihnen besonders ausgebildet.

Alle Ausdruckslaute der Tiere sind nicht mit der menschlichen Sprache vergleichbar, sondern nur den angeborenen und unbewussten Stimmungsäußerungen des Menschen, wie neben dem Gähnen das Lächeln oder das Stirnrunzeln.

Übung B 29
S. 81
Fortsetzung

B

a) Mit „Intelligenz", was sie bedeutet, wie sie erklärt wird und wie man sie fördern kann.

b) Ergebnis in den Zeilen 45–53: Intelligenz besteht aus vielen Fähigkeiten. Dass diese sich richtig entwickeln können, dafür müssen alle Leute sorgen, z. B. indem erst einmal die Schulsituation verbessert wird.

Übung B 30
S. 83

Die Textstellen sind wichtig, ohne die der Sinn des Textes nicht verständlich ist.

**Übung
B 31 a) + b)
S. 83/84**

Zeile 19–23: Wer bestimmte Fragen in I-Tests nicht beantworten kann, ist nicht dümmer, da die Tests oft nur die Allgemeinbildung messen.

Zeile 23–31: Problem: bei Intelligenztests schneiden die besser ab, die zu Hause bessere Möglichkeiten haben Allgemeinbildung zu erwerben.

Zeile 32–40: Umwelteinflüsse sind an der Entwicklung der Intelligenz erheblich beteiligt; da an den Erbanlagen nichts zu ändern ist, muss die Umwelt so beeinflusst werden, dass die Intelligenzentwicklung eines jeden Menschen so gut wie möglich gefördert wird.

Zeile 40–43: Das Gerede von Intelligenz oder Dummheit ist nicht so wichtig, es kommt allein darauf an, wie ein Schüler mit seinem Leben fertig wird.

Zeile 44–46: So ergibt sich eine andere Definition von Intelligenz: die allgemeine Fähigkeit sich zu behaupten und das Leben zu bewältigen.

Zeile 47–51: Intelligenz besteht aus vielen verschiedenen Fähigkeiten: logisch denken, sich etwas merken können, sich etwas räumlich vorstellen können, aber auch mal was ganz anderes, Ungewohntes denken können.

Zeile 51–55: Wichtig ist vor allem, dass sich Intelligenz richtig entwickeln kann; dazu ist Voraussetzung: kleine Schulklassen, gut ausgestattete Schulen und gleiche Chancen für alle.

Zeile 56–57: Es muss, bevor über die Intelligenzentwicklung und deren Ursachen diskutiert wird, erst einmal etwas an unseren Umweltbedingungen geändert werden.

Lösungen Teil C

Übung C 1
S. 85

Anna, weil sie ihren verlorenen Ranzen so genau beschreibt, dass der Hausmeister ihn ohne Zweifel sofort erkennt, wenn er abgegeben wurde oder wird.

Übung C 2
S. 86

Annas Beschreibung zeichnet sich durch große Genauigkeit aus. Der Schulranzen wird in allen wesentlichen Einzelheiten beschrieben. Anna nennt dabei auch Merkmale, die ihren Ranzen von anderen unterscheiden, die vielleicht sehr ähnlich aussehen.

Übung C 3
S. 86

a) **Fehlende Angaben:**
   – wann verloren (Datum)?
   – an welcher Straßenbahnhaltestelle?
   – Beschreibung der Geldbörse
     (Aussehen, Inhalt, besondere Kennzeichen)

Überflüssige Aussagen:
– wunderschöne
– die ich von meinen Eltern zu Weihnachten geschenkt bekam
– das gute Stück

b) **Fehlende Angaben:**
   – Beschreibung des Hundes
     (Rasse, Farbe, besondere Kennzeichen usw.)
   – genaue Angabe des Ortes, wo der Hund entlaufen ist – Datum (heute?)

Überflüssige Aussagen:
– lustiger
– deshalb nur manchmal
– vielleicht habe ich vergessen…
– ich bin sehr traurig…

Übung C 4
S. 87

Achte bei den Verlustmeldungen besonders auf die Erwähnung und Beschreibung folgender Einzelheiten:

a) **Ranzen:**
   Größe, Farbe, Fabrikat (Marke), Material, Riemen, Schlösser, Einteilung (Fächer), Inhalt (so genau wie möglich), besondere Kennzeichen, z. B. Bemalungen etc.

b) **Geldbörse:**
   Farbe, Größe, Material, Form, Verschluss, Aufteilung der Fächer, Inhalt, besondere Kennzeichen etc.
   Vorgehen: von außen nach innen

c) **Uhr:**
   Armband (Form, Farbe, Material, Größe)
   Gehäuse (Form, Farbe, Material, Beschriftung), denke auch an die Rückseite!
   Zifferblatt (Art und Größe der Zahlen, Leuchtschrift, Beschriftung, Zeiger, evtl. Datums- und Tagesanzeige usw.)
   Marke der Uhr und Art (z. B. Quarzuhr)

d) **Schlüsselbund:**
   Aussehen, Größe und Material von Schlüsselring und evtl. Anhänger, Zahl, Größe und möglichst genaue Form der einzelnen Schlüssel, Besonderheiten, z. B. Beschriftungen auf den Schlüsseln etc.

Vergiss nie, bei einer Verlustmeldung Ort und Zeitpunkt des Verlustes anzugeben.

So könntest du dabei vorgehen: Schneide die Anzeigen aus und klebe sie so in dein Übungs- **Übung C 5**
S. 87
heft ein, dass die Anzeigen, die keine Fragen offen lassen, in einer Spalte untereinander stehen.
Rechts daneben klebst du alle Anzeigen, die nach deiner Meinung unvollständig sind. Diese
kannst du – mit ein bisschen Phantasie – sinnvoll ergänzen!

Wir nehmen mal an, dass du Erkans Uhr nicht sehr gut zeichnen konntest. **Übung C 6**
S. 87

Verwendet werden: **Übung C 7**
S. 88
a) **Adjektive**
b) **präpositionale Ausdrücke**
c) **Vergleich**

a) **Adjektive:** **Übung C 8**
S. 88
silbernen, breiten, einzelnen, beweglichen, groß, (beiden) langen, oberen, unteren, kleinen, rund, flach, seitlich, kleiner, weiß, schwarzen, arabischen, großer,
kleiner, dünnem, schwarzen, unteren, kleinen, unverwechselbares

b) **präpositionale Ausdrücke:**
aus einem silbernen Uhrgehäuse ...
aus einzelnen, in sich beweglichen Gliedern
von zwei Befestigungen
am oberen und unteren Rand ...
in die jene
Am Ende
von 4 cm
mit dem
auf ihm ... am Rand
von 1 bis 12 in schwarzen, arabischen Ziffern
In der Mitte
aus dünnem, schwarzem Metall
zwischen Uhrenmitte und der Ziffer 12
Auf der Rückseite
am unteren Rand in kleinen Buchstaben
in der Mitte

Alle Verben stehen im **Präsens!** **Übung C 9**
S. 88
Alle Beschreibungen müssen in dieser Zeitform geschrieben werden.
Du merkst es selbst: Dein Ranzen (deine Geldbörse, deine Uhr, dein Schlüsselbund)
sahen nicht so oder so aus, sie haben nicht so oder so ausgesehen und sie werden
auch nicht so oder so aussehen, sondern: Sie **sehen** so oder so aus!

statt „bestanden" muss es heißen: bestehen **Übung C 10**
S. 89
statt „wurden" muss es heißen: sind ... (versenkt)
statt „verfügte" muss es heißen: verfügt
statt „befand" (sich) muss es heißen: befindet sich
statt „aufwies" muss es heißen: aufweist
statt „konnte" muss es heißen: kann
statt „verhinderte" muss es heißen: verhindert

Übung C 11 S. 89	*In der Reihenfolge der unterstrichenen Hilfszeitwörter könnten die passenderen Vollverben lauten:* 1. besitze, 2. befindet sich, 3. führt, 4. ist gefüttert mit, 5. ist untergebracht, 6. liegen, 7. stecken, 8. sind angebracht, 9. ist aufgenäht, 10. aufbewahre **Beachte aber:** Selbstverständlich benötigst du die Hilfszeitwörter „sein" und „haben" zur Bildung der grammatikalisch richtigen Form der jeweils passenden Verben – siehe die Beispiele 4, 5, 8, 9! Du darfst sie aber nicht anstelle eines passenden Vollverbs verwenden!
Übung C 12 S. 90	a) Beim Kauf von Gegenständen, Geräten u. Ä. liegt neben der Beschreibung derselben meist auch eine **Gebrauchsanweisung** oder eine **Bedienungsanleitung** bei. b) In Haushalts- oder Kochbüchern werden **Anleitungen und Kochrezepte** beschrieben. c) In Schulbüchern (aber auch in Fachbüchern) werden **Versuche** der verschiedensten Arten beschrieben. d) Neuen Spielen liegen die **Spielregeln** bei. (Wenn du ein neues Spiel mit Freunden spielen willst, ist es gut, wenn du die Regeln mit deinen eigenen Worten erklären kannst. Das ist leichter verständlich und dauert nicht so lange, als wenn ihr die Spielregeln noch einmal lest.) e) Wenn dich ein Fremder nach dem Weg fragt, musst du eine **Wegbeschreibung** geben können. f) Wenn du zu Weihnachten deinen Eltern oder Geschwistern etwas basteln möchtest, benötigst du dazu eine **Bastelanleitung.** g) Wenn im Fernsehen oder Radio nach Verbrechern gefahndet wird, wird eine **Personenbeschreibung** durchgegeben. h) In Zeitungen kann man häufig Anzeigen über Verluste und Verkäufe von Tieren lesen. Dabei steht jeweils eine **Tierbeschreibung.**
Übung C 13 S. 91	Gebrauchsanweisungen oder Bedienungsanleitungen. In beiden Beispielen werden Vorgänge beschrieben.
Übung C 14 S. 91	Vermutlich die Beschreibung (B), weil der Leser (bzw. Käufer) genauer, übersichtlicher und unkomplizierter über die Funktionsweise und Anwendung (Bedienung) des Gegenstandes informiert wird.
Übung C 15 S. 91	*So könnte deine Bedienungsanleitung zu A) aussehen:* Umstellung auf Batteriebetrieb: 1. Öffnen Sie die Bodenplatte an der Unterseite des Gerätes, indem Sie die beiden seitlich angebrachten Schnappöffner nach außen ziehen. 2. Legen Sie jeweils 3 Monozellen von 1.5 V hintereinander in die beiden vorgesehenen Rinnen im Gehäuseboden. 3. Die beiden Batteriereihen müssen entgegengesetzt zueinander liegen, wobei die jeweils hinterste Batterie die Kontaktspirale berühren muss. 4. Schieben Sie die Bodenplatte wieder ein, bis diese hörbar einrastet. 5. Stellen Sie den Schalter auf der Oberseite des Gerätes auf die Stellung „Bat" (Batteriebetrieb).
Übung C 16 S. 92/93	Wenn du die einzelnen Handlungsschritte sinnvoll geordnet hast, müssen folgende Zahlen in der Reihenfolge von oben nach unten stehen: 8 – 3 – 6 – 9 – 1 – 12 – 5 – 11 – 14 – 2 – 7 – 13 – 16 – 4 – 10 – 15

Bedienungsanleitung „Öffentlicher Fernsprecher":
Übung C 17
S. 93

1. Hebe den Hörer ab und warte auf das Amtszeichen (Freizeichen).
2. Schiebe die Karte in den dafür vorgesehenen Schlitz.
3. Tippe die gewünschte Nummer ein.
4. Lege den Hörer nach dem beendeten Gespräch auf und entnimm die Telefonkarte.

Auch Ausländer, die die deutsche Sprache nicht beherrschen, müssen die Bedienungsanleitung verstehen können.
Übung C 18
S. 93

(Wenn du in den Ferien einmal im Ausland bist, wirst du feststellen können, dass auch dort die öffentlichen Fernsprecher mit international verständlichen Bildzeichen ausgestattet sind, die es dir dort ermöglichen ein Telefonat zu führen.)

So putzen Sie Fenster:
Übung C 19
S. 94

1. Säubern Sie zunächst die Fensterrahmen mit Schwammtuch und Seifenlauge.
2. Waschen Sie dann die Fensterscheiben – zunächst von außen, darauf von innen – mit einem Fensterleder ab, das mit einer Spiritus-Wasser-Lösung (Verhältnis 1:5) getränkt ist.
3. Entfernen Sie das Wasser mit einem Fensterwischerblatt, indem Sie dieses von links nach rechts ziehen und dabei fest aufdrücken.
4. Eventuelle Streifen polieren Sie mit einem Tuch weg, das nicht fusselt.
5. Abschließend werden die Ecken und die Fensterrahmen mit dem ausgewrungenen Fensterleder trocken gewischt.

Es fehlt:
Übung C 20
S. 95

– Auflistung der benötigten Zutaten,
– genaue Mengenangaben,
– Beschreibung der einzelnen Tätigkeiten,
– Kochzeiten,
– Gewürze zum Abschmecken.

Überflüssig:

– der gesamte erste Satz, da er keinerlei Informationen enthält mit der Ausnahme, dass ein Topf benötigt wird (!),
– ebenso der letzte Satz.

Beispiel: **Gefüllter Turnschuh mit Käsemütze**
Übung C 21
S. 95

a) 2 getragene Turnschuhe (mindestens ein halbes Jahr alt, keine Fußballschuhe), 1 Esslöffel Butter, 2 Esslöffel Schuhcreme, 200 Gr. Käse, 2 rote Socken, 1 Zwiebel, 400 Gr. Hackfleisch, 1 Ei, Salz, Pfeffer, 1 Bund Petersilie
b) Schüssel, feuerfeste Form, Lappen, Stricknadeln, Schere, Topf, Backofen etc.
c) trennen, waschen, abtropfen lassen, einweichen, schneiden, feinhacken, zerlassen, anbraten, vermengen, würzen, bestreichen, garen, überbacken etc.

Trennen Sie zunächst die Schnürsenkel von den Turnschuhen.
Übung C 22
S. 95

Waschen Sie die Turnschuhe von innen mit klarem Wasser und lassen Sie sie abtropfen.
Weichen Sie die 2 Socken ca. 5 Minuten in warmem Wasser ein.
Zwiebel, Petersilie und die Schnürsenkel fein hacken.
Zerlassen Sie in einer großen Pfanne Butter und braten Sie darin Zwiebeln, Petersilie, Schnürsenkel und Hackfleisch unter Wenden ca. 5 Minuten an.
Geben Sie anschließend alles in eine Schüssel.
Schneiden Sie die Socken in fingerbreite Streifen und vermengen Sie sie mit dem Ei und der Hackfleischmasse.
Mit Salz und Pfeffer würzen.

Übung C 22 **S. 95** **Fortsetzung**	Eine feuerfeste Form mit reichlich Schuhcreme bestreichen und die gefüllten Turnschuhe hineinsetzen. Das Ganze lassen Sie bei geschlossenem Topf und milder Hitze 30–40 Minuten garen. In der Zwischenzeit schneiden Sie den Käse in dünne Streifen und stricken mit der Stricknadel 2 kleine Käsemützen (Bommel nicht vergessen!). Nehmen Sie den Topfdeckel ab und ziehen Sie über jeden Turnschuh eine Käsemütze, überbacken Sie dann das Gericht im Backofen, bis die Käsemütze zerläuft. Guten Appetit!
Übung C 23 **S. 96**	Wie heißt das Spiel? Wie viele Personen können mitspielen? Wie groß ist das Spielfeld? Was bedeutet genau „Freilos"? Wann endet das Spiel? Wer ist Sieger?
Übung C 24 **S. 97**	1. Jägerball. 2. Beliebig viele Mitspieler. 3. Ball. 4. Im Freien. 5. Abgrenzung ist Vereinbarungssache. 6. Ein Mitspieler beginnt als „Jäger". 7. Sich nicht vom Ball treffen/berühren lassen, weglaufen. 8. Wird ein Mitspieler getroffen, muss er die Stelle des Jägers einnehmen. Fängt ein Mitspieler den Ball, hat er Freilos, kann also einmal abgeworfen werden ohne Jäger sein zu müssen. 9. Sich nicht abwerfen zu lassen. 10. Nach einer vereinbarten Zeit. 11. Wer nicht abgeworfen wurde (oder alle!)
Übung C 25 **S. 99**	**Spiele im Haus:** **Brettspiele** (z. B. Halma, Mensch ärgere dich nicht, Schach, Mühle, Scrabble, Malefix usw.) **Würfelspiele** (z. B. Verflixte Drei, Chicago, Hausnummern (tief und hoch), Risiko, Rauf und Runter usw.) **Kartenspiele** (z. B. Rommé, Canasta, Skat, Mogeln, Sechsundsechzig usw.) **andere Spiele** (z. B. Rätselspiele, Quizspiele wie „Stadt – Land – Fluss", Domino, Mikado usw.) **Spiele im Freien:** **Geländespiele** (z. B. Fuchsjagd, Schnitzeljagd, Verstecken, Nachlaufen usw.) **Ballspiele** (z. B. Fußball, Handball, Jägerball, Völkerball, Treibball, Federball, Tischtennis, Fußballtennis, Volleyball usw.)
Übung C 26 **S. 99**	A) Mühle; man versucht, dem Mitspieler durch Setzen von Mühlen so viele Steine wegzunehmen, dass dieser nicht mehr spielen kann. B) 2 Mitspieler; Mühle-Brett, je 9 weiße und schwarze Steine. C) Hier müssen alle übrigen Angaben folgen (in der genannten Reihenfolge).
Übung C 27 **S. 100**	**Spielanleitung für das Brettspiel „Mühle":** Jeder der beiden Spieler erhält nach Auslosung der Farbe 9 weiße bzw. 9 schwarze Steine. Der Spieler, der die weißen Steine gelost hat, beginnt das Spiel. Es wird immer abwechselnd ein Stein gesetzt; diese müssen auf die Punkte gesetzt werden, wo zwei Linien zusammentreffen oder sich kreuzen. Das Ziel dieser Spielphase ist

C

es, 3 Steine gleicher Farbe auf eine gerade Linie zu setzen. Gelingt dies, hat der Spieler eine „Mühle" und darf seinem Gegenspieler einen Stein wegnehmen – allerdings nicht aus einer geschlossenen Mühle. Wenn alle Steine beider Spieler gesetzt sind, wird – weiter abwechselnd – gezogen; die Steine werden von Punkt zu Punkt gezogen mit dem Ziel Mühlen zu „bauen". Wem es gelingt, zwei Mühlen so zu kombinieren, dass beim Öffnen der einen die zweite geschlossen wird, hat eine „Zwickmühle" geschafft und ist kaum mehr zu schlagen. (Dementsprechend muss man darauf achten, dass man dem Mitspieler die Wege so verbaut, dass dieser keine Zwickmühle bauen kann!)

Wenn ein Spieler nur noch 3 Steine besitzt, darf er springen, er kann also jeden leeren Punkt auf dem Brett besetzen. Er muss versuchen, einerseits die Mühlen des Gegenspielers zu „besetzen", andererseits selbst eine Mühle zu bauen.

Verloren hat der Spieler, der als Erster keine 3 Steine mehr besitzt.

Übung C 27
S. 100
Fortsetzung

a) Polizeiliche Fahndung nach Straftätern.
b) 1. Wenn man im Gedränge (z. B. im Kaufhaus, auf dem Sportplatz, auf der Kirmes usw.) seinen Begleiter verloren hat.
   2. Wenn man bestohlen wurde und den Täter gesehen hat, ohne ihn festhalten zu können, hilft eine genaue Beschreibung bei der Zeugenaussage.
   3. Wenn man Zeuge einer Situation wurde, die die Polizei auf den Plan rief, und zu einzelnen beteiligten Personen befragt wird.

Übung C 28
S. 103

C

Alter, Größe, Gestalt, Haare, Gesicht, Kleidung, besondere Kennzeichen, Stimme.

Übung C 29
S. 103

Hast du darauf geachtet, alle wesentlichen Merkmale der Person zu beschreiben? Hat dein Zuhörer nachfragen müssen? (Füge deiner Beschreibung die Antworten hinzu, die du auf die Fragen deines Zuhörers gegeben hast.)

Übung C 30
S. 103

A) kleines Mädchen
   – merkwürdig angezogen
   – Name Momo oder so ähnlich
   – äußere Erscheinung ein wenig seltsam
   – etwas abschreckend wirkend
   – klein und ziemlich mager
   – man konnte nicht erkennen, ob sie erst acht oder schon zwölf Jahre alt war
   – wilden, pechschwarzen Lockenkopf, der so aussah, als ob er noch nie mit Kamm oder Schere in Berührung …?
   – große, wunderschöne, pechschwarze Augen
   – Füße von der gleichen Farbe, denn sie lief barfuß
   – wenn Schuhe, dann zwei verschiedene, viel zu große
   – sie besaß nur gefundene oder geschenkte Sachen
   – Rock aus lauter Flicken und knöchellang
   – alte, weite Männerjacke, Ärmel umgekrempelt
   – schöne, praktische Jacke mit vielen Taschen.

Übung C 31
S. 104

B) von Hannos Statur
   – mit einem ärmlichen Anzug von unbestimmter Farbe, an dem hie und da ein Knopf fehlte
   – am Gesäß ein großer Flicken
   – zu kurze Ärmel
   – Hände von hellgrauer Farbe, imprägniert mit Staub und Erde
   – schmal und außerordentlich fein gebildet
   – mit langen Fingern und langen, spitz zulaufenden Nägeln
   – diesen Händen entsprach der Kopf

Übung C 31
S. 104
Fortsetzung

– vernachlässigt, ungekämmt und nicht sehr reinlich
– mit allen Merkmalen einer reinen und edlen Rasse
– flüchtig in der Mitte gescheiteltes, rötlichgelbes Haar
– von einer alabasterweißen Stirn zurückgestrichen
– tiefe, scharfe hellblaue Augen blitzten.

Übung C 32
S. 105

A) Der Autor erzählt, warum Momo so gekleidet ist (sie besitzt nichts und trägt nur Kleidung, die sie geschenkt bekommt oder findet) und warum sie die Ärmel des zu großen Mantel nicht abschneiden möchte (sicherlich wächst Momo ja noch hinein, wie sie selbst denkt).

B) Es gibt keine entsprechenden Stellen.

Übung C 33
S. 105/106

Körperliche Merkmale	Äußerliche Merkmale	Typ: Verhaltensmerkmale
Geschlecht, Alter, Größe, Haarwuchs, Kopf, Gesicht, Körper u. Ä.	Kleidung, Schmuck, Brille, Schuhe, Make up, andere besondere Kennzeichen	Haltung, Bewegung, Mimik, Gestik, Stimme, Stimmlage, Typ. Verhaltensweisen anderer Art
A) Frau von achtundvierzig Jahren, 1,71 m groß, wiegt 68,8 kg, fast Idealgewicht, zwischen Dunkelblau und Schwarz schillernde Augen, leicht ergrautes, sehr dichtes blondes Haar, das lose herabhängt; glatt und helmartig umgibt es ihren Kopf		
B) mittelgroß, breitschultrig, untersetzt, blondes Haar, blaue Augen, dünnes, lichtblondes Schnurrbärtchen, knochiges Gesicht	ordentlich, doch nichts weniger als modern gekleidet	in seinen Bewegungen bestimmt, ein wenig ungelenk, gleichmäßig, ernster Gesichtsausdruck
C) graue oder graublaue Augen, helle, aber nicht leuchtende Augen, länglich mageres Gesicht um die Backenknochen, muskulös, keine große, aber fleischige Nase, wenn kalt, schnell gerötet, ausladender Hinterkopf, aufgestülpte Oberlippe, hauerartig schräg vorstehende Schneidezähne		

Körperliche Merkmale	Äußerliche Merkmale	Typ: Verhaltensmerkmale
D) mittelgroßer Mann, etwa 32 Jahre, hellblondes, spärliches Haar, rosiges Gesicht, auffällige Warze neben dem einen Nasenflügel, Kinn und Oberlippe glatt rasiert, lang hinunterhängender Backenbart	großer, hellgrauer Hut, Stock in der Hand, grüngelber, wolliger, langschößiger Anzug, graue Zwirnhandschuhe	läuft mit kurzen Schritten und etwas vorgestrecktem Kopf, lächelt, macht mit dem Hut eine Gebärde der Ergebenheit, beschreibt beim Grüßen mit dem Oberkörper einen Halbkreis zur Verbeugung

Übung C 33
S. 105/106
Fortsetzung

C

Erinnerungshilfe; man kommt von selbst nicht auf bestimmte Beschreibungsmerkmale, weil einem die passenden Worte nicht einfallen.

Übung C 34
S. 108

Da man selbst nicht mehr intensiv nachdenken muss, lässt man vielleicht Merkmale weg, die nicht auf der Liste stehen, und so wird die Beschreibung nur so vollständig bzw. unvollständig, wie es die Liste ist.

Übung C 35
S. 108

Am besten ist, wenn du dich bei einer Beschreibung ohne Liste auch an diese Reihenfolge (Allgemeines – Kopf – Körper) hältst. Dann vergisst du weniger.

Übung C 36
S. 108

a) Fönwelle, Mähne, Krauskopf, Pagenkopf (Prinz-Eisenherz-Schnitt), Bubikopf, Pferdeschwanz, Mozartzopf, Zöpfe, Affenschaukel, Dutt, Knoten, Hochfrisur, kinnlanges – schulterlanges Haar, Flachshaar, Pony, Seitenscheitel, Mittelscheitel, Schmachtlocke, Perücke, Haarteil
b) trocken, fettig, spröde, einfach, schlicht, aufgedonnert, parfümiert, gefärbt, modern, altmodisch, ungewöhnlich, auffällig, verfilzt, gespalten, struppig

Übung C 37
S. 109

„Als ich in das Hotel, das wir als Treffpunkt ausgewählt hatten, eintrat, empfing mich bereits an der Türe ein **großer, stattlicher** Herr, nicht gerade **dick**, aber doch etwas **beleibt**, der mich mit **strahlenden** Augen **gewinnend** ansah und mit **dunkler, wohltönender** Stimme zu mir sagte: ‚Du musst die Irm sein! Du hast zwar nicht mehr die **langen, schwarzen** Zöpfe wie früher, aber deinem **selbstbewussten, energischen** Schritt und deinen immer **lachenden** Augen haben die letzten fünfzig Jahre nichts anhaben können.' An der Stimme, vor allem an der Sprechweise erkannte ich Gero, den Klassensprecher von damals, ein **magerer, frecher** Kerl, der schon zu Schulzeiten mit seiner **freundlichen** und **gewinnenden** Art die Menschen seiner Umgebung um den Finger wickeln konnte. Er redete immer noch mit den Händen, er ballte zur Unterstreichung wichtiger Sätze immer noch eine Faust, sodass ich es mir nicht verkneifen konnte zu fragen, ob er denn wenigstens Politiker geworden sei, worauf er mir **lachend** erklärte, dass er eigentlich viel öfter den Zeigefinger nach oben halte und deshalb vorsichtshalber Lehrer geworden sei.
Ich ging nach dieser Begrüßung in den Festsaal, wo ich nur **fremde** Gesichter erblickte – kein Wunder nach dieser langen Zeit. Ein **alt gewordenes, dünnes** Frauchen kam **trippelnd** auf mich zugelaufen, **nervös** die Henkel der Handtasche zwischen den Fingern drehend, **ruhelos** die Augen nach links und rechts wendend, dabei andeutungsweise Menschen zunickend; **schüchtern** und **fragend** zugleich sah sie mich an. Ich wusste wirklich nicht, wer diese **unbeholfene, krank aussehende** Person sein konnte. Ich sprach sie einfach an: ‚Ich bin die Irm, hilf mir drauf, ich komme nicht auf deinen Namen.' Die **schrille, erschreckend laute** Stimme, die das

Übung C 38
S. 111

Wort ‚Rosi‘ formte, weckte bei mir höchst **unangenehme** Erinnerungen an ein **hinterlistiges, gehässiges** und **plumpes** Mädchen, das in seiner Falschheit nur eines im Sinn zu haben schien, nämlich den Mitschülern zu schaden, wo immer dies möglich war. Unseren zum Teil **sehr strengen** und **autoritären** Lehrern begegnete sie mit einer Unterwürfigkeit, die sie bei uns unmöglich, bei den Lehrern dagegen sehr beliebt machte.

Zu uns beiden trat schließlich eine **extravagant gekleidete, teuer ‚geschmückte‘** Dame, deren Äußeres man durchaus auch als **aufgedonnert** hätte beschreiben können. Sie hatte sich den Weg durch den Saal in einer geradezu **arroganten** Art ‚freigeschoben‘ und dies mit einem **herrischen** Gesichtsausdruck, der zunächst **recht einschüchternd** wirkte.

Sie erkannte ich allerdings sofort: Sophie. Sie war während unserer Schulzeit diejenige, mit der alle befreundet sein wollten. Nicht etwa, weil sie besonders **liebenswürdig** oder **zuverlässig** gewesen wäre, nein, ihr Vater hatte eine Bäckerei! Und wann immer eine von uns Sophie besuchte, gab es Kuchen, den dieser **gutmütige** Papa, der seiner **ewig launischen** und **unzufriedenen** Tochter in keiner Weise gewachsen war, **großzügig** an uns verteilte.

Das Gespräch mit diesen beiden Mitschülerinnen war **kurz** und **oberflächlich**, wir hatten nie etwas gemeinsam – und daran hatte sich nichts geändert.

Es dauerte allerdings nicht lange, da hatte sich die alte Clique wieder gefunden, obwohl sich alle verändert hatten – aber eben nur äußerlich. In ihrer Art waren sie eigentlich grundsätzlich fast wie früher. In diesem Kreis fühlte ich mich dann auch schnell wohl, Vertrautes war zu spüren. Interesse für den anderen ließen Fragen ebenso wie die Antworten **ausführlich** und **sehr privat** werden. Deshalb wurde es ein **unvergesslicher** Abend für mich.“

a) muskulös, durchtrainiert, sehnig, männlich, zäh, vital, breitschultrig, stämmig, kompakt, fett, füllig, gedrungen, korpulent, massig, schwammig, beleibt, dicklich, rundlich, vollschlank, drall, wohlgenährt, unförmig, aufgedunsen, dünn, mager, schlank, schmächtig, feingliedrig, zerbrechlich, hager, zierlich, knabenhaft, knochig, ausgemergelt, dürr, unterernährt
(Du kannst hier diese Begriffe einmal zuordnen: kräftig – dick – dünn.)

b) stolz, selbstsicher, hochmütig, würdevoll, aufrecht, blasiert, überheblich, natürlich, sicher, geduckt

c) schwerfällig, schleichend, hinkend, schüchtern, scheu, gemessen, energisch, geschmeidig, ausschreitend, plump

d) ruhig, unbeweglich, mit den Händen reden, mit den Armen fuchteln, Hände falten, Hände hinter dem Rücken verstecken/verschränken, Hände in den Hosentaschen, die Arme vor der Brust verschränken

e) ernst, unbeweglich, ausdruckslos, freundlich, gutmütig, lieb, warm, liebenswürdig, glücklich, offen, streng, hart, gebieterisch, missmutig, böse, höhnisch, gehässig, falsch, hinterlistig, unruhig, nervös, ruhelos, Grimassen schneidend

f) angenehm, piepsig, hoch, heiser, tief, schwach, leise, laut

g) scheu, schüchtern, kontaktarm, zurückhaltend, unbeholfen, verschlossen, gewandt, herzlich, ehrlich, tolerant, offenherzig, taktlos

Hast du folgende Punkte bemerkt und Verbesserungsvorschläge für Marcos Personenbeschreibung gemacht?

- Zu jedem der Merkmale hat Marco etwas geschrieben.
- Der Beginn ist gut.
- Gut hat Marco auch die Haarfarbe, Gang und Mimik des Lehrers beschrieben.
- Die Kopfform beschreibt er aber gar nicht und das Gesicht nur unvollständig. Von den Haaren könnte man mehr als die Haarfarbe beschreiben, z. B. die Frisur und die Länge. Auch Augen, Nase, Mund, Hals, Kleidung und auch Herrn Deppimeiers Verhalten hätte Marco ausführlicher beschreiben können.

- Man kann sicherlich verstehen, dass Marco froh ist, nicht mehr bei Herrn Deppimeier Unterricht zu haben. Sein Schlusssatz gehört aber nicht in eine Personenbeschreibung, da Marco hier nur seine Gefühle mitteilt.
- Und auch Vermutungen – wie über das Essverhalten oder den Grund für die wechselnde Haarfarbe – gehören in die Personenbeschreibung nicht hinein.
- Sprachlich kann Marco sicherlich an einigen Stellen andere Verben als Ersatz für die häufigen Hilfsverben „sein" und „haben" finden. Man kann außerdem die Häufung von vielen kurzen Sätzen (wie im dritten Abschnitt) vermeiden und die Sätze miteinander verknüpfen.

Übung C 40
S. 114
Fortsetzung

Herr Deppimeier, unser alter Deutschlehrer, ist 55 Jahre alt. Er misst geschätzte 1,75 m und wiegt ungefähr 90 kg. Seine breiten abfallenden Schultern und seine untersetzte Gestalt lassen ihn stämmig aussehen, während vor allem sein Bauch und Gesäß, die einige Fettpolster aufweisen, ihm ein eher schwammiges Aussehen verleihen.

Der Kopf ist unauffällig rund geformt. Auch das Gesicht ist eher rundlich, dazu auch recht breit. Es fällt auf, dass Gesichtsknochen nicht erkennbar sind, das Gesicht also einen zumindest wohlgenährten Eindruck hinterlässt. Auch die stetige leichte Rötung unterstützt diesen Eindruck. Am auffälligsten an seinem Kopf sind aber seine Haare: Die vollen, meist leger bzw. betont nachlässig gescheitelten Haare sind fast schon nicht mehr grau, sondern gehen in die Farbe Weiß über. Manchmal scheint die Haarfarbe sogar Lila zu sein. Über die niedrige Stirn reichen die Haare bis ca. einen Zentimeter über die schwarzen, etwas buschigen Augenbrauen. Die anliegenden Ohren sind ebenfalls ca. einen Zentimeter bedeckt.

Die grauen Augen werden – nicht immer – durch eine Brille in ihrer Sehstärke unterstützt. Nase und Mund fügen sich in ihrer Breite, der Mund zudem mit den fleischigen Lippen, in das Gesicht ein. Wenn er lacht, sieht man vollständige, weiße Zahnreihen. Offenbar handelt es sich dabei um die dritten Zähne.

Das breite Doppelkinn bildet den nahezu nahtlosen Übergang vom Kopf zum kurzen, breiten und ebenfalls leicht geröteten Hals. Dieser ist stets gut sichtbar, da Herr Deppimeier die oberen zwei Knöpfe seiner Hemden meist geöffnet lässt.

Überhaupt vermittelt seine Kleidung meist den Eindruck einer gewollten Lockerheit, da der Lehrer fast nie mit Schlips und Kragen gesehen wird, sondern neben den Hemden auch Pullover und Jeans trägt.

Sein Gang ist gemessen. Wenn er mit seiner etwas hohen, aber gut hörbaren Stimme redet, was er häufig und gerne macht, bewegt er ständig seine Arme dazu. Auch unterstützt er sein Reden mit einer ausgeprägten Mimik, wobei er die Schüler meist lächelnd, manchmal sogar grinsend anblickt. Das hat aber nichts Warmes oder Liebenswürdiges. Vielmehr scheint er so viel zu lächeln, weil er sich selber gerne reden hört. Und wenn sich die Schüler dumm anstellen oder über die Stränge schlagen, wie er selbst immer sagt, sieht sein Lächeln sogar höhnisch oder gehässig aus. Schließlich wirkt sein Lächeln oder Grinsen insgesamt eher falsch.

Übung C 41
S. 115

**C
+
D**

Lösungen Teil D

a) **Einleitung:**   Zeile 1–6, Spielvoraussetzungen
b) **Hauptteil:**   Zeile 7–19, Spielverlauf
c) **Schluss:**   Zeile 19–21, Spielfolgen

Übung D 1
S. 119

In Überschrift und Einleitung beantwortet der Text die Grundfragen:
Was? – Wann? – Wo?

Übung D 2
S. 119

Übung D 3
S. 119
Im Hauptteil beantwortet der Text vorwiegend die Grundfragen: **Wie?** und **Wer?**

Übung D 4
S. 119/120

SPIELBERICHT	
1.	**Spielvoraussetzungen** Anlass: *Stadtmeisterschaft 1997 für Fußballschulmannschaften*
	Altersklasse: *C-Jugend*
	Spielpaarung: *Pestalozzi-Schule gegen Comenius-Schule*
	Datum: *10. Mai 1997* Spielort: *Schulsportplatz Pestalozzi-Schule*
	Spieldauer: *2 x 30 min.* Schiedsrichter: *Handstand*
2.	**Spielverlauf** Anstoß: *12.45 Uhr* Abpfiff: *13.50 Uhr*
	Spielstand nach der 1. Halbzeit: *1:1*
	Spielstand nach der 2. Halbzeit: *2:1*
	Besondere Vorkommnisse: *keine*
	Im Turnier verbleibende Mannschaft: *Pestalozzi-Schule*
	Sichtkontrolle der Spielerpässe: *ja*
	Handstand Unterschrift

D

Übung D 5
S. 120
Sicher wärst du mit diesem Bericht unzufrieden gewesen. Du hättest noch viele Fragen gehabt, falls du das Spiel nicht gesehen hättest. Aber auch als Zuschauer wärst du sicher nicht zufrieden gewesen, denn das Spiel war doch sehr spannend. Wahrscheinlich wärst du über einen so dürftigen Bericht enttäuscht gewesen.

Übung D 6
S. 120
Der Mitarbeiter hätte sich seine Informationen aus dem Text heraussuchen müssen, denn für ihn ist hauptsächlich der Spielstand, also das Ergebnis, wichtig. Er wäre wegen eines solchen Textes sicher sehr verärgert oder verwundert über Herrn Handstand gewesen.

Übung D 7
S. 122
Selbstverständlich gibt es für diesen Brief mehrere Lösungsmöglichkeiten. Das Beispiel dient dir zur Orientierung und Prüfung. Hast du deinen Brief ähnlich aufgebaut?

Lieber Jan!   12. Mai 1997

Im März hatte ich dir geschrieben, dass ich mit unserer Schulmannschaft um die Fußballstadtmeisterschaft spiele. Vorgestern hatten wir ein wichtiges Spiel, über das ich dir kurz berichten möchte. Unser Gegner war die Comenius-Schule, der Meister des Vorjahres. Vor dem Spiel waren wir alle etwas aufgeregt, denn schließlich spielen bei den anderen einige gute Vereinsspieler mit.

Das Spiel begann nicht gerade glücklich für uns. Unsere Abwehr machte einen schlimmen Fehler und schon stand es 1:0 für die Comenius-Schule. Doch dann haben wir losgelegt. Die Mannschaft hielt großartig zusammen. Kurz vor der Halbzeit erwischte ich eine hohe Flanke in den gegnerischen Strafraum mit dem Kopf. Der Ball war im Tor. Das war der Ausgleich.

Begeistert feuerten uns unsere Mitschüler an. Wir stürmten weiter. Die anderen waren etwas überrascht. Und kurz nach der Halbzeit schoss mein Freund Jonathan sogar das 2:1. Du kannst dir sicher vorstellen, was los war. Noch aber war das Spiel nicht gewonnen. Die Mannschaft der Comenius-Schule bestürmte nun unaufhörlich unser Tor. Doch unsere Abwehr verteidigte gut. Sven, unser Torwart, hielt ganz unmögliche Bälle.

Der Schlusspfiff war wie eine Erlösung. Wir jubelten, denn wir hatten den Favoriten geschlagen…

Übung D 7
S. 122
Fortsetzung

Hast du in etwa auch diese Textstellen unterstrichen?

Übung D 8
S. 124

D

Frage:	Also, das ist Marco und ich heiße Lena. Wir gehen in die 6. Klasse der Pestalozzi-Schule und sind bei der Schülerzeitung. Wir haben von eurem Basar gehört und wollten euch mal fragen, wie ihr das alles so gemacht habt.
Martin:	Tja, das ist eine etwas längere Geschichte. Weißt du noch, woher die **Idee** eigentlich kam, Bettina?
Bettina:	Ich glaub, ja! Die **7b** hat im letzten Jahr im **Unterricht** über Weihnachten geredet, über Schenken, Elend, Armut und so. Da wurde dann auch darüber diskutiert, dass man eigentlich mal was machen müsste.
Martin:	Die Klasse hat dann damals einen Antrag in den **Schülerrat** gebracht. Der wurde beraten und abgestimmt. Fast alle wollten mitmachen.
Frage:	Was heißt denn das eigentlich, **Basar?**
Martin:	Ich glaub, das **kommt aus dem Arabischen.** Heißt so viel wie „**Markt**". Bei uns ist das inzwischen aber eine Bezeichnung für eine **Wohltätigkeitsveranstaltung**.
Frage:	Also, ihr habt was verkauft. Was habt ihr denn mit dem Geld gemacht?
Bettina:	Mehrere Dinge. Unsere Schule hat eine **Patenschaft für ein Kind in Bangladesch** übernommen. Dahin haben wir Geld überwiesen. Dann haben wir für das **Altenheim in der Rosenstraße einen Farbfernseher** gekauft und **Spiele für den Behindertenkindergarten in der Birkenstraße.**
Frage:	Wie viel habt ihr denn **eingenommen?**
Martin:	**5200 Euro** und ein paar Zerquetschte.
Frage:	Was? So viel? Das ist ja toll! Sagt mal, **was habt ihr** denn eigentlich alles **verkauft?**
Bettina:	Du, da muss ich ehrlich mal sehen, ob ich das noch alles zusammenbringe: **Tonsachen, Vasen, Teller, Kerzenständer, dann Handarbeiten, Topflappen, Decken, Mützen, Handschuhe, Kinderspielzeug, Bauklötze** und so was. Dann **Marionetten**. Weißt du noch was, Martin?
Martin:	Warte mal! Ja, **Bilder mit Rahmen, Adventsschmuck, Weihnachtssterne.** Dann gab's einen großen **Stand mit Trödel.** Und eine **Losbude**, an der man **Schallplatten gewinnen** konnte.
Frage:	Wo hattet ihr die denn her?
Martin:	**Die hatten einige Eltern gestiftet.**
Bettina:	Und dann **Kaffee, Tee, Kakao, Cola und Kuchen**, das war **alles von den Eltern gestiftet** worden.
Frage:	In der Zeitung habe ich gelesen, dass fast **3000 Leute da gewesen** sein sollen?
Bettina:	Ja, das stimmt. Es war ein Riesengedränge. In der **Aula hat der Schulchor** gesungen. Und das **Schulorchester** hat auch gespielt.
Frage:	Ihr habt gesagt, einige Dinge hätten die Eltern gestiftet. Auch die **Marionetten** und die **Handarbeiten** und die **Bastelsachen?**
Martin:	Haben wir das noch nicht gesagt? Das **haben die einzelnen Klassen selbst gebastelt.** Zum Teil **in Unterrichtsstunden.** Oft aber auch in **freiwilligen Zusatzstunden nachmittags.**
Frage:	War der Basar eigentlich an einem Schultag?
Bettina:	Nein, **der war am 1. Advent**.
Frage:	Dann seid ihr also alle am **Sonntag in der Schule** gewesen?
Bettina:	Ja, fast alle.

Übung D 8
S. 124
Fortsetzung

Frage: Zum Schluss möchte ich noch wissen: Habt ihr das alles als Schüler alleine organisiert?

Martin: Nee, der **Schülerrat** hat die **Initiative** ergriffen, sozusagen. Dann haben aber die **Lehrer** und vor allem unsere **Eltern kräftig mitgeholfen.**

Schülerzeitung: Vielen Dank für eure Auskünfte.

Übung D 9
S. 124

Grundfragen	Antworten (stichwortartig)
Was ist geschehen?	Wohltätigkeitsbasar (Markt), 5200 Euro Einnahme!
Wann ist es geschehen?	am 1. Advent (Sonntag)
Wo ist es geschehen?	in der Comenius-Schule
Wie ist es geschehen?	Vorarbeiten, Basteln im Unterricht und in freiwilligen Stunden, Verkauf der Produkte: Tonarbeiten, Handarbeiten, Kinderspielzeug, Marionetten, Trödel. Losbude mit Schallplatten, Kaffee und Kuchen, Schulchor und Schulorchester. Einnahmen 5200 Euro: Patenschaft für Kind in Bangladesch, Fernseher für Altenheim, Spiele für Behindertenkindergarten.
Wer war beteiligt?	eine Klasse hatte Idee im Unterricht, Schülerrat ergreift Initiative, Mithilfe von Lehrern und Eltern, fast 3000 Besucher.

Übung D 10
S. 124

Die Leser interessieren sicher Vorbereitung, Verlauf und Ergebnis des Basars. *Vielleicht willst du als Redakteur der Schülerzeitung deinen Lesern das ganze Unternehmen als besonders vorbildlich darstellen. Dann kannst du mit ein paar kleinen Worten diese Bewertung in deinen Bericht einbauen. Sicher willst du bei den Lesern erreichen, dass sie sich vielleicht selbst einmal für eine ähnliche Aktion an der eigenen Schule einsetzen.*

Der **Titel** sollte schlagwortartig das Ergebnis nennen. Das Besondere daran ist zweifellos die hohe Summe, die eingenommen wurde.

In der **Einleitung** bietet sich die Beantwortung der Grundfragen 1–3 an.

Im **Hauptteil** musst du die Antworten auf die Grundfragen 4 und 5 geben.

Im **Schluss** könntest du eine kurze Bewertung abgeben und eine Aufforderung an deine Mitschüler unterbringen.

Übung D 11
S. 124

Der nun folgende Bericht soll nur der Orientierung dienen. Es gibt sicher noch andere Möglichkeiten in Satzbau und Ausdruck. Aber hast du einen ähnlichen Aufbau gewählt?

Basar an der Comenius-Schule bringt 5200 Euro

Am 1. Advent hatte die Comenius-Schule zu einem Wohltätigkeitsbasar eingeladen. Der Basar wurde ein großer Erfolg. Es kam die stolze Summe von 5200 Euro zusammen.

Fast 3000 Besucher drängten an diesem Tag in die Schule. Schüler, Lehrer und Eltern opferten ihre Freizeit für einen guten Zweck. Sie hatten das Schulgebäude in einen riesigen Markt verwandelt. An verschiedenen Ständen wurden Tonarbeiten und Handarbeiten aller Art, Kinderspielzeug, Bilder, Marionetten, Advents- und Weihnachtsschmuck angeboten. Alle diese Dinge waren von den Schülern zum Teil im Unterricht, zum größten Teil aber in freiwilliger Arbeit hergestellt worden. Ein Verkaufsstand mit Trödel und eine Losbude, für die Eltern Schallplatten als Preise gestiftet hatten, ergänzten das bunte Bild. Für das leibliche Wohl sorgten Stände mit Kaffee und Kuchen. Schulchor und Schulorchester gaben in der Aula im Wechsel Proben ihres Könnens.

D

Insgesamt haben Schüler, Eltern und Lehrer gemeinsam zu diesem Erfolg beigetragen. Die Idee zu dieser Veranstaltung kam aus einer Klasse. Dann setzte sich der Schülerrat dafür ein und schließlich machten alle mit.
Für den Erlös wurde eine Patenschaft für ein Kind im fernen Bangladesch übernommen. Das Altenheim in der Rosenstraße erhielt einen Fernseher und der Behindertenkindergarten in der Birkenstraße mehrere Spiele.
Vielleicht ist dieser selbstlose Einsatz der Comenius-Schüler auch für uns ein Vorbild? Wer weiß, vielleicht können wir es ihnen einmal nachmachen.

Übung D 11
S. 124
Fortsetzung

a) Folgende Wörter und Hinweise dürften Herrn Esser an dem Brief interessieren:
geworfen… Scheibe… Tür… kaputt… Frau Steiger… Scherben zusammengefegt… Erkan Keser… Anna Fuchs. *Hattest du sie auch unterstrichen?*

Übung D 12
S. 126

b) Herr Esser benötigt noch folgende Informationen:
Wann ereignete sich der Schaden? **Wo** genau war das? **Wie** genau ist es zu der Zerstörung der Scheibe gekommen?

D

Ein solcher Brief könnte zum Beispiel folgenden Wortlaut haben:

Datum

Übung D 13
S. 126

Sehr geehrte Frau Fuchs,
sehr geehrter Herr Fuchs!

Leider muss ich Ihnen von einem etwas unglücklichen Vorfall berichten, an dem Anna beteiligt war.
Anna und ihr Klassenkamerad Erkan Keser sollten gestern um 16.00 Uhr nach der AG Werken beim Aufräumen helfen. Während ich im Nebenraum Geräte einsortierte, warfen sie einen größeren Tonklumpen hin und her und spielten Fangen. Als Erkan in der Hitze dieses Spiels etwas schärfer warf, bückte sich Anna plötzlich und der Tonklumpen zerstörte die Scheibe der Werkraumtür.
Beide Schüler haben mir ausdrücklich versichert, dass ihnen der Vorfall Leid tue. Leider muss ich Sie darauf hinweisen, dass Sie unter Umständen für diesen Schaden aufkommen müssen.

Mit freundlichen Grüßen

	Spalte
1. **Was** ist geschehen?	8
2. **Wann** ist es geschehen?	5
3. **Wo** ist geschehen?	6
4. **Wie** ist es geschehen?	7
5. **Wer** war beteiligt?	7, 1, 11

Übung D 14
S. 128

1. Geschädigter:	Pestalozzi-Schule/Stadt Neustadt
5. Tag und Stunde des Schadenseintritts:	Mittwoch, 16. 09., 16.00 Uhr
6. Schadenort:	Werkraum, Raum Nr. 9
7. Ursache des Schadens/ Schilderung des Sachverhalts:	Die Schüler Anna Fuchs und Erkan Keser, beide Klasse 5 c, spielten im Anschluss an die AG Werken mit einem Tonklumpen. Dabei warf der Schüler Erkan Keser unabsichtlich die Scheibe der Werkraumtür ein.
8. Art und Umfang des Schadens:	zersplitterte Glasscheibe in der Werkraumtür
11. Zeugen:	Anna Fuchs, Erkan Keser, Frau Steiger

Übung D 15
S. 128

Übung D 16
S. 132

Du müsstest folgende Informationen unterstrichen haben:

Ecke Birkenstraße/Bebelallee... 6. Oktober 1997... Autofahrer... Radfahrerin... Fahrrad stark beschädigt... Mädchen Schürfwunde am rechten Knie... Schmerz linker Unterarm... Jeans zerrissen und Jacke... Ampel grün Bebelallee eingebogen... rotes Auto streifte Pedale... 14.03 Uhr Lena Köster... Bürgersteig... Rad mitgeschleift... war auf dem Weg nach Hause... Pestalozzi-Schule... Kanalstraße 9... Theodor Richtig... bog bei Grün von der Birkenstraße in die Bebelallee ein... Radfahrerin... unsichere Fahrweise... scherte nach links aus... zur Straßenmitte... Lastwagen kam über die Kreuzung... Kotflügel und eingedrückte Tür...

nicht nach links ausgeschert... dicht am Bürgersteig... Mann wollte Laster ausweichen...

Gerhard Schmidt, Hauptstraße 81... Autofahrer das Mädchen streifte... stürzte auf den Bürgersteig... Fahrer stieg aus...

Th. Richtig, Wolfstraße 4,

BMW D-XY 421...

**Übung
D 17 + D 18
S. 132**

Polizeidirektion Neustadt
Schutzbereich IV   6. Oktober 19...
Revier 6

UNFALLBERICHT

1. Aufnehmende Beamten: Polizeimeister Huber (Streifendienst)

2. Uhrzeit des Unfalls: 14.03 Uhr

3. Unfallort: Ecke Birkenstraße/Bebelallee

4. **Unfallbeteiligte:**
   a) Personen (Namen, Anschrift)
      1. Lena Köster, Schülerin, Kanalstraße 9
      2. Theodor Richtig, Wolfstraße 4
   b) Fahrzeuge (Art, Typ, polizeiliches Kennzeichen)
      1. Fahrrad, Damenfahrrad
      2. Pkw, BMW rot, D-XY 421

5. **Schilderung des Unfallhergangs:**
   Beim Rechtsabbiegen von der Birkenstraße in die Bebelallee streifte der Pkw des Herrn Richtig im Scheitelpunkt der Kurve das Fahrrad der ebenfalls rechts abbiegenden Schülerin Lena Köster. Die Schülerin stürzte auf den Bürgersteig und verletzte sich. Der Pkw wurde geringfügig beschädigt, am Fahrrad entstand Totalschaden.
   Herr Richtig sagte zu dem Vorfall aus:
   Ich bin ordnungsgemäß nach rechts abgebogen. Plötzlich scherte die Radfahrerin rechts neben mir zur Straßenmitte aus und rammte meinen Wagen. Ich konnte nicht ausweichen, weil auf der Gegenfahrbahn ein Lkw fuhr.
   Lena Köster sagte aus:
   Ich war mit meinem Fahrrad auf dem Heimweg von der Schule. Ich wollte von der Birkenstraße nach rechts in die Bebelallee einbiegen, als mich das rote Auto streifte und zu Boden riss. Ich stürzte auf den Bürgersteig, während mein Fahrrad noch einige Meter mitgeschleift wurde.

Übung
D 17 + D 18
S. 132
Fortsetzung

6. Entstandener Schaden
    a) Sachschaden BMW: Beulen am vorderen rechten Kotflügel, Schrammen
                              an der vorderen rechten Tür
          Fahrrad: Totalschaden
    b) Personenschaden
                    Lena Köster: Schürfwunden am Knie, Prellungen am Arm

7. Zeugen: Gerhard Schmidt, Hauptstraße 81 hat den Zusammenstoß gesehen,   nicht aber die Entstehung
Huber   Unterschrift

Übung D 19
S. 132

D

In indirekter Rede müsste die Schilderung des Unfallhergangs wie folgt lauten:
Herr Richtig sagt aus, er sei ordnungsgemäß nach rechts abgebogen. Plötzlich sei die Radfahrerin neben ihm zur Straßenmitte ausgeschert und habe seinen Wagen gerammt. Er habe nicht ausweichen können, weil auf der Gegenfahrbahn ein Lkw gefahren sei.
Lena Köster sagt aus, sie sei mit ihrem Fahrrad auf dem Heimweg von der Schule gewesen. Sie habe gerade von der Birkenstraße nach rechts in die Bebelallee einbiegen wollen, als sie das rote Auto gestreift und zu Boden gerissen habe. Sie sei auf den Bürgersteig gestürzt, während ihr Fahrrad noch einige Meter mitgeschleift worden sei.

Übung D 20
S. 133

In die Unfallanzeige gehören der Reihenfolge nach:

Pestalozzi-Schule Lena Köster,   4. 10. 1985   weiblich   deutsch Neustadt, Kanalstraße 9   ledig   keine Kinder Karl-Heinz Köster   Kanalstraße 9 BEK   familienversichert Montag, 6. Oktober 1997   14.03 Uhr   07.30–13.30 Uhr (Schule) Rechtes Knie, linker Unterarm Schürfwunden, Prellungen Dr. Kricke, Vinzenz-Krankenhaus   Dr. Schreiber, Hausarzt entfällt Ecke Birkenstraße/Bebelallee (rechte Ecke) Lena bog aus der Birkenstraße nach rechts in die Bebelallee ein. Dabei wurde sie von dem BMW des Theodor Richtig gestreift und mit ihrem Fahrrad zu Boden gerissen. Gerhard Schmidt, Hauptstraße 81

Übung D 21
S. 135

Gut ist:
Hier wurden grundsätzlich alle 5 Grundfragen beantwortet.
Auch die Beschränkung auf höchstens 460 Buchstaben ist gelungen.

Verbessern kann man aber:
Es muss nicht unbedingt das genaue Datum angegeben werden, da die Meldung in der Regel ein bis zwei Tage später erscheint.
Namen werden entweder nicht genannt oder nur die Vornamen und die Anfangsbuchstaben des Nachnamens. Es fehlen genauere Angaben zu den Schäden am Fahrrad und am Auto.

Übung D 22
S. 135

Folgende Meldung hätte noch Platz:

Unfall auf dem Schulweg

Gestern ereignete sich gegen Mittag an der Ecke Birkenstraße/Bebelallee ein vermeidbarer Unfall. Die Schülerin Lena K. wurde mit ihrem Fahrrad beim Abbiegen von einem Pkw erfasst und zu Boden geschleudert. Am Fahrrad entstand Totalschaden. Die Schülerin kam mit Prellungen und Schürfwunden davon. Der Pkw-Fahrer beteuerte, das Mädchen sei zur Straßenmitte ausgewichen und habe ihn gerammt.

D + E

Lösungen Teil E

Übung E 1
S. 138

a) Für den Dezembertermin haben sich Susanne, Marco und Ali ausgesprochen.
b) Für den Sommertermin sind Monika, Peter, Jasmin, Boris und Jörg.

Übung E 2
S. 138

Matthias ist gleichgültig. Eigentlich lehnt er einen Basar ab, weil ihm das mit zu viel Arbeit verbunden ist. Das „wenn überhaupt" zeigt die Haltung: Wenn es denn unbedingt sein muss, dann macht das mal!

Übung E 3
S. 139

Wir schließen uns dem Antrag der Klasse 5c an und schlagen für Dezember einen Weihnachtsbasar vor. Der Erlös ist für das Kinderheim in der Waisenhausgasse bestimmt.

Übung E 4
S. 140

Zunächst sammelst du alle Argumente, die für deinen Standpunkt sprechen könnten. Danach prüfst du deine Argumente, indem du Nachfragen zu den Argumenten formulierst.

Übung E 5
S. 141

Du könntest solche (oder auch andere) Beispiele gefunden haben:
1. Uns bleibt nichts anderes übrig, es ist in der Schule nur eine Großveranstaltung pro Jahr erlaubt. (Also können wir nur das Sommerfest veranstalten.)
2. Wie ich eben schon gesagt habe, ich bin absolut der Meinung, dass… (die Konkurrenz mit der Comenius-Schule zur Weihnachtszeit zu groß ist.)
3. Ich habe in den letzten Jahren die Erfahrung gemacht, dass… (auch auf den Sommer-Schulfesten die Besucher ziemlich freigiebig gewesen sind.)
4. Es ist doch eine unbestrittene Tatsache, dass… / Jeder weiß doch, wie… (locker den Menschen die Geldbörse zur Weihnachtszeit sitzt.)
5. Wenn wir die Klassen schnell zum Mitmachen auffordern, müsste der Basar auch im Sommer machbar sein. → Wir werden die Schüler gründlich informieren und die Vorteile des Sommertermins verdeutlichen. Dann werden sie sicherlich begeistert und engagiert mitziehen.
6. Auch mein Brieffreund aus Valencia, der mir gestern geschrieben hat, ist der Meinung… (Schulfeste gehören in den Sommer.)

Übung E 6
S. 141

a) Tauglich sind sicher folgende Möglichkeiten:
   4. eine Ansicht mit erkannten Tatsachen oder Erfahrungen begründen
   1. eine Ansicht mit dem Hinweis auf Vorschriften begründen
   3. eine Ansicht mit eigenen Erfahrungen begründen
b) Eher untauglich erscheinen die folgenden Möglichkeiten:
   2. eine Ansicht wiederholen
   5. eine Ansicht umformulieren und in neuer Verkleidung wiederholen
   6. eine Ansicht mit dem Verweis auf jemanden, den wir nicht kennen, begründen

Dies sind keine wirklichen Argumente, kritischen Fragen können sie nicht standhalten.

a)

Übung E 7
S. 142

1. Es spielt keine Rolle, wer zuerst auf die Idee gekommen ist, zur Weihnachtszeit einen Basar zu machen.
2. Die Comenius-Schule wird sicher auch in diesem Jahr in der Weihnachtszeit einen Basar veranstalten. Zwei Basare zur gleichen Zeit wären zu viel, die Einnahmen wären zu gering.
3. Jeder Verein macht zur Weihnachtszeit einen Basar, die Konkurrenz wäre sehr groß.
4. Ende Juni ist eh ein Schulfest geplant. Man könnte zu diesem Termin genauso einen Basar veranstalten.
5. Für die bereits geplanten Veranstaltungen kann man Eintritt nehmen.
6. Wenn man die Schüler und Eltern schnell informiert und zum Mitmachen auffordert, reicht die Vorbereitungszeit für den Sommertermin sicherlich.
7. Vielleicht gibt es bereits aus dem Werkunterricht Sachen, die verkauft werden könnten.
8. Ein Trödelmarkt ist sehr modern.
9. Auch zum Schulfest kann man den ganzen Stadtteil einladen und damit größere Einnahmen erzielen.
10. Wenn das Programm gut ist, kommen auch die Leute.

b)
Wichtige Argumente:
2, 5, 6, 7, 9, 10.

Weniger wichtige Argumente:
Nr. 1: Wer zuerst die Idee gehabt hat, spielt für die Durchführung des Basars keine Rolle.
Nr. 3: Wichtiger als die Konkurrenz zu den Vereinen ist die zur Comenius-Schule.
Nr. 4: Ist nur eine Behauptung, die argumentativ unterstützt werden muss.
Nr. 8: Steckt auch im Argument Nr. 10.

E

Antrag (*Beispiel*)

Übung E 8
S. 142

Wir beantragen, das diesjährige Schulfest im Sommer mit einem Basar zu verbinden. Alle Einnahmen sollen in Form von Sachgeschenken dem Kinderheim in der Waisenhausgasse zukommen.

Begründung

Wir erwarten, dass auch im Sommer viele Leute kommen werden, wenn wir ein gutes Programm bieten.
Wir erwarten auch im Sommer gute Einnahmen, weil wir nicht nur Dinge verkaufen wollen, sondern auch noch für die bereits geplanten Darbietungen und Veranstaltungen von den Besuchern Eintrittsgeld nehmen werden.
Wir sind der Meinung, dass die Vorbereitungen noch rechtzeitig zu schaffen sind, wenn Schüler und Eltern von dieser Idee überzeugt werden können.
Wir halten schließlich den Sommertermin auch deswegen für richtig, weil die Comenius-Schule und wir uns sonst gegenseitig unser Publikum abnähmen.

Jasmin   Jörg   Boris

Hast du für deinen Antrag einen ähnlichen Aufbau gewählt? Hast du an die „unbequeme Fragerin" gedacht?

Der folgende Brief ist ein Beispiel von vielen Möglichkeiten.

Liebe Mitschüler an der Pestalozzi-Schule!

Wir, der Schülerrat, haben vorgeschlagen, in diesem Jahr einmal ein ganz anderes Schulfest zu feiern.
Alle Veranstaltungen sollen zugunsten eines guten Zwecks durchgeführt werden.
Viele von euch kennen sicher das Kinderheim in der Waisenhausgasse. Den Kindern dort fehlen die nötigsten Spielsachen.
Die wollen wir ihnen beschaffen. Wie das geht?
Ganz einfach.
Für alle Veranstaltungen am Schulfest, auch für die Sportveranstaltungen, nehmen wir Eintrittsgeld von den Besuchern.
Aber das ist noch nicht alles. Wir wollen einen Basar durchführen. Dazu brauchen wir eure Mithilfe. Überlegt in euren Klassen, was ihr für diesen Basar herstellen könnt. Oder sammelt Trödel. Jede Klasse sollte sich mit einem Verkaufsstand beteiligen.
Die Comenius-Schule hat letztes Jahr Weihnachten mehr als 5000 Euro eingenommen.
Helft alle mit, dass wir auf ein ähnlich gutes Ergebnis kommen. Denkt an den guten Zweck! Wir erwarten eure Mitarbeit.

Euer Schülerrat

Übung E 10
S. 142

Ebenfalls ein Beispiel:

Liebe Eltern!

Der Schülerrat der Pestalozzi-Schule bittet alle Eltern um ihre Mitarbeit. Wir wollen unser Schulfest im Sommer für einen guten Zweck durchführen und von dem Erlös das Kinderheim in der Waisenhausgasse mit Spielzeug beschenken.
Alle Klassen bereiten Verkaufsstände vor. Wir brauchen aber noch dringend Dinge, die wir verkaufen können. Falls Sie noch Gegenstände im Keller haben, auf die Sie verzichten könnten, stiften Sie die doch bitte für unseren Trödelmarkt.
Außerdem wäre es schön, wenn wir unsere Gäste am Tag des Schulfestes mit Kaffee, Kakao und Kuchen versorgen könnten. Wenn Sie bereit sind, einen Kuchen oder Getränke zu stiften, geben Sie uns bitte über Ihren Sohn/Ihre Tochter Nachricht. Dringend suchen wir aber auch Eltern, die bereit wären, ein kleines Café zu betreiben!
Helfen Sie bitte mit, dass unser Vorhaben gelingt.

Der Schülerrat

Übung E 11
S. 144

Der **Sachverhalt:**
Die Lehrer lassen die Schüler in den Pausen durcharbeiten.

Übung E 12
S. 144

Ursache: häufige Unruhe in der Klasse, schlechtes Klassenklima, verlorene Unterrichtszeit

Übung E 13
S. 144

Folgen:
a) Selbst für die Frühstückspause bleiben nur noch 5 Minuten.
b) Schüler müssen von Stunde zu Stunde und von Raum zu Raum hetzen.

Vorschläge:

a) Schüler sollten auf ihre Rechte pochen
b) einfach beim Klingeln hinausgehen
c) mit den betroffenen Lehrern reden
d) den Klassenlehrer um eine Vermittlung bitten
e) gemeinsam einen Brief schreiben

Übung E 14
S. 144

Dieser Anfang gefällt Lena nicht, weil
– er nicht den Sachverhalt nennt,
– er einfach nur fordert,
– die andere Seite gar nicht berücksichtigt.

Übung E 15
S. 145

Dieser Brief könnte in etwa folgenden Aufbau und Wortlaut haben:

Übung E 16
S. 146

E

Sehr geehrter Herr Löwenzahn!

Seit ungefähr zwei Wochen wird in der 5c die Unterrichtszeit von einigen Lehrern regelmäßig bis in die Pausen hinein verlängert. Das führt dazu, dass uns an manchen Tagen von der großen Pause knapp 5 Minuten Zeit bleiben. Das reicht aber nicht zum Frühstücken. Außerdem müssen wir rennen, wenn wir den Unterrichtsraum wechseln, damit wir zur folgenden Stunde überhaupt noch pünktlich kommen. Rennen ist aber im Gebäude laut Hausordnung verboten. Wir haben uns zusammengesetzt und beraten. Wir finden das alles nicht richtig und möchten wieder die uns zustehenden Pausen haben. Wir wissen, dass wir in letzter Zeit oft unruhig waren und der Unterricht gestört wurde. Das tut uns Leid. Aber diese Maßnahme der Lehrer finden wir nicht richtig.
Wir bitten Sie als unseren Klassenlehrer, einmal mit allen anderen Lehrern, die wir haben, darüber zu reden. Wir haben beschlossen, uns alle in Zukunft Mühe zu geben, damit der Unterricht wieder besser wird.

Mit freundlichen Grüßen   (35 Unterschriften)

Argumente der fünf Freunde, die sie schon gegen Herrn Birnbaum vorgebracht haben:

Übung E 17
S. 147

– „Wir spielen aber immer hier. Noch nie hat uns jemand weggeschickt."
– „Der (Spielplatz) ist doch nur etwas für die Kleinen."
– „Außerdem steht dort das Schild ‚Ballspielen verboten‘, hier jedoch nicht."
– „Ich verstehe einfach nicht, dass sich die Hunde hier auf dem Rasen austoben dürfen, Kinder aber nicht."
– „…in unserem ganzen Viertel gibt es keinen Bolzplatz und nun jagen Sie uns auch noch aus dem Park!"

Weitere Argumente:
Herr Birnbaum schreit die Kinder an, droht mit dem Stock, droht den Ball wegzunehmen, erhebt den Stock zum Schlag.
Beleidigende Aussagen von Herrn Birnbaum: „…ihr Rotznasen", „du Rotzbengel".

Folgende Gliederung bietet sich für den Brief an den Stadtdirektor an:

Übung E 18
S. 147

a) kurze Schilderung des Vorfalls
b) Protest gegen das Fußballverbot auf der Wiese im Volkspark, Argumente für den Protest
c) Beschwerde über Herrn Birnbaum
d) Bitte um Antwort

Übung E 19
S. 147

Der Brief könnte folgenden Aufbau haben:

Sehr geehrter Herr Stadtdirektor!

Am 16. Juli spielten wir nachmittags im Volkspark auf der großen Rasenfläche zu fünft Fußball. Wir wurden von einem städtischen Angestellten, Herrn Birnbaum, mit dem Hinweis vertrieben, Fußballspielen sei hier nicht erlaubt.

Zunächst einmal protestierten wir gegen dieses Verbot. Wir haben schon häufig an dieser Stelle Fußball gespielt und deswegen nie Ärger bekommen. Dort besteht die einzige Möglichkeit weit und breit zum Fußballspielen. Auf den Spielplätzen im Park ist Ballspielen verboten. Wo sollen wir also hin, da es in unserem Viertel nicht einmal einen Bolzplatz gibt? Wir können nicht einsehen, dass Hunde auf dem Rasen kratzen dürfen, während uns das Spielen dort verboten wird.

Vor allem möchten wir uns aber über das Verhalten von Herrn Birnbaum beschweren. Er hat uns als „Rotznasen" und „Rotzbengel" beschimpft, uns ohne Grund angeschrien und mit einem Stock bedroht. Das finden wir schlimm, denn schließlich haben wir uns ordentlich benommen. Wir sind auch seinen Anweisungen gefolgt. Aber es war doch wohl nicht zu viel verlangt, dass wir einen Grund für dieses plötzliche Verbot hören wollten.

Können Sie uns das Verbot erklären?

Wir warten auf Ihre Antwort.

Mit freundlichen Grüßen

Anna, Erkan, Lena, Marco, Jan

Übung E 20
S. 148

Beispiel für einen Leserbrief in dieser Angelegenheit:

An
den Stadtanzeiger (Lokalredaktion)
Postfach   Datum

Leserbrief

Sehr geehrte Damen und Herren!

Wir bitten dringend um die Veröffentlichung des beiliegenden Leserbriefes.

Schläge statt Argumente?

Wir sind fünf Freunde. Seit langem spielen wir regelmäßig im Volkspark auf der großen Wiese Fußball. Neulich aber wurden wir von einem städtischen Angestellten von dort vertrieben. Seine einzige Begründung lautete: Fußballspielen sei hier eben verboten.

Aber wo sollen wir hin? Es gibt in unserem Viertel keinen Bolzplatz. Auf den Spielplätzen ist Ballspielen verboten. Wir finden es schlimm, dass zwar Hunde den Rasen zerkratzen dürfen, Jugendlichen aber das Spielen dort verboten wird.

Besonders empört aber sind wir über das rüde Verhalten des städtischen Angestellten, der uns lauthals als „Rotznasen" beschimpfte und mit einem Stock bedrohte. Und das nur, weil wir ihn höflich um eine Erklärung baten.

Wir fragen alle Leser: Ist das so richtig?

Anna, Erkan, Lena, Marco, Jan

Gut ist:

- Immerhin werden Argumente gebracht, warum Herr Birnbaum für das Ballspielverbot ist: seine Ansicht über die Erwartungen älterer Menschen an einen städtischen Park. Der Park sei für alle da.

Verbessern sollte man:

- Sachlicher schreiben: Die erneuten Beschimpfungen (Rotznasen, Rotzbengel, streunende Jugendliche) nehmen den Leser wohl kaum für Herrn Birnbaum ein.
- Unwesentliches vermeiden: Sein langjähriges Engagement für das Gartenbauamt und seine Meinung über die heutige (und damalige) Kindererziehung haben mit dem Fall wenig zu tun.
- Bei den Tatsachen bleiben: Er verdreht Tatsachen, denn die Schüler belehren ihn nicht, sondern sie beschweren sich bzw. äußern ihre Meinung. Er ist ihnen persönlich keine Rechenschaft schuldig, die fünf haben aber das Recht zu erfahren, warum sie auf der Grünfläche nicht spielen sollen, wenn kein Verbotsschild vorhanden ist.

Übung E 21
S. 148

E

Der Park ist nicht nur für Kinder da

Übung E 22
S. 148

Vielleicht haben es die Jugendlichen, die sich mit dem Leserbrief an die Öffentlichkeit gewandt haben, nicht gewusst, dass das Spielen auf der Rasenfläche im Volkspark verboten ist. Trotzdem müssen auch sie sich an gewisse Vorschriften halten. Als städtischer Angestellter habe ich die Aufgabe, auf solche Vorschriften hinzuweisen.

Ich kann sogar verstehen, wenn die Schüler gerne auf dem Rasen spielen möchten. Er ist ja auch schön. Aber das Ballspielverbot hat doch auch gute Gründe, wie ich meine.

Wie viele – vor allem ältere – Menschen haben schon oft ihre Freude über gut gepflegte Rasenflächen in städtischen Parkanlagen geäußert. Aber auch Kritik musste ich hören, die sich auf zerpflügte Rasenflächen und lärmende Kinder bezogen hat. Sollten unsere öffentlichen Grün- und Parkflächen nicht zuletzt auch den älteren Menschen Erholung bieten? Haben denn ältere Menschen kein Recht auf Erholung, sondern nur spielende Kinder und Jugendliche?

Es gibt zwar nur wenig öffentliche Plätze, wo Ballspiele möglich sind. Aber Kinder und Jugendliche können doch einem Verein beitreten und dort Fußball – oder was immer sie wollen – spielen. Dazu sind Vereine doch da und dafür werben sie doch auch, nicht wahr?

Der Volkspark ist für alle da. Der Rasen muss dann auch so genutzt werden, dass alle etwas davon haben, und nicht nur einige wenige. Das geht nicht ohne gewisse Regeln und Vorschriften, an die sich alle halten müssen.

Mit freundlichen Grüssen

Birnbaum

mentor
Gesamtprogramm

mentor Lernhilfen

Der ganze Stoff mal ohne Zoff –
die umfassenden Bände für die
4.–11. Klasse

▸ leicht verständlich erklärt
▸ kleine Lernschritte
▸ vielfältige Übungen
▸ nützliche Lerntipps

Erhältlich für alle wichtigen Fächer

mentor Abiturhilfen

Für die gezielte Abiturvorbereitung

▸ thematisch orientiert
▸ ausführlich erklärt
▸ anschaulich und funktional
  illustriert
▸ nützliche Lerntipps

Erhältlich für alle wichtigen Fächer

mentor Übungsbücher

Das Last-Minute-Programm vor der
Klassenarbeit

▸ ein Themenbereich pro Band
▸ kurze, präzise Regeln
▸ 1 Lernportion = 1 Doppelseite

Erhältlich für Deutsch, Englisch
und Mathematik

mentor Grundwissen

Umfassender Überblick über den Stoff
bis zur 10. Klasse

▸ kompakt und übersichtlich
▸ wichtige Merksätze auf einen Blick
▸ viele Illustrationen, Fotos und
  Schaubilder

Erhältlich für Biologie, Geschichte
und Mathematik

mentor Durchblick

Die grundlegenden Themen aller
Schularten bis zur 10. Klasse

▸ Merksätze und Zusammenfassungen
  auf einen Blick
▸ informativ und preisgünstig

Erhältlich für Biologie, Geschichte
und Mathematik

mentor Lektüre Durchblick

Alles Wissenswerte auf 64 Seiten

▸ einheitlicher Aufbau
▸ je 2 doppelseitige Schaubilder
▸ Aufgaben und Lösungstipps

Auch für englische Lektüren:
Auf Deutsch – mit englischen
Formulierungshilfen!

Über jede Buchhandlung erhältlich.
Weitere Informationen unter www.mentor.de

mentor
Eine Klasse besser.